冯康
算法人生

汤涛 宁肯 ◎ 著

湖南教育出版社
·长沙·

未经许可，不得以任何方式复制或抄袭本书之部分或全部内容。
版权所有，侵权必究。

图书在版编目（CIP）数据

冯康：算法人生/汤涛，宁肯著. -- 长沙：湖南教育出版社，2025. 8. -- ISBN 978-7-5754-1434-0

Ⅰ. K826.11

中国国家版本馆 CIP 数据核字第 202575UQ60 号

书　　　名：冯康——算法人生
　　　　　　FENG KANG——SUANFA RENSHENG
出 版 人：刘新民
策划编辑：张婷婷　邹楚林
责任编辑：刘　源　邹伟华　陈　珏
责任校对：刘婧琦　崔俊辉
出版发行：湖南教育出版社
地　　　址：长沙市韶山北路 443 号　邮编：410007
电子邮箱：hnephmath@126.com
客服电话：0731-85486740
印　　　刷：湖南省众鑫印务有限公司
开　　　本：710 mm×1000 mm　1/16　印张：24.75　字数：350 000
版　　　次：2025 年 8 月第 1 版
印　　　次：2025 年 8 月第 1 次印刷
定　　　价：99.00 元

凡所购买湖南教育出版社图书有缺损问题，请向购买书店调换。若书店售缺，请与本社市场部联系，联系及邮购电话：0731-85486875。

质量投诉、盗版侵权举报，请发邮件至 hnephmath@126.com。

本书咨询联系方式：0731-85486740，ttzhang1230@foxmail.com。

冯 康

1920年9月9日—1993年8月17日

数学家

中国科学院院士

中国计算数学的奠基人和开拓者

他从英文中读莎士比亚与吉本,

从俄文中读托尔斯泰,

从德文中读茨威格,

从法文中读波德莱尔,

原汁原汤,当别有滋味。

由此涤荡心胸、陶冶情操、开拓视野,

使他在艰难的岁月里,依旧屹然挺立。

冯康的故事包含了太多中国人的隐忍与坚强,

也包含了太多中国文化的博大与精深。

或许这就是冯康带给人们的复杂情感,

以至于他原本成就于一个英雄辈出的时代,

却没有被时代赋予英雄的光环。

科学不会忘记,

世界不会忘记,

那个瘦削的身影,

闪烁着智慧的眼神,

以及永远充满活力的面孔。

有限元方法意义重大，

中国学者……独立创始了有限元方法，

在世界上属于最早之列。

今天这一贡献已为全人类所共享。

序 一

推动我撰写本书的核心力量，来自黄鸿慈与冯端两位先生，他们亦是我完成此书的关键支撑。

黄鸿慈出生于香港一个富裕家庭。他从小就聪明好学，兴趣广泛。中华人民共和国成立之际，尚在中学就读的他政治热情高涨，高中时从香港转学到广州求学。1953年，他参加高考，以优异的成绩被北京大学数学力学系录取。大学毕业后，他在冯康的领导下在中国科学院工作30多年。

2022年11月18日，中国工业与应用数学学会苏步青应用数学奖在学会第二十届年会上重磅揭晓，黄鸿慈荣获第九届苏步青应用数学奖。苏步青应用数学奖于2003年设立，经过20多年的积累与沉淀，目前已经被公认为国内应用数学领域的最高奖项，主要奖励在推动应用数学研究、发展与应用方面做出杰出贡献的个人。

黄鸿慈教授的颁奖词为："黄鸿慈教授是我国计算数学界的一位先驱，我国计算数学事业早期发展的一位领军人物与主要推动者之一，我国有限元实践的先行者与有限元理论的主要发明者之一，培养了一大批计算数学方面的人才。他为我国计算数学事业的发展做出了卓越的贡献。"这是对黄教授学术贡献的精辟总结。

1989年8月底，黄鸿慈教授离开北京回到香港，担任香港浸会大学教授。在他的领导下，香港浸会大学数学系的计算数学专业从无到有，从弱到强，成为香港计算数学学科的一个重要基地。

1997年，黄教授即将退休，希望我来接他的班，为此他还专门远赴加拿大与我会面。应他的邀请，我于1998年辞去加拿大的终身教职，赴港工作。到港后，我与他有过两年的交接期，这期间的交往令我终身受益。

黄先生跟随冯康先生30余年，他曾说："作为科学家，冯先生是无与伦比的。他有深厚的数学素养、渊博的科学知识和敏锐的探索触角。尤其是他在科研中展现的艰苦卓绝的精神与态度，我始终钦佩得五体投地。而且，冯先生是我业务入门的引路人，对我有过许多帮助、鼓励与提携，这些我永记不忘。""按世俗的观点，身有残疾，缺少温暖家庭，无丰盛物质享受，怎能有快乐人生呢？但我相信，冯先生陶醉于学术探讨，驰骋于知识天空，当他经过深度思考，解决了难题的时候，那种深沉的快乐，不是常人能够体会和享有的。用辛勤劳动换来的奖励和国际学术界的认同，当然也给予了他长远的荣誉感。"

通过黄先生我知道了很多冯康先生的故事，也知道了他们那个"火红年代"的传奇，这是我2010年开始写作《冯康：一位杰出数学家的故事》的主要动力。

我在北大读研究生时，冯康先生曾给我们上过半学期的课，讲的是辛几何算法，印象深刻的是，他写完满满一黑板后会稍作休息，由他的助手擦去板书。1992年我从加拿大回国访问时，曾应邀到中国科学院计算中心讲学，记得我讲到一半以后，冯先生出现了，之后参加了讲座后的晚餐，那是一个美好的夜晚。

2009年我和山东大学刘建亚教授等志同道合的朋友准备创办一份传播数学、普及数学文化的期刊，起名叫《数学文化》，创办此刊也是我此生深感自豪的事。当时约定每个编委每年至少写一篇文章，我想起了黄鸿慈教授给我讲的诸多故事，于是萌生了撰写冯康先生故事的想法。在杨蕾、姚楠的协助下，我们采访了冯端、冯慧、石钟慈、林群、崔俊芝、张关泉、袁亚湘等先生。几年过去了，冯慧、张关泉、冯端、石钟慈几位前辈相继离世，令人惋惜。《冯康：一位杰出数学家的故事》历时半年写成，分四次在《数学文化》连载（2010年第1卷第1～3期及2011年第2卷第1期），共76页，这部分内容也成为本书近半篇幅的核心素材。

因撰写《冯康：一位杰出数学家的故事》，我有幸结识了冯端、陈廉方夫妇，这是我人生的一大幸事。冯康先生的弟弟冯端亦是蜚声国际的著名物理学家、教育家，曾担任第五届中国物理学会理事长，1980年当选为中国科学院院士。他是我国晶体缺陷研究的先驱者之一，在国际上领先开拓微结构调制的非线性光学晶体新领域。因其杰出的科学贡献，国际编号为187709的小行星命名为"冯端星"。

我2009年去采访冯端、陈廉方夫妇时，他们提前准备好了厚厚的材料和各个时期的相片。我们前后采访了两次，翻拍了许多与冯家相关的相片，也获取了大量的原始资料。当时陈廉方女士已经80岁了，可是保养得如同60多岁的人，思路敏捷，给我们的采访提供了很多帮助。他们夫妇二人对兄长的情谊，令我十分动容。采访后的十余年间，我们始终保持着联系，他们对我的工作与成长一直非常关注，这份情谊让我满怀感激。

《冯康：一位杰出数学家的故事》连载刊发后，吸引了众多读者。几年来，总是有人问我何时把冯康故事后半部写完。其实前半部完稿后，我的行政工作日渐繁重，特别是2015年加入南方科技大学担任副校长后，几乎再无整块时间投入写作。南方科技大学是一所创新型大学，那几年人才汇聚、日新月异，大家创业激情高涨。作为当时学校的主要负责人之一，我需要投入很多时间和精力处理行政事务，还要坚持科研和教学，完成书稿的计划就搁置了。

2018年5月底，我到南京大学参加学术会议，顺道探访冯端夫妇。冯端先生对作家宁肯先生正在写作的冯康传记非常关注，据悉这是中国科学院、中国作家协会、中国科学技术协会联合启动的科学家传记项目。我此前既未听闻该项目，也不认识宁肯先生。但95岁高龄的冯端先生深表忧虑，他说已经给中国科学院写了一封信，表示"写冯康必须由内行数学家来写，我推荐汤涛先生来写"。我们谈了一个多小时,看着95岁老人颤颤巍巍的手书复印件,我被深深感动了。再拒绝老人的嘱托,我又于心何忍?

几天后,我接到了宁肯先生的电话,他邀请我参与冯康传记的写作。我约他到深圳来聊聊。当时他的手稿已经基本完成。虽然书中未提及我的名字,但我看到书中近半的材料来自我和姚楠、杨蕾合作的《冯康:一位杰出数学家的故事》,不少内容是整节照搬。这些内容源自我对冯端、黄鸿慈等先生的采访,是一手原始材料,也是整部冯康传记的核心内容——包括他的家世背景、青少年时代、数学求索之路,以及曲折的奋斗历程。这让我意识到,我参与此书写作已有扎实基础。之后,我加写了序章,补充了"反问题""自然边界元方法""辛算法"等数学章节,并把之前已经写好的"紧急建议""第一个博士""小概率事件""隔代亲""国家重点实验室"等章节纳入书中,完成了我的写作贡献。

总而言之,和黄鸿慈先生、冯端先生的忘年交,让我下定决心:再忙也要挤出时间,把我们时代的英雄冯康写出来,写完整。同时,我也希望能够写出一本并非"歌功颂德"的,而是有血有肉的传记。我相信唯有如此,才能够让冯康这位伟大的数学家在人们的心目中更有立体感、更有亲和力和可接受感。

书稿完成后,我第一时间把书稿寄给冯端先生。不久,我收到了南京大学苏维宜教授的短信:"晚间与冯师母通了电话,她已经收到您的大作,她与冯先生每天看十几页,两位老人读得十分认真仔细。他们要我向您表示感谢,完全看得出来,您花了大量精力。"2020年8月17日,"计算数学与科学计算国际会议——暨纪念冯康先生诞辰100周年"在北京举行。冯端先生的女儿冯少彤在发言中说道:"我最近去见我父亲,都会看到他在看这本书稿,可见他们兄弟之间的感情有多深厚。"

转眼数年过去,如今《冯康——算法人生》由湖南教育出版社出版,我感到由衷高兴。湖南教育出版社和数学有着不解之缘,多年来为推动我国数学的发展做出了非凡贡献。1991年，湖南教育出版社与中国数学会共同创设了数学界著名的"华罗庚数学奖"，并一直资助到今天。自2023年起，湖南教育出版社又开始资助中国科学院数学与系统科学研究院创设的"冯康科学计算奖"。作为"冯康科学计算奖"2003年的获奖者，能够通过合作出书致谢湖南教育出版社，我感到非常荣幸。

2024年，湖南教育出版社策划出版了《共和国的数学家（青少版）》丛书，精选华罗庚、陈景润、吴文俊、冯康、许宝騄等多位对新中国发展做出卓越贡献的数学巨匠，通过他们的生平事迹和不屈不挠的科学精神，给青少年小朋友们提供有益的精神食粮。本人有幸撰写了《共和国的数学家·冯康（青少版）》，由此开启了和湖南教育出版社及张婷婷女士的首次合作。这次《冯康——算法人生》的合作，再次感谢张婷婷女士的策划与支持。

本书的写作，得益于我当时香港浸会大学的同事姚楠和杨蕾所做出的贡献和支持。苏维宜教授、王涛博士、欧阳顺湘博士仔细阅读了初稿并提出修改意见，在此一并致谢。书中关于数学和数学家的描述主要由我执笔，受本人能力所限，书中对数学历史的记录、对数学的理解或有不到之处，欢迎各位同行、各位读者批评指正。

最后，让我引用《冯康：一位杰出数学家的故事》卷首语作为这个序的收尾："冯康的故事包含了太多中国人的隐忍与坚强，也包含了太多中国文化的博大与精深。或许这就是冯康带给人们的复杂情感，以至于他原本成就于一个英雄辈出的年代，却没有被时代赋予英雄的光环。""尽管如此——科学不会忘记，世界不会忘记，那个'瘦削的身影，闪烁着智慧的眼神，以及永远充满活力的面孔'。"

汤 涛

2025年7月于广州

序 二

事情闹得有点大，一个写小说的，要写一位数学家的传记，我是谁？我满脑子塞万提斯、汤显祖、王维、老舍、邓友梅，甚至王朔，我是京味作家，来自老舍文学院。

写谁？写数学家，写冯康。谁是冯康？冯康是谁？

我一度想用"冯康是谁"作书名，因为我的的确确认为这是个问题。

没多少人知道冯康，但要是提到华罗庚，应该是老少皆知、名满天下。还有陈景润，一度成为科学英雄，我想这应该是徐迟的报告文学《哥德巴赫猜想》的功劳。

2015年屠呦呦获诺奖后，引发了一个问题，一个谁更伟大的问题。

那年，我偶然钻进一个极偏的偏微分方程论坛、一个BBS——那时还有BBS——简直就像进入虫洞一样，我看到那头光亮中有几个人在谈冯康和华罗庚，谈论两人谁更伟大。是几个数学在读博士硕士，在将"无人知晓"与"家喻户晓"相提并论，这是一种怎样的方程？甚至是不等式——谁更伟大？尽管我已知道冯康是谁，但仍感到吃惊，事情的原委是有人在另一个论坛上发出帖子《华罗庚先生和冯康先生，谁更是大师？》，认为"创新是无中生有，在旷野中游荡找到宝藏。从这点出发，冯康老先生的有限元的创新和应用价值，在当代中国数学领域，很少有其他工作可以与之媲美"。有多少人知道这个论坛？但事情有时不在于少，相反，少掌握着真正的东西。

1997年，丘成桐教授在清华大学作题为《中国数学发展之我见》的报告。他认为，中国近代数学能超越西方或与之并驾齐驱的、能够在数学历史上很出名的工作有三个：一个是陈省身在示性类方面的工作，一个是华罗庚在多复变函数方面的工作，一个是冯康在有限元计算方面的工作。陈省身、华罗庚、冯康是中国数学的"三驾马车"。无独有偶，英国牛津大学教授特列菲森在为菲尔兹奖得主高尔斯主编的《普林斯顿教学指南》撰写"数值分析"词条时，对计算数学的发展做了千年回顾，其重大算法列表中：第一项是263年的高斯消元法，刘徽、拉格朗日、高斯、雅可比；第九项是1943年的有限元法，柯朗、冯康、阿吉里斯、克劳夫。汉代的刘徽之后出现的第二个中国人就是冯康。更为神秘不为人知的是，冯康是"两弹一星"的重要幕后人，他发明的算法对原子弹、导弹、卫星的研制起过至关重要的作用，中国科学院原党组书记张劲夫曾在《人民日报》发表《请历史记住他们——关于中国科学院与"两弹一星"的回忆》一文，其中写道，"还有一些科学家在不同领域做出了贡献，有的还是很重要的贡献。例如……科学院的数学家冯康和关肇直"。

23名"两弹一星"元勋中没有冯康，冯康的履历表甚至都没提及这点，我是屠呦呦获诺奖前不久，在中国科学院的"听证会"上第一次听到冯康的种种传奇，介绍人说冯康享誉国际，在国内却没名，一下震动了我，事情怎么会弄反了？介绍人说冯康是科学世家，家族中出了三名院士，堪称"一门三院士"。我们多见官宦世家、书香世家、商贾世家等各种世家，唯缺科学世家。冯康实在非同寻常。

电影《美丽心灵》让20世纪的伟大数学家约翰·纳什广为人知，电影中最神秘之处与苏联核武器有关系，结果完全是虚构，是为吸引眼球。冯康是实打实的，他的经历远比纳什丰富，他的算法深刻影响了现代科技发展，但我们却没有电影，没有小说，没有传记，冯康甚至不为人知。换句话说，我们有数学家，却没有作家，没有编剧，没有导演——某种意义就是如此。《美丽心灵》用虚构的冷战阴谋包裹数学家的一生，而冯康的真实故事却无人书写——科学的价值与传播的困境，恰似一道无解的方程。

我与数学有着不解之缘，怎么说呢？我曾参加过两次高考，第一次数学考了 57 分，第二次复习了一年，数学考了 21 分。很少人有这样的"逆奇迹"。我生来就是反数学的？是逆数？数学有这个数吗？汉语有这个词吗？逆数无疑也是一种数学关系，若不能说它是一种关系，我怎么会动念写一部数学家传记？也可能我是想写一部小说？文学史上很少有数学家主角的长篇小说，"百度谷歌"了一下，只发现两部科幻一部寓言，通常所说的名著一部也没有。如果说通俗文学都很少，那就不是一句"没有道理"可以解释清楚了。很显然，对数学的敬畏是人类保留下来的少数几种敬畏之一。伽利略说"数学是上帝的语言"，古希腊的毕达哥拉斯说"万物皆数"。

也许我极有可能是在弥补自己数学方面的自卑，才会有意或无意闯入这个鲜为人知的数学家的世界，让大家看到了创作《冯康——算法人生》的我。我环顾左右，低头看看自己，确定我穿的是 T 恤，不是条形服。

我是一个在写作上胆大妄为的人，甚至有点异想天开。2018 年五四青年节那天，我在雅鲁藏布江边的拉萨贡嘎机场给汤涛先生打过一个电话。彼时，我还不知道他已经当选中国科学院院士，我们还不是很熟，只在深圳见过一次面。幸亏我当时不知道汤涛先生当选院士了，要是知道，我大概不会打这一通电话了。不记得我在电话里和汤涛院士说过什么了，总之，他答应来拯救我糟糕的文稿。我想我得感谢雅鲁藏布江，感谢五四青年节。就是这样的神奇，一个高考数学仅考了 21 分的非常不精确的选手和一个非常精确的数学家在冯康传记的写作中相遇了，于是，冯康先生在这本书中大放异彩，且充满了无限魅力。

在写这篇序时，湖南教育出版社张婷婷女士的邀请如一道数学命题般直接——我几乎来不及推演答案，便本能地接受了出席"冯康科学计算奖"30 周年座谈会的邀约。我将与历届"冯康科学计算奖"获奖者相遇，与继承冯康先生算法精神的数学家们侃侃而谈，这将成为我本年度最炽热的"暑假作业"。

八月的长沙热浪翻涌，听说云南宜良有一个比德国黑森林还要大的数学中心，那儿四季气候宜人。也许，某一天，那儿会有伟大的发现，或诞生如冯康先生般的算法突破。"逆数"的我，下一站应该去那感受一下数学的味道和算法的气息。

我打开手机，百度"逆数"，结果让我很吃惊，居然有这个我"杜撰"的词。《周易》中赫然写道："数往者顺，知来者逆。"冯康的一生，不正是对"逆数"的注解吗？他逆向而行，从战火中走向数学的巅峰。冯康的算法人生，让我在这个炎热的夏季感到一阵清凉——那是公式与文字交织出的，属于人类理性的诗意。

或许，数学的终极魅力正在于，它能让最不可能的人触摸到宇宙的秩序。

宁　肯

2025 年 7 月于北京

目 录

序 章   1
01. 数学与计算   2
02. 什么是计算   6
03. 什么是科学计算   10
04. 什么是计算数学   15
05. 中国现代计算数学的初创   25

第一章   冯康是谁   31
1. 谁是冯康   32
2. 科学不会忘记   38

第二章   桑影与少年   47
3. 逃亡   48
4. 美好的回忆   52
5. 此地不宜久留   58

6. 故园旧忆   62
7. 青衿岁月   77

第三章　乱世病骨与书卷　　87
8. 战争   88
9. 大学崎岖路   91
10. 倾心数学   95
11. 病魔侵袭   99
12. 卧榻自学   104

第四章　计算与荣光　　109
13. 陈省身与华罗庚   110
14. 计算数学启航   116
15. 三室   125
16. 二十一基地   133
17. 两弹幕后英雄   141

第五章　绝境与锋芒　　151
18. 生死之间   152
19. 刘家峡   158

20. 美丽的有限元	166
21. 逆境中的"自由"	178
22. "1019"任务	185
23. 蛰伏期	190

第六章　学术与舞台　　197

24. 春天	198
25. 飞鸟	206
26. 计算中心	213
27. 世界舞台	222

第七章　算法与人生　　231

28. 反问题	232
29. 紧急建议	238
30. 自然边界元方法	242
31. 萌芽辛算法	246
32. 收获辛算法	257
33. 国家奖	268
34. 变迁	282

第八章　学派与传承　　291

35. 第一个博士　　292
36. 小概率事件　　300
37. 隔代亲　　305
38. 国家重点实验室　　315
39. 草原上来的年轻人　　322
40. 窄门　　332
41. 关门弟子　　340
42. 陨落　　349

冯康年表　　356

人名索引　　362

写在书后　　374

致谢　　375

序章

(01) 数学与计算

在几千年数学演变的历史长河中，东方和西方的先贤们经过不断努力，成就了数学的辉煌，推动了今天科技的发展。

古希腊人是数学的奠基者之一，古希腊的数学在数学史中占有重要的地位。古希腊人提出了公理化体系、形式逻辑，强调量化和系统化，使数学成为一门严密的、系统的、富有逻辑性的学科，开启了后世数学和科学的大门。

公元前 480 年以后，雅典成为古希腊的政治、文化中心，各种学术思想在雅典争奇斗艳，在这种氛围下，数学开始从个别学派闭塞的围墙里跳出来，来到更广阔的天地间。哲学家柏拉图在雅典创办著名的柏拉图学园，培养了一大批数学家，他是"几何学"的铁杆信奉者，在其学园门上贴了一个告示："不懂几何者莫入。"柏拉图的学生亚里士多德是形式主义的奠基者，其逻辑思想为日后将几何学整合在严密的逻辑体系之中开辟了道路。

亚历山大时期（前336—前323在位）是古希腊数学的鼎盛时期，其代表人物有名垂千古的几何学家欧几里得和阿基米德。欧几里得用公理方式整理几何学，写成13卷《几何原本》，这部划时代历史巨著的意义在于用公理法建立了演绎数学体系。阿基米德是古代最伟大的数学家和力学家之一，他最早使力学科学化，既有定性分析，又有定量计算。阿基米德在纯粹数学领域的一项重大贡献是建立多种平面图形面积和旋转体体积的精密求法，其中蕴含着微积分的思想。

公元7世纪，阿拉伯人攻占亚历山大城，亚历山大城图书馆再度被焚（前两次被焚分别发生在公元前48年、公元391年），古希腊数学悠久灿烂的历史至此终结。

从历史进程来说，中国对数学的贡献是世界上最早的。中国传统数学称为算学，起源于仰韶文化，距今有5000余年历史，在周公时代，数乃六艺之一。在春秋战国时期，十进位制的筹算已经普及。和古希腊人的《几何原本》相对应，中国人流传下来的经典之作是《九章算术》。不同的是，《九章算术》并不是一人一时写成的，它经历了多次的整理、删补和修订，是几代人共同劳动的结晶。《九章算术》大约成书于东汉初年，采用问题集形式，全书分为九章，列举了246个数学问题，并在若干问题之后，叙述这类问题的解决方法。虽然以算为主，但中国传统数学并非没有理论证明：

赵爽、刘徽、祖冲之等都在对算经的注释中"寓理于算"。中国古代数学家的代表人物是刘徽，他在特殊的解法基础上，概括出问题的共性，开创了出入相补、极限逼近等流传千古的思想方法，在中国数学重实践、轻理论的传统中，非常宝贵，非常耀眼。当代中国杰出数学家吴文俊曾说："从对数学贡献的角度衡量，刘徽应该与欧几里得、阿基米德相提并论。"

可惜的是，与古希腊数学相比，中国古代数学的诸多论著都已失传或残缺。

古代的数学就像冷兵器一样，战斗力还是有限的。300多年前英国人牛顿、德国人莱布尼茨横空出世后，数学的"火器时代"来临了。自从有了微积分，数学的研究就更加精彩、更加流畅。因为有了微积分，人类进入了现代数学时期，现代数学使飞机上天、火箭上天，可以预测天气、预测天体轨道。

数学"火器时代"的"柏拉图学园"就是德国的哥廷根数学学派，它在近代数学的发展中长期占据主导地位。"数学王子"高斯开启了哥廷根数学学派的辉煌时代，狄利克雷、黎曼继承了高斯的事业，在数论、几何和分析等领域做出了伟大的贡献。克莱因和希尔伯特使哥廷根数学学派进入了全盛时期，哥廷根大学因而也成为数学研究和教育的国际中心。从这里走出了一大批伟大的科学家，他们推动了世界的科学发展。

同样因为战争，犹太人遭到驱逐和迫害，哥廷根中心灿烂的历史遭到终结。美国因此得到了众多"从天上掉下来"的科学才俊，也趁机接过了世界数学中心的荣耀，其中心地带就是普林斯顿高等研究院。这里接纳了爱因斯坦、冯·诺依曼，前者的贡献家喻户晓，后者帮助美国造出了计算机和原子弹。

从数学家们念念不忘的古希腊数学婴儿开始，到今天现代的、阳光的、英俊的数学少年，数学一路走来，是什么让众多英雄"竞折腰"于这门古老的学科？

据说法国数学家勒内·托姆（1958年菲尔兹奖得主）曾经和两位古人类学家讨论："我们的祖先出于什么动机保存了火种？"一位古人类学家说是由于火可以取暖，另一位则认为是由于用火烧制的熟食鲜美可口。而托姆则认为，人类保存火种的最原始动机，是由于在漫漫长夜中被光彩夺目的火苗所吸引，对美丽的火焰着了迷。

托姆的观点可以部分解释"竞折腰"的英雄投身于数学的动机：享受美丽。黑夜里看到数学的火焰光彩夺目是多么地美好，甚至更胜于寒夜的温暖、充饥的美食；研究数学是一项"审美"的工作。

数学是人类文明的结晶，是人类心智的荣耀。

[02] 什么是计算

在数学发展史上，计算与逻辑都是不可或缺的数学方法。古希腊人更注重逻辑推理，而中国传统数学的特点是数形结合，以算为主，使用算器。如果把电子计算机看作对应于算筹的硬件，那么中国古代的算术可以看作软件思想，可以比作计算的程序设计。中国古代数学著作中的"术"，都是一套描述程序化算法的程序语言。

计算是一幅纵贯上千年历史的画卷。在中华民族的光辉文明史上，有着璀璨夺目的篇章。中国古代数学有着悠久的数值计算传统，刘徽的球体积、祖冲之的圆周率、李冶的天元术、秦九韶的近似求根，就是其中代表，以至于到了 20 世纪初数学在中国还被称为算学。西方数学以古希腊几何为基础，虽然在演绎体系上精彩绝伦，但在具体计算上却不甚有效。直到微积分的发明和分析学的形成，西方在数学的"火器时代"才在计算上逐渐超越中国。

刘徽，公元 3 世纪魏晋时期数学家，是中国古代数学的代表性人物。刘徽的数学贡献涉及众多领域，他对求解线性方程组、圆锥体积、球体积等问题都有深入的研究。特别地，刘徽提出了"割圆术"，将圆周用内接或外切正多边形来逼近，以此来近似求得圆面积和圆周长。采用割圆术，他从直径为 2 尺的圆内接正六边形开始割圆，依次得到正十二边形、正二十四边形……割得越细，正多边形面积和圆面积相差越小，用他的原话说，是"割之弥细，所失弥少。割之又割，以至于不可割，则与圆周合体而无所失矣"[①]。由于正多边形的面积可以精确计算，他计算了正 3072 边形面积并由此得到了 3.1416 这个圆周率 π 的近似值。刘徽提出的计算圆周率的科学方法，奠定了此后千余年来中国圆周率计算在世界上的领先地位。

生活于公元 5 世纪的祖冲之，一生钻研自然科学，其主要贡献在数学、天文历法和机械制造三个方面。他在刘徽开创的割圆术基础上，首次将圆周率精确到小数点后第 7 位，即在 3.1415926 和 3.1415927 之间。直到 15 世纪，阿拉伯数学家阿尔·卡西才打破这一纪录，他所求得的 π 的近似值能精确到小数点后第 16 位。另外，祖冲之还找到了两个简单的分数 22/7（约率）、355/113（密率），来作为圆周率 π 的近似值，在数学上具有极其

---

① 郭书春.九章算术译注[M].上海：上海古籍出版社，2009：41.

重要的意义。祖冲之提出的约率和密率中藏着鲜为人知的玄机，利用其中的原理，可以推断农历的大月小月、闰年闰月、火星大冲、日食月食等的周期性变化规律。①

13世纪南宋数学家秦九韶提出了求解任意高次方程的实数根的数值求解算法。秦九韶在《数书九章》中详细叙述了用他创造的算法近似求解高次方程的实数根，其中包含20个二次方程、1个三次方程、4个四次方程和1个十次方程。秦九韶的近似求根思想，直到今天都是大学计算数学的必学内容。

西方人对算法也在不断追求之中。特别是在现代数学时期，微积分让计算插上了翅膀，展翅飞翔。这方面的先驱有英国人牛顿、德国人高斯、瑞士人欧拉。牛顿的求根公式利用了导数的概念，可以达到数学上的"二次收敛"，使得方程求根极为"神速"，至今还是计算的一把利剑；高斯的"最小二乘法"，利用求导，使得误差的平方和最小化，是经久不衰、高效实用的计算法宝；而欧拉的微分方程数值法，特别是以折线代替曲线的概念，开创了微分方程数值计算的先河。

欧拉不只给出方法，他还是一个公认的"笔算"高手。欧拉给出了"欧拉常数"，并解决了著名的"巴塞尔级数问题"。

巴塞尔级数问题提出于1644年，即精确计算所有平方数的倒数之和。这个问题是以瑞士的第三大城市巴塞尔命名的，它是欧拉和伯努利家族的

---

① 华罗庚. 从祖冲之的圆周率谈起［M］. 北京：中国青年出版社，1962：15-22.

家乡。这一问题是世纪难题，在近一百年的时间里，它难倒了许多杰出的数学家，如沃利斯、雅可比·伯努利、约翰·伯努利、牛顿和莱布尼茨。欧拉从他的老师约翰·伯努利那里知道了这个问题，随后用了非常巧妙、非常简单的方法解决了这个百年难题，可谓"一朝成名天下知"。1735年，年方28岁的欧拉解决了这个问题，答案是 π 的平方除以6。

德裔荷兰数学家鲁道夫·科伊伦把一生中的大部分时间都花在计算圆周率上。他运用的是传统的割圆术，用正 2^{62} 边形，将圆周率计算到小数点后第35位。他对自己的这个成就非常自豪，以至于要求把这35位数刻在自己的墓碑上。直到今天，德国人还常常称圆周率为"鲁道夫数"。

总体来说，计算分两种，一种是算单个问题，比如算巴塞尔级数，算圆周率，这些是专题"项目"，问题的答案是唯一的；另一种就是"普度众生"，解决一大类问题，比如数值求解线性方程组，求多项式的根，求微分方程的解。线性方程组的系数不一样，多项式的系数不一样，微分方程的系数不一样，其数值解就不一样，但给定这些系数后，一个"通用"的计算方法就显得非常重要了。

[03] 什么是科学计算

随着电子计算机的问世，现代意义上的科学计算迎来了飞速发展。20世纪40年代，计算机的出现，标志着科学计算这门重要学科将以崭新的面目出现在世人面前。[1]

计算的永恒目标是"算"。但现在要求更高了，现代化的发展对计算有太多的刚性需求。

和古人一样，现代计算首先要依赖数学，要动脑；但和古人不一样的是，现代计算追求高效率、高精度，全面依靠计算机。古人算圆周率30位的有效数字可能需要投入毕生精力，计算机时代的人们1秒钟就可以计算30位的有效数字。如果

---

[1] 汤涛. 从圆周率计算浅谈计算数学[M]. 北京：高等教育出版社，2018.

再把高深的数学加进去，计算机1秒钟可以算到上千位上万位有效数字！

最早的大规模科学计算的驱动可能来自天气预报。

几千年来，水手、渔民、农民和猎人通过看云、看风、看天象、看物象来预测天气，天气预报成了一套民间技艺。古代人观天象、测风云，用肉眼和简单仪器观测天空状况，不但观测日月星辰的变化，还记录各种过去和当前发生的自然现象，并把总结的经验与当前观测结合起来，做出天气预报。《三国演义》中描述的大雾天草船借箭和借东风火烧曹军战船的故事，就是因为诸葛亮熟知长江中下游流域的气候和异常天气变化特点，由此做出短期天气预报并在军事上得到了成功应用。从汉朝就开始使用的相风乌、唐朝使用的相风旗、15世纪的压板风速仪等，都是早期的风向或风力观测设备，表明仪器是天气预报走向定量化的不可缺少的手段。

随着自然科学大思想家的出现，天气预报走向定量化出现了曙光。17世纪的欧洲，经过许多科学家的努力，在天文学和力学方面积累了丰富资料的基础上，英国科学家牛顿实现了天上力学和地上力学的综合，形成了统一的力学体系——经典力学体系。经典力学体系的建立，是人类认识自然及历史的一次大飞跃，开辟了一个新时代。18世纪的拉普拉斯是法国的机械决定论者，被称为"法国的牛顿"，他把牛顿的质点运动确定论扩展到了无穷质点系统的确定论。大气或地球流体正是由无穷质点组成的。拉普拉斯在《概率论的哲学试验》中写道："我们可以把宇宙现在的状态看作是它历史的果和未来的因。如果存在这么一个智者，它在某一时刻，能够获知驱动这个自然运动的所有的力，以及组成这个自然的所有物体的位置，并且这个智者足够强大，可以把这些数据进行分析，那么宇宙之中从庞大的天体到微小的原子都将包含在一个运动方程之中；对这个智者而言，未来将无一不确定，恰如历史一样，在它眼前一览无余。"

拉普拉斯的这段名言，在科学和哲学界引起了轩然大波，余波至今未消。拉普拉斯这里所说的"智者"便是后人所称的"拉普拉斯妖"（Laplace's demon）。事实上，拉普拉斯希望找到一个独立的公式，把宇宙的万物运动描述清楚。他提到，公式中要包含对力、位置和原子状态等的描述。这样，宇宙的前因后果就都确定了，也能回溯过去和预测未来了。这一理论体系直接影响到后来用于数值天气预报的纳维—斯托克斯方程的建立。到现在，人们还在不断完善公式，改进探测工具，获取高分辨率的资料，努力实现拉普拉斯的理想目标。

为了准确预报天气，人们希望把天气的变化规律摸索、总结出来，用一种客观定量的办法进行预报，预先把未来的天气较精确地计算出来，这就是数值天气预报的基本思想，其创始人是挪威学者威廉·皮叶克尼斯。他创立的极锋理论和气旋模式对现代气象学影响深远。1905年，皮叶克尼斯访问美国，向美国同行们介绍了他在气团理论研究中取得的重要进展，顺便提及他计划利用数学方法进行天气预报的设想。结果这一设想却意外地获得了卡耐基基金会按年发放的研究资助基金，这一资助持续了36年。

我们所居住的地球，表面上空被一厚度几公里到十几公里的大气层所环绕。我们所见到的雨、雪、雹、霜等天气现象就发生在这几公里到十几公里厚的大气层里。大气环绕着地球每天都在运动变化，它遵循牛顿运动定律、质量守恒定律、大气状态方程、热力学定理等。数值天气预报，就是将描述大气的流体动力学方程组、热力学方程组，根据某一时刻观测到的大气状态，用数学方法求解，得到未来某一个时间的大气状态。而要把这众多的数学方程组求解出来，是一件十分困难的事情。

20世纪初叶，英国物理学家路易斯·理查森写了《用数值过程预测天气》(*Weather Prediction by Numerical Process*)一书。为了求得准确的数据，理查森还在1916年至1918年间，组织大量人力进行了第一次数值天气预报尝试。他的这一次预报计算是许多人用手摇计算机工作12个月才完成的。那时的手摇计算机运行速度太慢了，要得到未来24小时的预报，如果一个人日夜不停地进行计算，需要算64 000天，即约175年。也就是说，要跟上变化多端的天气，要有一个64 000人一块工作的计算工厂，才能把24小时的天气预报所需的数值计算出来，实际上就是计算要与天气变化赛跑。这次实验虽然失败了，但它给了人们有意义的启示，是一个"异想天开"的创新。今天，人们把理查森的工作作为现代数值天气预报的开始，也称之为数值天气预报发展史上的第一个里程碑。

当电子计算机取代理查森使用的手摇计算机后，数值天气预报的思想才得到了真正的实施。1950年，著名动力气象学家格雷戈里·查尼等人使用世界上第一台电子计算机"埃尼阿克"(ENIAC)，首次成功地对北美地区的24小时天气变化进行了预报，这是历史上第一张数值预报天气图。这一结果的公布被认为是数值预报发展史上的第二个里程碑。而当时所用的计算工具是世界上第一台电子计算机，它于1946年2月14日在美国宾夕法尼亚大学的莫尔电机学院诞生。当时这个庞然大物占地约 170 平方米，重达 30 吨，能在 1 秒钟内进行 5000 次加法运算或 500 次乘法运算。

从那以后，一些国家相继将先进的数值天气预报引入实际业务中。中国也于 1959 年开展了数值天气预报的研究，1965 年国家气象局首次发布用数值计算出来的天气预报，之后成为《新闻联播》后面必不可少的一个节目。

随着计算机硬件的飞速发展，科学计算不仅在天气预测方面取得了成功，还在核武器模拟、飞行器设计、油田勘探、汽车设计、金融分析等众多领域取得了巨大成功，成为和理论科学、实验科学并驾齐驱的三驾马车之一。

中华人民共和国成立之前，中国大地上现代化的科学计算几乎是一片空白，像天气预测、核武器模拟、飞行器设计等大规模的计算研究都是空白。随着国防和民用的需求日益迫切，科学计算的研究从 20 世纪 50 年代末蓬勃开展起来。

而本文的主人公就活跃在那个火红的年代，为中国和世界的科学计算发展做出了巨大贡献。他和他的团队成员所做的就是：依靠计算机，在最短的时间内获得实际问题解的最佳近似，即获得高效、精确的近似解。

(04) 什么是计算数学

前面谈到,科学计算和计算机是紧密联系在一起的。没有计算机,也就谈不上科学计算。但它又和计算机科学不一样。计算机就是一个可以用来运算的机器。然而,科学计算是把一个完全无法计算的东西,比如一个无穷维的微分方程,变换和简化成可以在计算机上演算的东西。也就是说,一个复杂而神秘的东西,用一个简单的算法来做它的"替身",放到计算机上去求解。计算数学的任务就是寻找和创造这些"替身"。

计算数学的核心是找到快速、有效的"算法",让计算机的威力最大化地发挥出来。

对此,中国科学院数学与系统科学研究院袁亚湘院士有一个非常通俗易懂的比喻："计算机就相当于一个算盘，给你一个算盘，你没有口诀，就不会用，而计算数学就是研究口诀的。我们先编好算法，再使用计算机去解决问题，所以计算数学就是搞计算方法的。我们用各种各样的高效算法，针对不同性质的问题，找到人们关注的直观的解。比如说物理里面的问题，化学里面的问题，都可以归结成数学问题。这个数学问题的答案是什么，要把它找到，就要算。那算的话，方法很重要。一种要求就是算的速度要快，还有就是算的方法比别人先进。打个比方，1＋2＋3＋4＋5＋⋯，一直加到100，你一步一步加，加到100需要近百次加法。但是有一个聪明的算法，首项加末项之和乘项数除以2，一下子就算出来，时间节约至少95%。所以方法很重要。"

前面所说的古人的例子，算圆周率是完成项目，不是形成统一的有效"算法"；同样，欧拉计算巴塞尔级数问题，也是攻克一个问题，也不能形成广而用之的"算法"。但是，刘徽的线性方程组消去法，秦九韶的高阶方程近似求根，高斯的"最小二乘法""高斯数值求积分"，都是实实在在的"算法"。后者可以解决一大类、成百上千个同类问题。比如"高斯数值求积分"，只要输入一些积分区间上的节点和节点上的函数值，"算法"就可以立刻且高精度地给出积分值，而不需要绞尽脑汁去找积分的原函数。

我们知道，宇宙空间天体间的引力与它们之间的距离有关。计算每一对星球之间的引力，探寻整个银河系里的运动规律⋯⋯模拟这个庞大的系统，计算量大得可怕。硬算的话，计算机不知道要算到猴年马月，人们只能望洋兴叹。再看看宇宙飞船、飞机、导弹，其运动时周围被一层流体气层包裹着，如何设计流线型的运行物体，那是航天航空、汽车制造业的关键所在。当然，还有如何设计我们周围的电磁波，那是无线通信、互联网、隐形飞机的重要基石。这些"设计"，很多可以通过计算机仿真、数值计算来完成。总之，大到宇宙，小到电子，无处不存在工程师和科学家想克服的"计算"难关。

计算数学，在探索自然界奥秘的过程中，可以扮演什么角色呢？

首先，应用数学家为上面的自然现象写出微分方程，这叫作建立模型，这一定程度上实现了前面所说的拉普拉斯的理想目标。科学家认为，这些微分方程能够准确地描述人们想要知道的物理现象。但是，这些微分方程都是无穷维的，非常复杂，是"海市蜃楼"，基本上是无法找到精确答案的。有了这些微分方程，只能得到"心理安慰"，实际结果还是看不见、摸不着。

而当代的计算机，无论有多先进，只能够对付有限个数的运算，我们想要在计算机上运算无穷维的微分方程，得到它的解，是不可能办到的。也就是说，在计算机上做无穷个加减乘除的运算，只能是"天方夜谭"。

既然这般，我们可以退而求其次。工程师说了，我们不需要模型的准确解，如果能得到一个相对误差不超过百分之几的近似解，画出一个合理的图像来，让我们"眼见为实"，知道我们的设计结果是否合理就行了。计算数学要做的事，就是要做到"眼见为实"，要找到近似解。具体地说，就是要找到一个算法，设计一个程序，可以在计算机上运算，以此来"代替"那个可怕的微分方程。这样还不够，还要在理论上证明，得到的近似解和精确解间的相对误差不超过工程师心中的底线。有了这样的证明，又确保了精确度，工程师方才心满意足，并让他人"心服口服"。

我们再来看看研究者是用什么方法代替可怕的微分方程的。

不管他们用什么方法，都是要将方程"离散化"，将连续的无穷维的微分方程，变成有限个线性或非线性方程组。与此同时，还要将求解区域做网格剖分，简单地讲就是将感兴趣的求解区域画成一个个格子，形成"网格"，然后写出每个格点上微分方程的近似格式。为此将微分方程在格点上的导数用相应的差商来代替，如一阶差商就是两个相邻格点上的函数值之差与相应坐标之差的比值，也就是说用"割线"代替"曲线"。每个格点都有一个差分方程，这就形成了一个代数方程组。离散化的工作至此完成，剩下的就是如何求解离散后形成的代数方程组了。

精确解的"替身"找到了，工程师却又改变主意"得寸进尺"了。他们说："现在精确度达到1%了，但我想得到0.1%，0.01%的精度，你如何做到？"计算数学家可以用同样一个程序，达到这些要求，只不过要增加计算量。比如，增加网格的个数。只要你给出要求——达到精确度ε，总能找到网格个数$N(\varepsilon)$，来满足你的要求，在数学上，这叫收敛性。如果一个算法可以通过加密网格来使精度提高，那这个算法就是收敛的。

除了收敛性这一核心问题，计算数学还有其他两个核心问题：稳定性和高效率。

计算机是不能准确表达所有数的。比如，$1/3$，储存在计算机里的是$0.333\,333\,333\,333\,3\cdots$，到底给出多少个小数点，那就要看你的计算机是怎么设计的。计算机并不能准确表达无理数,也不能准确表达诸如1/3,1/7的有理数,一般可以保留十几位有效数字。被截断的部分,就是"截断误差"。现在的计算机里,"截断误差"通常可以小到10^{-15},似乎微不足道。但是问题在于,很多算法,都要在计算机上重复运算成千上万次。假设有一个算法,它在计算机上的每一次运算,都把误差放大1%,这看似微不足道的放大,似乎无害,但是运算1万次后,误差就被放大了10^{43}倍,原来微不足道的10^{-15}的截断误差,现在被放大成了10^{28},这可是个天文数字啊!这样的误差,把所有真解的影子全都埋没了,那还了得!正所谓"差之毫厘,谬以千里"。

这就涉及"稳定",一个好的算法是不允许把误差不断放大的。

效率的问题可以简单地描述为:如果有两个算法,一个A,一个B,都能达到误差不超过1%的要求,但在同一台机器上,A要花两天才能算出结果,而B只要两小时就能给出同样精度的结果。我们喜欢哪一个呢?当然是B。这就是计算方法中不可忽视的问题,叫作算法的效率。

当今计算数学的一个重点研究方向,就是找到高效算法。

总而言之,科学计算的物质基础是计算机,但关键软实力是"计算方法"。计算方法是计算数学的核心,其三要素是收敛、稳定、高效。

回过头来从历史发展的角度看,科学计算和计算数学发展的重要推动力是核武器的研制。

美国从1942年6月开始实施"曼哈顿计划",到1945年制造出3颗原子弹,代号分别为"瘦子"(用于试验,7月16日)、"小男孩"(投于广岛,

8月6日)、"胖子"(投于长崎，8月9日)。历时3年，涉及理论物理、爆轰物理、中子物理、金属物理、弹体弹道等大量的数值计算。

在设计原子弹的过程中，几位20世纪最优秀的应用数学家都参与了其"算法"的研究，包括本书后面将多次提到的理查德·柯朗、冯·诺依曼、彼得·拉克斯。

柯朗是德裔美国数学家，以其名字命名的纽约大学柯朗数学科学研究所是当今全球排名第一的应用数学研究所。1907年，柯朗成为当时世界数学中心哥廷根数学学派的掌门人希尔伯特的助手。1924年，柯朗在哥廷根筹建数学研究所，研究所于1929年成立并由柯朗任所长。1934年，柯朗来到美国，成为纽约大学教授，领导了应用数学小组，参与洛斯阿拉莫斯导弹基地的计算数学研究，这个小组后来发展为数学和力学研究所，并于1964年改名为柯朗数学科学研究所。柯朗数学科学研究所拥有20多名美国国家科学院院士和美国国家工程院院士，4名美国国家科学奖章获得者，4名阿贝尔数学奖获得者，这些耀眼的数字超过美国的任何其他数学机构。华裔数学家、美国国家科学院院士林芳华就长期在柯朗研究所工作。

除了出色的组织才能，柯朗还有让世人称道的数学成就。他与希尔伯特共同撰写了极有影响力的教科书《数学物理方法》，此书问世100年后仍然享誉全球，被众多名校采纳为理工科必修教材。他与哈佛大学著名拓扑学家赫伯特·罗宾合著的数学名著《什么是数学》，被翻译成了多国文字，现在仍在全球被不断印刷。他在双曲型偏微分方程、水下声学、爆炸理论等应用数学方面都有着非常重要的贡献。后面还会专门提到，他是提出有限元方法的第一人。

这里要重点提一下冯·诺依曼，"现代计算数学"的主要奠基人。他是公认的天才里面的天才，虽然没有什么诺贝尔奖之类的虚名，但那些获了诺奖的看到他都要礼让三分，他所干的，比如创立计算机原理，创立博弈论，创立冯·诺依曼代数，制造核武器，都是惊天动地的大事。关于他的传说有很多，比如说6岁时能心算八位数除法，8岁时掌握了微积分，12岁时能读波莱尔的著作《函数论讲义》。有一次，冯·诺依曼对朋友说："我能背诵《双城记》。"朋友就挑了几章做测试，果然如冯·诺依曼所言。

在50多年人生里，他做过美国数学学会主席，做过总统科学顾问，在1957年弥留之际，美国国防部正副部长、陆海空三军总司令以及其他军政要员齐聚在其病榻前，聆听他最后的建议和非凡的洞见。

在历史上，许多民族的数学家都创造了各种便捷的数值计算方法，可是，这些古典的方法对于计算机未必是最优的，而一些看起来在算法上极为复杂的方法，编制为程序后反而容易在计算机上实现。换句话说，计算机有其适合的计算方法和技巧。在这方面，冯·诺依曼做出了许多重要贡献，他先后创造了矩阵特征值计算、求逆和随机数产生等十来种计算技巧，在工业部门和政府计划工作中得到广泛的应用。20世纪40年代，在制造核武器的过程中，他与出生于奥匈帝国的美国数学家乌拉姆合作创造了著名的蒙特卡罗方法。这是一种通过人工抽样寻求问题近似解的方法，它将需要求解的数学问题化为概率模型，在计算机上实现随机模拟获得近似解。

蒙特卡罗方法充分体现了计算机处理大量随机数据的能力，是计算机时代新型算法的先锋。它在解决实际问题时需要分两步：模拟产生各种概率分布的随机变量；用统计方法把模型的数字特征估计出来，从而得到实际问题的数值解。这一方法在金融工程学、宏观经济学、生物医学、计算物理学（如粒子输运计算、量子热力学计算、空气动力学计算）等领域应用广泛。比如金融衍生产品的定价及交易风险估算，变量的个数（维数）有时高达数百甚至上千，这就会导致所谓的"维数灾难"。传统方法对此大都束手无策，而蒙特卡罗方法可以给出合理的解决方案。蒙特卡罗方法的优点在于，它的计算复杂性不依赖于维数，所以具有强大的生命力。

还是在同一时期，冯·诺依曼提出了非常有名的诺依曼数值稳定性分析。这个当今计算数学本科生都晓得的理论，在当时被美国军方列为高度军事机密，保密期长达十年。这个"稳定性"分析就是上面所谈的计算数学的核心之一。

既能设计计算方法，又能给出稳定性理论，可以说冯·诺依曼是现代计算数学领域的重要奠基人。

现代计算数学的另一个奠基人、本书后面常提到的重要人物就是彼得·拉克斯。他是本书的主人公冯康非常佩服的一位大学者。拉克斯是匈牙利裔美国数学家，1926年出生于匈牙利布达佩斯，为了逃避纳粹迫害，15岁随家人避居美国。1944年参军，曾接受过工程训练。1945年到洛斯阿拉莫斯国家实验室工作，并得益于冯·诺依曼的指导。1949年于纽约大学获博士学位，其后又在洛斯阿拉莫斯国家实验室工作一年。1951年任纽约大学助理教授，之后50年一直任教于纽约大学数学研究所。1963年任柯朗数学科学研究所计算及应用数学中心主任，1972年到1980年任柯朗数学科学研究所所长。他是美国国家科学院院士，1986年获得美国国家科学奖，1987年获沃尔夫数学奖，2005年获得阿贝尔奖。2025年，拉克斯走完了他的百年科学生涯。

拉克斯在纯粹数学及应用数学方面均做出了巨大贡献。他的主要研究领域为偏微分方程、散射理论、泛函分析、流体力学以及计算数学。他在奇异积分算子、伪微分算子和傅立叶积分算子研究中做了重要工作，他关于散射理论的研究开辟了这一领域的新前景。拉克斯最有影响的是非线性双曲型方程及激波理论的突破性工作，如拉克斯激波条件、拉克斯熵条件、拉克斯—弗里德里希斯格式、拉克斯—温德罗夫格式，在激波理论和激波计算中做出了决定性的贡献。另外，拉克斯对 KdV 方程的独特眼光大大推动了孤立子问题的研究。

弗里德里希斯是柯朗的学生、拉克斯的导师，他在有限差分方法、有限元方法等重要计算数学研究方向都做了奠基性的工作。弗里德里希斯曾任柯朗数学科学研究所所长，获得过美国最高科学奖——国家科学奖章。弗里德里希斯是柯朗数学科学研究所的二名创始人之一，并在这个研究所工作了大半辈子。

特别值得指出的是，现在计算数学教科书里面的拉克斯等价性定理，奠定了偏微分方程差分方法的"收敛性"理论基础，他创立的拉克斯—密格拉蒙定理是线性泛函分析的基本定理之一，在有限元方法收敛性理论方面起着最基本的作用。

冯·诺依曼对计算数学稳定性的开创性工作，拉克斯对收敛性的奠基性工作，筑牢了计算数学这座大厦的根基。

前几年接受采访时，对冯·诺依曼推崇备至的拉克斯充满感情地说："如果冯·诺依曼活得长一点，他肯定可以获得数学的阿贝尔奖，诺贝尔经济学奖，计算机的大奖，量子力学的诺贝尔物理学奖，等等。""原子弹不能通过试错的办法来制造，每个设计方案都必须有理论上的测试。这就需要求解非线性可压流体方程组。冯·诺依曼意识到解析方法在此是无能为力的，解决连续力学问题的唯一途径就是离散方程并求出数值解。数值求解的工具必须包含高速的可编程的电子计算机、大型存储器、编程语言、微分方程离散的稳定性理论以及众多的快速求解离散方程组的程序。二战后冯·诺依曼将主要精力花费在解决这些问题上。他充分认识到计算方法不仅对制造核武器至关重要，而且对众多的科学和工程问题也非常重要。"[1]

---

[1] 拉克斯. 冯·诺依曼早期生涯：洛斯阿拉莫斯时光及计算之路 [J]. 张智民，译. 数学文化，2020，11（4）：92-96.

[05] 中国现代计算数学的初创

最早推动中国计算数学发展的是华罗庚。

华罗庚在中国可谓家喻户晓。1931年，他以初中学历被熊庆来邀请到清华大学做助理员，旋即升为助教和教员，其后更是被推荐至剑桥大学访问大数学家哈代，归国后直接被西南联大聘为教授。

1940年3月4日，华罗庚鼓足勇气给时任国民政府教育部部长的陈立夫写信，阐明了他对基础科学和应用科学的看法。华罗庚认为，对于国家建设，需"标本兼治"，治标所依赖的是应用科学，治本则需依赖纯粹科学。因此，他积极呼吁成立纯粹科学（主要是指数学）的研究所。不久，陈立夫回信称，教育部对应用科学和纯粹科学向来主张兼筹并顾。

1944年1月15日，华罗庚给陈立夫写了第二封信。华罗庚在信中提到他解决了俞大维数学难题的事情（据说是破译密码）。俞大维出生于浙江绍兴的名门，其家族中才俊辈出。他自己是哈佛大学博士，1926年在德国《数学年刊》（*Mathematische Annalen*）上发表了数理逻辑论文，是首个在这本著名刊物上发表论文的中国人，华罗庚则是第二个。华罗庚解决了俞大维的密码难题，这使他认识到数学对国防也能有具体的贡献。

过了两个月，华罗庚于3月7日又给陈立夫写了第三封信，他从国防出发，直言数值计算的重要性："盖就国防观点以言，数值计算、机器计算实为现代立国不可或缺之一项学问，而我国现尚无认识之因而研究之者。而我大学之数学课程内容，大致仍抽象而忽具体；数值计算往往为不了解者以'容易'二字抹煞之。因之，毕业之学生，坐谈几无一不知，实算则茫无一策。"[①]

在这封信的附录中，华罗庚提到弹道、投弹、测向、统计、气象等都需要机器计算与数值计算。当时电子计算机尚未问世，计算数学也没有真正发展起来，华罗庚对数值计算的敏感和重视可以说是很有前瞻性。[②]

中华人民共和国成立后不久，1950年6月，政务院即批准成立中国科学院数学研究所筹备处，1952年正式建所，华罗庚为首任所长。他多方网罗人才，生气勃勃，工作进展神速，先成立数论组（华罗庚、越民义、王元、许孔时、吴方、魏道政）和微分方程组（吴新谋、秦元勋、王光寅、

---

① 袁向东. 华罗庚致陈立夫的三封信[J]. 中国科技史料，1995，16（1）：60-67.
② 王涛. 华罗庚与中国计算数学[J]. 数学文化，2016，7（2）：11-27.

丁夏畦、邱佩璋），后成立代数组（华罗庚、万哲先）、拓扑组（吴文俊、张素诚、孙以丰）、泛函分析组（关肇直、田方增、冯康）、数理逻辑组（胡世华）、概率统计组（王寿仁）、力学组（庄逢甘、林鸿荪）、计算机研制组（闵乃大、吴几康、夏培肃）。

华罗庚在数学研究所全面工作方针的报告中，首次完整地指出了计算数学的任务："计算数学是一门在中国被忽视了的科学，但它在整个科学中的地位是不可少的，它是为其他各部门需要冗长计算的科学尽服务功能的一门学问。……我们必须想尽方法来培养和发展它。我们希望在三五年内能有计算数学所需要配备的各种机器，能有善于操纵了解其结构的人才。"

1953年3月，中国科学院向苏联派出了由钱三强任团长，成员包括华罗庚、赵九章等人在内的26人访苏代表团，代表团的主要任务是考察学习苏联的科学发展。回国后，华罗庚完成《对苏联数学研究工作的认识》一文，其中详细介绍了苏联计算数学的发展。计算数学是苏联数学发展的生长点，这门学科的显著特点是不仅在理论上意义重大，对国家工业的发展也有很大的促进作用。1953年10月，在中国科学院召开的所长会议上，华罗庚认为发展计算数学已经十分迫切，他提出成立一个研究小组，专门研究计算数学。

华罗庚对计算数学的深刻认识，尤其是中华人民共和国成立以后的执着，很可能源于他在美国普林斯顿大学的一段经历。1947年，华罗庚赴普林斯顿大学进修，当时普林斯顿高等研究院的冯·诺依曼是制造原子弹的顾问，前面提过他是大科学家。在对原子核反应过程的研究中，要对一个反应的传播做出"是"或"否"的回答。解决这一问题通常需要通过几十亿次的数学运算和逻辑指令，美国洛斯阿拉莫斯国家实验室为此聘用了100多名计算员，利用台式计算机从早计算到晚，还是远远不能满足需要。无穷无尽的数字和逻辑指令如同无垠的沙漠一样把人的智慧和精力吸尽。看到实际工作对计算的强烈需求，冯·诺依曼迅速决定投身到计算机研制者的行列。在计算机设计方面，他提出的计算器、逻辑控制装置、存储器、输入和输出五大部分，组成了现代计算机的主要框架；在数字计算方面，他提出的二进制思想、程序内存思想，奠定了当今数字运算的基本法则；在计算数学方面，他提出的稳定性理论、蒙特卡罗算法都是写入教科书的经典概念。

特别是，冯·诺依曼确实把计算数学应用到国防、航空等重要应用领域，让华罗庚深受触动。

再往前一点说，华罗庚对计算数学的重视，可能和诺伯特·维纳20世纪30年代访问清华大学有关。维纳不仅是控制论的开创者，而且在信息科学方面也是重要奠基人。维纳访问清华大学时，华罗庚刚刚出道，在交往过程中，维纳不仅对他很欣赏，而且在他出国留学等方面给予了关键性的帮助。维纳对信息科学的巨大贡献，想必对华罗庚有一定的影响。1958年，中国科学技术大学应用数学和计算技术系成立，华罗庚担任首届系主任，在给中国科大学生讲微积分正题之前，总要专门讲授二进制计算、误差理论、拉格朗日插值公式、牛顿插值公式这些基础算法的构造原理。由此可见，他对计算机技术、计算数学的精髓"算法"有深刻的认识。

1956年夏天，中国科学院计算技术研究所筹备委员会成立，华罗庚任主任。2006年纪念中国科学院计算技术研究所建所50周年时，曾担任计算所办公室主任的何绍宗回忆道：

1956年6月19日，华罗庚主持召开了计算技术研究所筹备委员会第一次会议，科学院副秘书长杜润生、数理化学部副主任恽子强出席了会议。这次会议从组织上落实了规划文件确定的"先集中，后分散"的原则，由中国科学院、总参三部、二机部、高等院校现有的计算技术方面的专家组成筹委会，对外称中国科学院计算技术研究所筹备委员会。筹委会主任由华罗庚兼任，何津、王正、阎沛霖兼任副主任；我任筹委会办公室主任，总参三部邓明德中校和二机部孙润五处长任副主任。宣布了将近代物理所计算机组的夏培肃、吴几康、范新弼、王庭梁、梁吟藻、张玉生、曹酉申、李龙、安建勋等14人和数学所计算数学组的闵乃大、王树林、甄学礼、徐国荣、崔蕴中、石钟慈、黄启晋等9人划归计算所建制。这次会议还讨论了筹建计划中的有关问题，并决定租用西苑大旅社（西苑饭店的前身）三号楼作为办公和实验室的临时地点等。科学规划会议后，我被留下来筹备计算所。当时办公室只有我一个人，仍在西郊宾馆搞规划的地点办公。第二个调来工作的是政法学院的卫振盛同志（任人事科长）；第三个调来的是公安部的陈仁庆同志（任秘书）。9月份，办公室副主任、总参三部的邓明德中校到职。后陆续通过选调、合作、进修、分配大学生等途径，至年底在西苑大旅社集中了314人。其中研究技术人员185人，占一半以上。技术力量集中以后，组建了三个研究室：一室为计算机整机研究室，闵乃大任主任；二室为元件研究室，王正任主任；三室为计算数学室，徐献瑜任主任。计算机方面，逻辑设计组夏培肃负责，运算控制组吴几康负责，存储器组范新弼、黄玉珩负责，外部设备组孙肃负责，电源组莫根生负责；蒋士騛负责半导体新电路的研究工作，张克明、安其春和后来调入的冯康同志，协助徐献瑜负责计算数学方面的工作。

计算技术研究所第三研究室（以下简称"三室"）的成立，标志着中国计算数学有了专门的研究机构。这个机构后来发展成为中国科学院计算中心，最后演变为今天的中国科学院计算数学与科学工程计算研究所。

机构有了，计划有了，怎样找到将才就成为主要矛盾了。毕竟当时华罗庚的主要兴趣是在数论、复变函数等纯粹数学领域，他需要找到能挑起计算数学大梁的将才！

1957年初，一个年轻人被华罗庚由数学研究所调入计算技术研究所三室。他后来成了中国计算数学的领军人物，在计算数学的多个研究领域享誉全球，也影响了几代中国计算数学家。他就是中国计算数学之父——冯康。

冯康的故事富有传奇色彩，包含了太多中国人的隐忍与坚强，也包含了太多中国文化的博大与精深。或许这就是冯康带给人们的复杂情感，以至于他原本成就于一个英雄辈出的年代，却没有被时代及时赋予英雄的光环。但历史不会忘记那个火红的年代，不会忘记那些应该被载入史册的英雄和他们精彩的故事。

第一章 冯康是谁

[1] 谁是冯康

冯康是谁？对于普通读者，这问题还是要提出来。

然而这并不妨碍在某个特定范围，比如在网上，就有人悄悄争论：到底是华罗庚伟大，还是冯康伟大？有个帖子写道："看到陈安先生的文章《华罗庚先生和冯康先生，谁更是大师？》，来凑个热闹，就事论事，不针对其他，只是发表个人愚见。什么是创新，说句老实话，我之前还真不明白创新是什么。……创新是无中生有，是在旷野中游荡，找到宝藏。从这点出发，冯康老先生的有限元的创新和应用价值，在当代中国数学领域，很少有其他工作可以与之媲美，所以说大家知道答案了吧？评价科学应该还是有其核心的东西，就是创新及其意义和贡献，把握了这些，对一些东西的评价，应该就清楚了不少。"

另一个网友则回应道："华先生的弟子遍天下，而且遍及了数学的几乎每个领域，甚至可以说，华先生及其弟子的努力使中国的现代数学研究有了一个很好的开端，并且在多个领域都有所深入，数理学部名声显赫的院士里不少人是华先生的弟子。冯康先生也是个天才，他独立于西方数学家提出有限元的计算方法，现在这个方法的应用已经遍及世界，在中国多个领域都有有限元应用的影子。华罗庚先生的数学则没有有限元这么应用广泛，甚至可以说数论和多复变函数的应用非常之不广泛。如果一定要选一个大师，我是选不出来的，因为两个人的伟大之处似乎不太一样，但是都不失伟大。"

一方面，知道冯康的人极其有限；另一方面，极有限的人在争论谁更伟大。网上的争论不必过于认真地看待，有趣的是这样的争论因为没几个人知道，也就几乎无意义。自然也没多少人知道多年前，1993年冯康辞世的日子。

1993年8月10日的夏夜，冯康在浴缸前不慎滑倒，7天后与世长辞。当时不仅老百姓不知道冯康是谁，就连"嗅觉"灵敏的记者们也对这个名字十分陌生。他去世时，甚至没有一家国内大报刊登消息。

尽管国内很少人知道冯康逝世这件事，但国际数学界却为之震惊。美国著名科学家彼得·拉克斯院士专门撰文悼念冯康（*SIAM News*，1993，26（11））：

8月17日，中国杰出应用数学家冯康先生突然与世长辞，享年73岁！……

50年代后期，冯康将注意力转向应用数学，这是他最重要的贡献所在。他独立于西方国家平行发展，创造了有限元法的理论。……

80年代末，冯康提出并发展了求解哈密尔顿型演化方程的辛几何算法。

理论分析及计算实验表明，该方法对长时计算远优于标准方法。在临终前，他正致力于把这一思想推广到其他结构。

冯康对于中国科学事业发展所做出的贡献是无法估量的。他通过自身的努力钻研并带领学生刻苦攻坚，使中国跻身于应用数学及计算数学的世界版图之上……

冯康的声望是国际性的，许多人记得他在国际会议上的瘦小身躯，散发着活力和智慧的眼睛，以及充满灵感的面孔，整个数学界及他众多的朋友都将深深地怀念他。

冯康在世界上的学术影响是持续的，特别是有限元方法的伟大贡献是青史留名的。

冯康逝世一年后，著名的有限元权威专家伊沃·巴布斯卡在《有限元方法50年》一书中专门谈了有限元的历史。书中第九节的题目是"1943年至1992年间有限元的数学理论"，此节开宗明义地指出："有限元方法是基于变分原理的一种离散方法……这个方法在20世纪60年代被美国、苏联、中国数学家分别独立地提出来。"他列出了三组奠基性工作：美国的弗里德里希斯于1962年和1966年做出贡献，苏联的奥加涅相于1963年做出贡献，中国的冯康于1965年做出贡献。他专门写道："1965年，冯康对二阶问题和弹性问题提出了有限元方法，他提出可以用不同的有限元空间逼近，以及网格上的不规则点的选取，后者今天被人们用来起到加密的作用。他证明了在索伯列夫空间的收敛性。"①2001 年，巴布斯卡在牛津大学出版社出版了专著《有限元及其可靠度》。在该书的第 2～3 页，作者专门对有限元的历史做了回顾。在"数学家对有限元的理论贡献"一节，他重申了弗里德里希斯、奥加涅相、冯康三组奠基性工作。②

巴布斯卡是捷克裔美国数学家，美国工程院院士。他 1926 年出生于捷克布拉格，1951 年获布拉格大学技术科学博士学位。巴布斯卡 1952 年至 1968 年是捷克科学院数学研究所计算方法与微分方程组的负责人。1968 年后长期在美国工作。巴布斯卡是自适应有限元方法创始人，并在有限元方法的可靠性、有限元误差估计理论等方面做出了重要工作，是 20 世纪 70 年代后有限元方法最重要的领袖之一。

本书写作时，在维基百科关于有限元方法历史的条目中，有限元方法基本思想的"先驱"（pioneer）被认为是美国的柯朗、希腊人阿吉里斯、苏联的奥加涅相、中国的冯康。

由冯康等开创的有限元理论研究，在其后的数十年中，经美国的巴布斯卡，法国的菲利普·希阿雷，意大利的佛朗哥·布雷齐，中国的石钟慈、林群、舒其望、许进超等众多学者的参与，最终确定有限元的逼近性质、逼近精度、超收敛性质、自适应算法等，使有限元方法出现质的飞跃。在这些分析中，冯康最早引入的工具广义函数论、索伯列夫空间理论、偏微

---

① BABUSKA I. Courant element: before and after [M]//KRIZEK M, NEITTAANMAKI P, STENBERG R. Finite element methods: fifty years of the courant element. Florida: CRC Press, 1994:45.
② BABUSKA I, STROUBOULIS T. The finite element method and its reliability [M]. London: Oxford University Press, 2001.

分方程的希尔伯特空间方法等现代数学理论都起着重要作用。

毋庸置疑，有限元方法的发现，特别是其理论的建立，让冯康成就了数学骄子之梦，得以自信地步入世界级数学家的殿堂。

2002年5月28日，江泽民主席在两院院士大会开幕式上指出："我国科技工作者在基础科学研究方面取得了一系列令人瞩目的重大成果。我国在世界上首次人工合成牛胰岛素……在数学领域创立的多复变函数的调和分析，有限元方法和辛几何算法，示性类及示嵌类的研究和数学机械化与证明理论，关于哥德巴赫猜想的研究，以及在半导体超晶格理论方面提出的'黄—朱模型'，在国际上都引起了强烈反响。"

2008年12月15日，胡锦涛主席在纪念中国科协成立50周年大会上发表讲话时指出："我国广大科技工作者勤于思考、勇于实践，敢于超越、不懈探索，无私奉献、团结协作，在短短十几年间，创造了一个又一个科技奇迹。我们取得了有限元方法、层子模型、人工合成牛胰岛素等具有世界先进水平的科学成果……这些重大科技成果，极大增强了我国综合国力，提高了我国国际地位。"

党和国家领导人对冯康倾注了巨大心血的有限元方法、辛几何算法给予了极高的评价，表明了国家对这位杰出科学家及其研究团队的高度肯定。

2002年，每四年一次的数学奥林匹克盛会——国际数学家大会在北京举行。这也是这一具有百年历史的盛会第一次在发展中国家举行，共有4000多位数学家参与了这一盛会。时任国际数学联盟主席的雅可比·帕里斯在开幕式上致辞时指出："中国数学科学这棵大树是由陈省身、华罗庚和冯康，以及谷超豪、吴文俊和廖山涛，及最近的丘成桐、田刚等人奠基和培育的。"

这届国际数学家大会主席吴文俊在开幕后的访谈"中国数学不仅要振兴更要复兴"中坦言："我们独创的东西不够。开创一个领域，让全世界的人跟着你，这类东西不够。从华罗庚到陈景润，我国数学家做出了很多出色工作。20世纪80年代以后，从事计算数学的冯康在数学领域取得了世界公认的成就，那就是获得国家自然科学奖一等奖的'哈密尔顿的辛几何算法'。冯康先生这样的创造，不仅要有一个、两个，还要有很多，[我国]才称得上世界数学大国。"

冯康到底是谁？国际数学界领袖认为他是中国现代数学这棵大树的奠基者，中国数学界领袖认为他是数学领域的"创造者"。

可以肯定的是，冯康是一位值得我们中华民族自豪、值得世界人民传颂的科学家！

(2) 科学不会忘记

冯康院士作为计算数学这门新兴学科的先行者和带头人，特别重视理论和实践的结合。在他的指导下，中国科学院计算技术研究所承担了大量的国防和国民经济各部门的实际计算任务。冯康院士亲自讲授有关的物理、力学知识及计算数学理论，对所有的课题都亲自过问，进行具体的指导；在天气数值预报、大型水坝应力计算、核武器内爆分析与计算、中子迁移方程计算、航天运输工具的高速空气动力学计算、大庆油田地下油水驱动问题、飞机机翼气动力颤振性计算、汽轮机叶片流场计算、流体力学稳定性计算等方面取得了一系列学术上有创见性的理论成果及实际应用，并为计算机及其应用的普及推广做出了开创性的成绩。

自1984年起冯康院士将其研究重点从以椭圆方程为主的平衡态稳态问题转向以哈密尔顿方程及波动方程为主的动态问题。他在1984年北京国际微分几何和微分方程（双微）会议上首次提出基于辛几何原理计算哈密尔顿体系的新方法，即哈密尔顿体系的辛算法，由此开创了哈密尔顿体系计算方法这一新方向。由于一切守恒的物理过程都能表示为哈氏形式，而其数学基础就是辛几何，因此这一新领域具有丰富的科学内涵和广阔的应用前景。自此以后，冯康院士领导中国科学院计算中心的一个研究小组，将纯理论的辛几何和现代的科学工程计算有机地结合起来，系统地开展了这方面的研究，取得了重大的国际领先的成果。

冯康院士的名字与中国计算数学从创始到发展的历史是紧密联结在一起的，他受到科学界的爱戴与尊敬。[①]

在冯康去世后的 30 多年里，他毕生为之奋斗的计算数学事业在国家经济发展中发挥着越来越重要的作用。

2016 年，在美国盐湖城举行的国际超算大会上，中国团队凭借在采用国产芯片的"神威·太湖之光"上运行的应用获得高性能计算应用最高奖戈登·贝尔奖。之后，2017 年、2020 年、2021 年中国超算应用团队相继获得该奖。

设立于 1987 年的戈登·贝尔奖被称为"高性能计算领域的诺贝尔奖"，是国际高性能计算应用领域的最高学术奖项，由美国计算机协会与美国电气电子工程师协会联合颁发。戈登·贝尔奖通常会在当年 TOP500 排行名列前茅的计算机系统的应用中产生。比如，美日研究人员凭借运行在美国

---

① 《哈密尔顿系统的辛几何算法》于 2003 年出版。石钟慈院士写了一篇书评——《冯康院士与辛几何算法》，其中总结了冯康 40 余年学术生涯的重要贡献。

"泰坦"超级计算机、日本"京"超级计算机上的应用，都曾经连续获得该奖项。而事实上，该奖项自设立起的近30年来，一直被美国和日本垄断。

超算的应用是一个国家超算软实力的象征。美日对戈登·贝尔奖的垄断直到2016年才被打破。

2016年获戈登·贝尔奖的应用"千万核可扩展全球大气动力学全隐式模拟"，是由中国科学院软件研究所的杨超和清华大学计算机系的薛巍、地球系统科学系的付昊桓等共同领导的团队完成的，实现了该奖创立以来我国在此大奖上零的突破，打破了美日等国家对该奖项的垄断。

2017年，由清华大学地球系统科学系付昊桓教授、南方科技大学陈晓非院士等共同领导的团队完成的"非线性地震模拟"项目再次获得戈登·贝尔奖。

中国科学家2016年的获奖项目使用了超过1000万个核来完成一次气候的数值仿真。尤其是在算法层面上，团队提出了一个新的全隐式计算方法，可以大幅提升天气预报的计算精度和运算速度。这里"全隐式计算"是计算数学的一个重要概念，这个项目是现代计算技术和计算方法的有机结合，也是对本书开头提及的100多年前理查森手动天气预测构想的革命性推进。

在获奖团队成员杨超眼中，"隐式"是得奖的"功臣"。"隐式"是隐式求解器的简称，而求解器就像高性能计算的"发动机"，能让程序"高速运转"。杨超是研制"发动机"的工程师，也是获奖团队的负责人。求解器分两种，一种是显式，一种是隐式。"显式是小步快跑，像小风扇，结构简单；隐式则是大步、稳健地跑，像马达，但结构复杂、操作难度大。"由于存在这一公认的技术难关，学界一度并不看好隐式在新型超级计算机上的发展，"用它的人很少"；相比之下，显式则更受同行青睐。但早在读博时，计算数学出身的杨超便看准了隐式的潜力。作为软件的求解器，其本身无法展示效果，要结合具体领域的应用，恰如发动机只有安装在汽车上才能一显身手，而杨超偏选了一辆难开的"车"——大气动力学，把求解器运用在大气动力学方程的计算中。大气是业内公认的"硬骨头"，可杨超觉得"要做就做有挑战性的"。

杨超的博士生导师是孙家昶。孙家昶1942年出生，1964年毕业于中国科技大学计算数学专业，1967年于中国科学院计算所研究生毕业，师从董铁宝。当年有两个优秀应届毕业生分别报考冯康和董铁宝的研究生，一个是北大毕业的王烈衡，一个是中国科大毕业的孙家昶。冯康亲自拍板，让孙家昶跟随来自北大的董铁宝，他自己带了来自北大的王烈衡。孙家昶毕业后长期在三室、计算数学所、计算中心工作，跟随冯康20多年。从这个意义上讲，杨超是冯康的薪火传人。

杨超等人的项目把1950年世界第一个数值天气预报推向更高的境界、更快的速度，可以说是"锦上添花"。

2017年的获奖项目"非线性地震模拟"还有很长的路要走，也为计算数学带来了极大的挑战，但这个项目更具现实意义。地震是否可以预测？不久的将来，地震可以提前像天气一样准确预报吗？目前似乎很难有定论。这个挑战，肯定需要借助数学模型，借助超级计算来完成；现今的大数据处理、人工智能，也许可以对预测地震起到关键性作用。这些，都需要冯康的学术传人们再跟进！

计算数学界可以告慰冯康在天之灵的是，他魂牵梦绕的计算事业接班人没有令他失望。冯康去世30多年来，中国计算数学学派蓬勃发展起来。布朗大学舒其望的高精度算法、中国科学院袁亚湘的最优化算法、北京大学鄂维南的多尺度计算与机器学习交叉领域、武汉大学校长张平文的交叉科学计算等研究不断深入，在国际计算数学舞台上大放异彩。

冯康去世后，"冯康科学计算奖"于1994年设立，奖励在科学计算领域做出突出贡献、年龄不超过50岁的海内外华人科学家。自1995年至今，已有舒其望、袁亚湘、鄂维南等30多位海内外才俊获得了"冯康科学计算奖"。在这些获奖者当中，袁亚湘、鄂维南、张平文、汤涛、陈志明、包刚等已当选为中国科学院院士，他们已经成为冯康计算数学的接棒人，是新世纪中国计算数学的践行者。

国际数学家大会是国际数学界规模最大、水平最高的学术会议，受邀成为大会邀请报告人是一种很高的学术荣誉。在四年一度的国际数学家大会上，"冯康科学计算奖"得主舒其望、袁亚湘、鄂维南、侯一钊、张平文、包维柱、陈志明、汤涛、金石、杜强、包刚、应乐兴、戴彧虹等纷纷走上了大会邀请报告的讲台。2022年召开的第29届国际数学家大会，鄂维南院士受邀作1小时报告。这充分彰显了冯康开创的中国计算数学学科的实力和国际影响力。

冯康1982年被国际数学家大会邀请做45分钟报告时，是中国计算数学的第一人，40多年后，"冯康科学计算奖"得主纷纷接过了冯康的接力棒。

2017年5月20日，在西班牙名城瓦伦西亚，冯康的弟子袁亚湘当选为国际工业与应用数学联合会（ICIAM）主席。国际工业与应用数学联合会成立于1987年，是该领域最具影响力的全球性组织，旨在突出应用数学的重要性并在国际科学界建立起应用数学的地位。

袁亚湘此次当选，是中国科学家首次在国际应用数学组织中担任重要职位，反映出中国应用数学方面国际学术地位和影响力的显著提升。这是注重个人学术影响、特别注重国家科学影响的冯康生前非常渴望见到的。常常游走于国际科学舞台的冯康，非常知道国际顶尖学术组织领导人的重要性。但是估计他没有想到这一天会来得如此之快，没有想到他毕生钟爱的国家会进步得如此神速、与他情同父子的学生会走得如此之远！

2023年8月21日，在日本东京早稻田大学举行的第10届国际工业与应用数学大会开幕式上，鄂维南因其对应用数学的开创性贡献，特别是在机器学习算法的分析和应用、多尺度建模、稀有事件建模和随机偏微分方程等方面的贡献获颁ICIAM麦克斯韦奖，由ICIAM主席袁亚湘院士为其颁奖。这一奖项不仅是对鄂维南院士个人成就的高度肯定，更是对中国科学家在数学领域的实力和影响力的有力证明。

袁亚湘院士以大会主席身份为鄂维南院士颁奖的这一幕，藏着太多值得细品的深意——一位是执掌国际学术盛会的颁奖者，一位是摘得麦克斯韦奖的获奖者；他们同是黄皮肤的中国面孔，更同是冯康科学计算奖的

鄂维南院士（右三）获得麦克斯韦奖，ICIAM 主席袁亚湘院士（左三）为其颁奖

荣誉获得者。这种身份的交织与重叠，恰似中国计算数学传承长卷里的精彩一帧，让冯康当年播下的学术火种，在国际舞台上绽放出了跨越时空的呼应。

冯康科学计算奖以奠基者之名，本就是对先生开创之功的礼赞；而当两位同获此奖的中国学者，在这样顶级的国际平台上完成"颁奖者与获奖者"的郑重交接，恰是对先生精神最生动的续写。当年，冯康先生在一穷二白中开辟中国计算数学之路，既以"有限元方法"的原创突破为学科立骨，更以"甘为基石"的胸襟为后辈铺路——他深知，科学的生命力在于传承，因而倾尽心力培育青年学者，为学科埋下"传帮带"的基因。如今，袁亚湘在国际学术组织中发出中国声音，鄂维南在前沿领域拓展学科边界，两位冯康奖得主在世界舞台上的"双向奔赴"，不正是先生当年"既要仰望星空拓新境,也要俯身育人续薪火"战略眼光的最好见证?

从冯康独立开创学科体系,到今天两位传人在国际舞台上各展所长、完成这场特殊的"学术对话",中国计算数学的发展轨迹里,始终跳动着先生播下的火种。这种传承,让"中国计算数学"从当年的单点突破,成长为如今能在国际舞台上形成"颁奖者与获奖者"呼应的蓬勃生态——而这一切的起点,正是冯康以战略远见为学科锚定的方向,和他用毕生心血浇灌的育人土壤。

中国计算数学之父虽然离开了,但他点燃的星星之火,已成燎原之势。他的传人会越来越多、越走越远!

冯康走完了他伟大传奇的一生,他的一生曲折、壮丽、精彩!但"冯康是谁",知道的人依然很少。作为闻名世界的数学家,冯康在中国或许是神秘的,但这种神秘性也给历史留下了空间。

第二章 桑影与少年

[3] 逃亡

冯康是谁？我们在时间中提出这个问题，当然也要在时间中回答。

有许多时间点可以回答这个问题，比如冯康的出生年份、逝世时间等。冯康1920年出生，1993年逝世，1968年从北京逃离，三个时间点呈现着三个不同的冯康。生／死／逃亡，显然并非同类项，生、死还好说，逃亡算什么呢？然而在生、死与逃亡之间谁又能说这不是人生最晦涩的一种方程？那么于冯康而言，这三者之间到底有着怎样的关系？

不是每个人都有逃亡的经历。那么什么人才会逃亡？在一个正常社会、正常时期，逃亡的人少之又少。但在一个非常社会或非常时期，什么人都可能逃亡，你本来生活得好好的，但第二天早晨一觉醒来就可能面临重大选择：隐忍、自杀还是逃亡？

在隐忍与自杀之间，1968年选择逃亡的人还是很少的。从某种意义上讲，自杀对其本人而言，也许是从容的、深思熟虑的，甚至是理性的，当然也是完全绝望的。还有什么比绝望更平静、更理性？而逃亡则是张皇失措，是崩溃，是本能的一种错乱。

冯康自己都不知怎么一下子就冲动地抓住一个机会，乘机跑了出来。一出来他就后悔了，但想回去已无可能。这是典型的张皇、崩溃、非理性行为。他逃出来后越走越快，越走越远，却越走越后悔。在北京怕——怕受审，跑出来后更怕——怕被抓住，怕自己的所谓的历史问题被揪住不放，这是双重的恐惧。他从未面对过如此广阔的陌生天地，一切的陌生事实上都构成了巨大的恐惧。1968年夏天，冯康脑子一片空白，根本不知道该去哪儿……

他毫无筹划，近期单位里对他的批斗升级，使他很紧张、很害怕，而最近发生的航天材料专家姚桐斌死亡事件更是深深刺激了他。

姚桐斌1922年9月出生于江苏无锡，1951年获得英国伯明翰大学工学博士学位，之后在英国、德国学习和工作。1957年9月回国后，历任国防部第五研究院一分院材料研究室研究员、主任，材料研究所所长。1968年6月8日，姚桐斌被红卫兵殴打致死，年仅46岁。姚桐斌的死震惊了研究所，也震惊了国防部。

离开，离开，离开！此时冯康满脑子想的就是"离开"，许多天来"离开"二字一直在他脑子里嗡嗡响，如蘑菇云一样一次次升起，虽然并没有爆炸。没爆炸却总是升起蘑菇云，反而更可怕。离开，离开，离开研究所，离开家，离开北京。然而，怎么离开，从哪儿离开，冯康则完全不清楚。当然是远离，当然是火车站，但是哪个火车站？他想到了最近的火车站。

冯康躲躲闪闪地在中关村的大街小巷奔跑，一会儿是大街，一会儿是小巷，大街小巷，反反复复，像做着一道道重复的数学题。他认为大街上会碰到熟人，但小巷也许更可能会，因此他进进出出，方寸全无。

冯康登上了31路车，直奔西直门，在几何形的步法（避开侦察）中他记起了西直门火车站离得最近，他记得很多很多年前在这儿上过一次车，好像是去长城。尽管如梦游一般，脑子一片空白，他遵从本能的计算神经依然准确，然而让他没想到的是西直门站虽近，但显然大多是中关村方向来的人，碰到熟人怎么办？他已买好从西直门到沙城的火车票，一看到人来人往、熙熙攘攘的人流，便如坐针毡，焦虑万分。他慌乱中又退掉车票，改道而行。

冯康后来写道："从中关村至黄庄，搭上了31路车直达西直门，计划在西直门火车站搭西（直门）沙（城）慢车离开北京。后来怕在西直门遇上熟人，便改去白石桥，坐上55路由动物园至永定路的车，中途在半壁店下车，转36路由阜成门到门头沟的车，至三家店下车……"

一会儿上车，一会儿下车，一会儿东一会儿西，出逃的混乱佐证着精神的混乱，道路的分裂证明着精神的分裂，但事实上分裂中也不乏精明。果然，三家店也是一个车站，是西直门至沙城之间的一个火车停靠站。也就是说冯康的目的地不变，还是沙城，只不过没从西直门站上车而是转来转去转到了人迹罕至的三家店站，计算不可谓不精明，尽管事实上实属多余。

但真的多余吗？就算"多余"也是必需的。

冯康知道自己的情况，他比许多受迫害的人的情况"严重"得多，复杂得多。首先，他的出身"有问题"，他出身于国民党旧官僚家庭；其次，他有旁系亲属在美国工作；此外，他精通英语、俄语、法语，曾到苏联留学，师从庞特里亚金。给个诸如"历史反革命""里通外国""特务嫌疑"的罪名似乎轻而易举。

[4] 美好的回忆

如果不是交代"反革命历史问题",如果如实述说上面的经历,那本是一段美好的回忆。

中华人民共和国刚刚成立时,百废待兴,整个国家热气腾腾。1951年,冯康不过31岁,那一年他有幸作为国家选派的第一批留学生来到苏联。

到苏联后,他在莫斯科著名的斯捷克洛夫数学研究所进修,不要说20世纪50年代初,就是三四十年代冯康上中学、大学时就已知道斯捷克洛夫数学研究所的厉害了。

斯捷克洛夫数学研究所以弗拉基米尔·斯捷克洛夫的名字命名。斯捷克洛夫是苏联数学物理学派的创始人,对数学、物理、力学都有深入研究,成就举世瞩目,用其名字来命名国家级的研究所就是一种极大的认可。斯捷克洛夫数学研究所首任所长为伊万·维诺格拉多夫。维诺格拉多夫是苏联的功勋数学家,也是一个素数研究的高手。比如1937年他就在无须借助广义黎曼猜想的情形下,直接证明了充分大的奇数可以表示为三个素数之和这一重要的假说。他是华罗庚非常欣赏的一位大数学家。1941年，华罗庚曾把自己的心血之作《堆垒素数论》手稿寄给维诺格拉多夫，维诺格拉多夫立即以电报回复："我们收到了你的优秀专著，待战争结束后，立即付印。"因此，这本书最早是1947年以苏联科学院斯捷克洛夫数学研究所第22号专著的形式出版的。《堆垒素数论》先后被译成俄、匈、日、德、英文出版，成为20世纪的经典数论著作之一。

1940年，斯捷克洛夫数学研究所从列宁格勒迁到莫斯科，之前的旧址作为斯捷克洛夫数学研究所列宁格勒分所（后发展为圣彼得堡分所）。20余年前证明著名的庞加莱猜想的数学怪杰格里戈里·佩雷尔曼在脱离俄罗斯数学界之前，就一直在圣彼得堡分所工作。21世纪初，佩雷尔曼用完美的方式证明了庞加莱猜想，功成名就之后，他毅然放弃了接踵而来的菲尔兹奖和千禧数学奖，轰动学术圈。菲尔兹奖被誉为数学界的诺贝尔奖，这一荣誉原本是没有人会拒绝的；而千禧数学奖的百万美金居然对生活并不富裕的佩雷尔曼毫无吸引力，让芸芸众生感叹不已。

冯康能被派送到斯捷克洛夫数学研究所研修是一次难得的机会，也是国家对他的极大信任。

即使在途中——哪怕在一个小站蹲着——只要一回忆起斯捷克洛夫数学研究所的数学物理学派，冯康就有一种久违的甜蜜感觉。这感觉可以让他沉迷一会儿、淡定一会儿。冯康的研究与成就得益于数学、物理的结合，得感谢斯捷克洛夫数学研究所，这里有完美的纯粹数学，也有完美的数学、物理的融合。

冯康的指导老师庞特里亚金是苏联领袖级的大数学家。他的研究涉及拓扑学、代数、控制论等领域，控制论中的庞特里亚金极值原理，拓扑群的庞特里亚金对偶定理、庞特里亚金示性类等，都闻名于世。庞特里亚金13岁那年因一次煤气炉的意外爆炸而致双目失明。如果生来失明还好，这种半路失明非常痛苦，往往让人痛不欲生。这时候母亲给了儿子及时的温暖与支持，失明的庞特里亚金靠母亲在旁边读书给他听，坚持学习数学，每次听完后都立刻集中精力复习并加以熟记，就这样他完成了中学学业，并且考上了莫斯科大学数学系，21岁毕业于莫斯科大学并留校任教，年仅28岁便成为莫斯科大学教授，31岁当选为苏联科学院通讯院士。

庞特里亚金专攻的最优控制理论，在数学应用于人类资源开发与城市化建设中具有重要的理论贡献。正是庞特里亚金最优控制理论提出的"极大值原理"，解决了现代控制技术的关键理论难题，使计算技术有了根本性突破，于是才有了后来的人造卫星上天，开始实现信息转换的自动化，开创了人类征服宇宙的新纪元。

庞特里亚金因其杰出的数学成就曾获罗巴切夫斯基奖，多次获得苏联国家奖、列宁奖、列宁勋章等荣誉。庞特里亚金少年时双目失明，却传奇般地成了伟大的数学家，人们只知道奥斯特洛夫斯基笔下的百折不挠的保尔·柯察金，却鲜少知道数学版的保尔·柯察金。冯康早年因病致残（中度驼背），他师从庞特里亚金，可能是冥冥之中自有安排，或者在上天看来，他们就是特殊的科学师徒，在演绎着传说中的故事。

在去苏联留学之前，冯康对庞特里亚金的数学研究工作已有一些了解，当他了解到庞特里亚金作为伟大的盲人数学家的传奇经历后，对自身的身体残疾有了莫名的信心，对庞特里亚金的崇拜几乎转化为对疾病的崇拜。庞特里亚金既是数学英雄，也是残疾人英雄。冯康认为，比起双目失明，自己的身体残疾完全不算什么，而能够得到心目中数学大师的亲自指点，更是某种神秘的机缘。

冯康坐在火车车厢的角落里，昏昏欲睡，但"准梦境"却异常活跃，与恩师庞特里亚金一起讨论数学的情形，似历历在目。庞特里亚金根本不像盲人，相反眼睛非常明亮，思维异常活跃，只是他看到的不是人而是更远的天空，是天空后面的东西，他在对着那里说话，或者他自己就是天空。在那样的眼睛里，冯康总是有一种莫名的飞翔感，觉得自己可以飞至宇宙的任何一点。

然而跟随庞特里亚金不到一年，在莫斯科，冯康早年的脊椎结核病不合时宜地复发了，他一病不起。这莫非是上天的考验？上天考验了庞特里亚金，难道一样要考验他的弟子冯康？冯康在经历最初的打击后，想想老师遭遇的不幸，一下子又平静下来。或许正因为此病，自己不再属于任何别的事物，而只属于数学。冯康减少了正常人拥有的许多东西，就像恩师看不到一切东西却看到了天空，甚至天空后面的东西。

冯康在莫斯科第一结核病院住院期间，通过大量阅读，广泛了解苏联数学家的研究成果。他还接触了庞特里亚金的老师、著名数学家亚历山德罗夫一些关于数论的著作，同时也毫不隐讳地阐明自己关于亚历山德罗夫著作的一些观点。此时的冯康还特别推崇柯尔莫哥洛夫将概率论公理化的做法。

柯尔莫哥洛夫在算法复杂性、随机数学、动力系统乃至湍流理论等方面在当时都取得了很大的成就。在冯康看来，柯尔莫哥洛夫因其工作的广泛性，不仅对数学学科，而且对物理学科也做出了重大贡献，这在20世纪的科学家中是不多见的。老师庞特里亚金来医院探望他，三句话不离本行，所谈的也都是数学，谈话的内容很多时候就是有关亚历山德罗夫和柯尔莫哥洛夫的。

柯尔莫哥洛夫是20世纪苏联最杰出的数学家之一，也是20世纪世界上为数极少的几位最有影响力的数学家之一。在长达半个多世纪的学术生涯里，柯尔莫哥洛夫不断提出新问题、构建新思想、创建新方法，在世界数学舞台上保持着经久不衰的生命力。柯尔莫哥洛夫还是一位伟大的教育家。他指导有方，直接指导的学生有67人，他们大多成为世界级的数学家，其中14人成为苏联科学院院士；他的学生阿诺德、盖尔范德、雅科夫·西奈都获得过沃尔夫数学奖。此后，这些数学家又各自形成自己的研究风格，自成一派，带出了一批优秀的数学家，在数学物理、动力系统、几何拓扑、代数、表示论等诸多方向做出原创性贡献。冯康在晚年的数学研究中，和阿诺德这个名字紧紧地联系在一起。

病榻上，冯康以老师庞特里亚金为榜样，坚持自学自修，除了获得大量的数学知识，俄语口语水平也在突飞猛进。在医院朝夕相处的是医生、护士，正是每天和苏联护士们的交谈，使冯康的俄语达到了自如交谈的程度。回忆这段往事是有趣的、甜蜜的，冯康的博学、风趣常常逗得护士们哈哈大笑。

得益于苏联先进的医疗条件以及医护人员的精心护理，经过一年多的治疗，1953年冯康的脊椎结核病终于痊愈。但是，他也不得不结束在苏联的学习，提前回国。尽管冯康留苏的大部分时光都是在病榻上度过的，然而对数学的敏锐嗅觉及开阔视野使他很快地捕捉到苏联数学研究领域最活跃的分支之一：广义函数。广义函数和物理有着密切联系，冯康敏感地领悟到这同时也是具有生命力的数学领域。他知道，历史上第一个广义函数不是由数学家提出的，而是由英国物理学家保罗·狄拉克引进的。狄拉克为了陈述量子力学中某些量的关系，引入了著名的"德尔塔函数"，而借助20世纪前所形成的经典数学概念是无法理解那样奇怪的函数的。然而物理学上所有的点量，如点质量、点电荷、偶极子、瞬时打击力、瞬时源等物理量，用德尔塔函数来描述不仅方便、物理含义清楚，而且当德尔塔函数被当作普通函数参加运算时，将它参与微分方程求解，所得到的数学结论和物理结论二者都是吻合的。冯康知道这个函数虽然行之有效，但缺乏稳固的数学基础，后来法国数学家劳伦·席瓦兹用泛函分析观点为德尔塔函数建立了一整套严谨的理论，即广义函数论，弥补了这一缺陷。

冯康对广义函数的研究非常专业、精深，一直沉浸在里面，怎么他突然就有了"特务嫌疑"？

(5) 此地不宜久留

三家店火车站位于北京市门头沟区，西临门头沟永定河新河引水渠三家店段，东临石景山区五里坨街道。车站建于1907年，离北京站37公里，距沙城站84公里。1968年夏天，冯康就是从这里开始了他的逃离北京之旅。

沙城到了。冯康一直望着陌生的窗外，不觉沙城竟然这么快就到了。其实一点也不快，这是慢车，最慢的慢车，站站都停的慢车，虽是机械却像木制。刚登上火车时冯康想快一些离开北京，越快越好，仿佛北京在后面追赶他，但火车却不紧不慢，没走多远"哐当"一声又停了。中间无论到站还是临时停车，每每都让冯康紧张，怕上来什么人一下把他抓走。当然，毕竟在慢慢远离，看见山了水了云了，不安的他开始慢慢闭上眼睛，略略享受一下短暂的安全感。

他对沙城一无所知。仓促登车时并没想好去哪儿，在北京时更是没可能想，当时想的就是离开，离开，离开！离开再说。沙城离北京不远不近，刚好离开了北京，但离北京又还不远。关键是"还不远",难道他还要做回去的打算?当然!

此刻,另一种声音在耳边响起,或者到了如此荒凉的沙城他才意识到自己还留了一手:现在回去还来得及!如梦初醒的冯康,没想到回去的愿望竟那么强烈。

冯康下了车,茫然四顾,犹豫不决。他在站台上来回走动,像片树叶来回飘荡。

小站简陋,四处透风,一些窗户早已没了玻璃,就用三合板挡着,几乎没什么人上车,更没人下车,下车的只有他一个。

所谓"城"根本称不上城,甚至连镇都算不上,20世纪60年代末的沙城用现在的眼光看就是个村子,不过两条街,灰突突的,黄澄澄的,偶尔一见的砖房也是灰头土脸的。

沙城是一座移民之城,位于怀来县西北部,洋河北岸。明代实行"移民屯田"政策,山西洪洞等县的百姓移到河北怀来,几户姓雷的人家组成雷家堡。明景泰二年(1451)用三合土筑起了东、中、西三座城堡,将雷家堡整个圈了起来,从此雷家堡改名为沙堡子。明隆庆三年(1569)用城砖包砌,修了城门、垛口及部分城墙,改名为沙城堡。民国时称沙城镇。1958年城墙已不复存在,建立了人民公社之后,"城"的概念完全消失。

此地不宜久留——突然的紧张感让冯康仓促选择离开。

列车驶来,冯康甚至都没看清列车是去哪儿,去干什么,便快步登上了列车。他甚至都觉得没时间在窗口买票,尽管事实上是有时间的。他拿出证件,挤出一丝微笑,向列车员申请补票,又恐怕遭拒被赶下车。

两个原因让冯康脑子空白般地登上列车：一是小站人太少，他觉得自己的样子在这小地方太特殊；二是在城里他的样子平淡无奇，一身蓝布衣服、蓝帽子、解放鞋，可在这无人下车的小车站，就显得格外突兀。

列车缓缓启动，他的心慢慢踏实下来，但随之彻底绝望：一切都变得无可挽回，他彻底走上了一条不归路。他仿佛看到了等待他的将是什么，之前尽管他并没意识到，但某种东西是存在的，比如在沙城停留时他犹豫不决，好好想了一下怎么办，如同读过的车尔尼雪夫斯基的《怎么办？》，也就是说无论如何，之前在沙城，还存在着一种飘忽的幻觉：回去。现在就只有远去了，绝无再回头的可能。就如同此刻车窗外的夕阳，只有一个下沉的方向。

他记得当年是在莫斯科的病床上读的俄文版《怎么办？》的。车尔尼雪夫斯基是革命导师列宁最钟爱的作家之一，列宁视车尔尼雪夫斯基为"一个艺术巨匠"。列宁说过他曾经在一个夏天里把《怎么办？》读了5遍，每读一次他都会发现一些新的令人激动的思想。对于生活和社会问题只有一个办法，那就是斗争。冯康知道列宁特别赞许《怎么办？》中塑造的真正的革命者拉赫美托夫，列宁称他是大无畏革命战士的杰出形象。列宁是如此喜爱这部作品，甚至曾说"他们[指俄国人民]要求得美好的生活，不应该向托尔斯泰学习"[1]。对于列宁来说，车尔尼雪夫斯基的《怎么办？》才是"真正的文学"，因为"这种文学能够教导人，鼓舞人，让人起而斗争"。冯

---

[1] 列宁.托尔斯泰和无产阶级斗争[M]//列宁全集：第20卷.北京：人民出版社，2017：72.

康因此备受鼓舞，当年正是靠着它在病床上与病魔做斗争，毫不灰心气馁，十分豪迈。可现在，怎么办？车尔尼雪夫斯基能回答冯康的怎么办吗？

　　之前没想过自杀的冯康离开北京后反而想到了自杀，具体地说，是离开沙城之后在路上想到的。更大的自由，反而带来更大的恐惧——过去是具体的在一个关押房里的恐惧，现在是对整个大地的恐惧。而他又没有目的，全无方向，事实上他感觉自己被连根拔起了，再也落不了地。

[6] 故园旧忆

一路上，冯康只要闭上眼睛，那些植根脑海挥之不去的地名便不断浮现在眼前。

绍兴，物华天宝，一座美丽的小城，一直都不是大城，跟北京、上海这些大地方没法比，跟杭州、南京、广州也没法比，跟苏州、常州也没法比。但古往今来，这座小城却贡献了无数的英雄大家、文化名人。且不说大禹、越王勾践、千古西施、书圣王羲之，以及"少小离家老大回，乡音无改鬓毛衰"的贺知章，"上马击狂胡，下马草军书""位卑未敢忘忧国"的爱国诗人陆游，大思想家王阳明，明代大才子徐渭……便是近代以来就有蔡元培、徐锡麟、秋瑾、陶成章、鲁迅、马寅初、邵力子、周作人、竺可桢、陈建功、孙越崎、范文澜、周恩来、钱三强……他们的丰功伟绩彪炳史册。除此之外，"绍兴师爷"名闻天下，清朝许多绍兴的读书人投身官府做幕僚，正所谓"无绍不成衙"。

冯家祖籍就在那里。冯康的父亲冯祖培出生于江西，是旧时代的文人，也是一位诗人。祖父曾任江西省分宜县知县，去世很早，死于任上。当时父亲的年纪还小，便被寄养在同乡的郑家，郑家对他甚好，后来两家成为世交。1905年，冯祖培陪伴亲友去绍兴参加县试，竟考中了案首（第一名）。在绍兴这样人才济济的地方参加科举考试，能从几百个读书人中脱颖而出，考上案首相当不容易。

第二年科举制度被废除。科举制度的废除，击碎了冯祖培通过科举考试走上仕途的梦想。为了养家糊口，冯祖培只好走绍兴文人的老路——投身做幕僚（俗称师爷）。冯祖培文学修养很高，文笔很好，擅诗词，工书法，曾经手书一册《秋影庵词草》，这是一本记录他以诗言志、以诗会友的诗集。辛亥革命后，他转向仕途，担任过省厅局里的秘书、科长、县长等职务，四处奔波，曾先后在南昌、南京、六合、无锡等地任职，因此，家人也随冯祖培任职地的变换而经常搬迁。冯康的母亲严素卿祖籍也是绍兴，在安徽望江出生，没有读过书，在家相夫教子，操持家务。在父亲四处奔波任职的几年中，冯家的四个孩子相继出生，因此冯家四兄妹的出生地也各不相同。

冯祖培和严素卿

1915年，冯康的大哥冯焕在南京出生。冯焕是父亲最喜欢的孩子，小名阿欢，为欢乐的"欢"谐音，故名"焕"。1917年，姐姐冯慧在安徽六合出生。1920年，冯康在江苏无锡出生，由于出生时身体不太好，家人希望他能健康成长，因此为他取名"康"。父亲从无锡卸任之后，举家迁到了苏州。1923年端午节前夕，小弟在苏州出生，家人为其取名"端"。

冯家在苏州曾搬过三次家。最开始住在师令巷，冯端便是在这里出生的，后来搬到三多桥。苏州旧有三多巷，东起金狮河沿南口接书院巷，西至司前街南口与吉庆街相接，后全街合并入书院巷。三多桥在三多巷西头，冯家隔壁邻居为赵铁桥家。

赵铁桥，四川叙永人，早年就读于四川泸州经纬学堂，参与成立输新社，后加入中国同盟会，积极参与革命活动。

其子赵默，就是后来大名鼎鼎的电影艺术家金山，与冯焕是好朋友。赵默酷爱电影，冯焕受赵默的影响，闲暇时间也常常去看电影，日积月累还收集了整整一箱电影剧照和说明书。父亲知道冯焕爱看电影，还爱收藏电影剧照和说明书，很是生气，怕冯焕走火入魔走上演艺道路，遂限制冯焕与赵默来往。后来赵默到上海投身演艺事业，取艺名为金山。1937年，金山主演了轰动全国的影片《夜半歌声》，他饰演的宋丹萍富于激情，性格独特鲜明，引起了知识青年的共鸣，使他红遍大江南北。

赵默离开后，冯焕的兴趣逐渐转移到装收音机搞摄影上，这方面得到了父亲的赞许和支持，甚至给冯焕买了德国康泰克斯照相机及全部器材。当时照相机是奢侈品，价格昂贵。冯焕在照相方面兴趣越来越浓厚，以至此时年少的冯端也在大哥的影响下自制望远镜,夜观天象,对天文产生了兴趣。

与哥哥、弟弟不同,此时的冯康表现出了对数学的极大兴趣。冯康不仅课堂学习成绩优异,还参考原版的《范氏大代数》(*College Algebra*)等国外教本进行学习和解题,并仔细阅读了朱言钧(即朱公谨)著的《数理丛谈》。朱公谨字言钧,是前辈数学家,曾在哥廷根大学留学,回国后在上海交大任教。那个时候的哥廷根大学,是世界的数学中心。哥廷根数学学派在世界数学科学的发展史上长期占据主导地位。高斯开启了哥廷根数学学派的辉煌时代,他把现代数学提到了一个新的水平。狄利克雷和黎曼继承了高斯的工作,在数论、几何和分析等领域做出了贡献。克莱因和希尔伯特使哥廷根数学学派进入了全盛时期,哥廷根大学因而也成为数学研究和教育的国际中心。回国后,朱言钧出版了不少译著,影响了很多青年才俊。柯琳娟在《让数学回归中国:吴文俊传》中写道:"其撰写的书籍和文章,吴文俊是每篇必读,每本必看的。可以说,朱公谨对年轻的吴文俊产生过非常重要的影响。"[①]

朱言钧的《数理丛谈》通过学者和商人的对话来介绍什么是现代数学,其中也提到了费马大定理、哥德巴赫猜想等,有很强的感染力,使少年冯康眼界大开,首次窥见了现代数学的神奇世界,并深深为之着迷,这应该是冯康献身数学立志成为数学家的一个契机。

---

① 柯琳娟.让数学回归中国:吴文俊传[M].南京:江苏人民出版社,2009:36.

当然，如同河流一样，道路也不是笔直的。各种思潮都会在年轻人中产生影响，喜欢照相的冯焕一度又动起了赚钱的念头，而且说做就做，先在家里实验了一把。冯焕买了许多高级巧克力，在家开了一个被他称作"KOMES"的糖果公司，然后叫弟弟妹妹也就是冯康、冯端、冯慧来买。这种商业头脑与电影及摄影器材毫无关系，跨度很大，但年轻人就是这样。弟弟妹妹当然很想吃巧克力，就说他们没有现钱，可不可以赊账。大哥说可以，等以后妈妈给他们零用钱了再还。后来父亲知道了这件事情，把冯焕痛骂了一顿，当然弟弟妹妹吃的巧克力也白吃了，结果是冯焕赔了夫人又折兵，赚钱的想法就此打住了。

然而没人能想到，正是这四个不同出生地、具有不同兴趣的孩子，几十年后分别在电机、动植物、数学及物理研究方面都卓有成就。冯焕早年毕业于国立中央大学电机系，后留学美国，任通用电气公司研发中心高级工程师。冯慧是动植物学家，与三兄弟均在国立中央大学读书不同，冯慧就读于浙江大学。1943年冯慧与叶笃正结为夫妻，1945年夫妇二人赴美留学。1950年，二人做出了一个重要的选择——返回祖国。当时辗转同乘一艘船回国的，还有邓稼先等人。

冯慧的人生轨迹也和兄弟三人有所不同：她的名字更多时候是和"叶笃正"连在一起的。回国后叶笃正在老师竺可桢、赵九章等人的带领下开始了中国现代气象学研究，在大气动力学、大气环流、高原气象学以及全球环境变化等领域取得许多开创性的研究成果。冯慧则在中国科学院动物研究所做研究员。

冯端 1942 年考入国立中央大学物理系，当时中国物理学界的赵忠尧、吴有训、施士元等学术大师皆会聚于此。

赵忠尧，浙江诸暨人，核物理学家，中国核事业的先驱之一。赵忠尧 1927 年赴美国加州理工学院留学，师从诺贝尔物理学奖得主密立根，1930 年获博士学位。他在 1930 年成为历史上首个成功捕获正电子的人，其研究直接促成物理学家大卫·安德森于 1936 年获得诺贝尔物理学奖，安德森在晚年承认他的研究是建立在赵忠尧研究的基础之上。1955 年，赵忠尧主持建成了中国第一台质子静电加速器，并进行了原子核反应的研究。9 年之后中国第一团"蘑菇云"在祖国大西北升空，他是第一个看到"蘑菇云"的中国科学家。

吴有训，江西高安人，中国近代物理学的奠基人，曾任中国科协副主席、中国科学院副院长，1921 年赴美国留学，1925 年在芝加哥大学获博士学位，先留校任助教，次年回国，以系统、精湛的实验为康普顿效应的确立做出了重要贡献。康普顿效应，也被称为"康普顿—吴有训效应"，是量子力学的重要奠基性发现。康普顿效应被验证后，康普顿以该理论成就获得 1927 年的诺贝尔物理学奖。虽然吴有训没因对 X 射线散射效应及量子力学的贡献而被授予诺贝尔奖，但他却是公认的首位对世界现代科学做出重大贡献的华人科学家。

施士元，居里夫人为中国培养的唯一的物理学博士，1933 年获物理学博士学位后回国任国立中央大学物理系教授并担任系主任，时年 25 岁，是当时全国大学中最年轻的教授。从 1933 年起，经历了国立中央大学的重庆校园迁徙，以及后来的大学更名，他一直在该校任教共54年，孜孜不倦。他是我国最早从事核物理研究的物理学家之一，观测到α射线精细结构与γ射线能量严格相等的现象。

在上述名家的谆谆教诲下，冯端对物理知识进行了系统的学习。在国立中央大学学习物理，学业艰难，学成不易。入学时物理系的同学有十多个，最后坚持读完四年至大学毕业的仅沙频之、赵文桐与冯端三人。

1946年冯端大学毕业，留校担任助教，由此开启了他在母校长达40多年的教研生涯。起初按照当时的大学惯例，助教的主要工作是指导学生实验，并帮助教授批改习题，因此直到1949年春天冯端才真正走上三尺讲台，为医学院、生物系、化学系等院系的学生开设普通物理课。1952年全国院系调整，在学习苏联教学体系的热潮中，大学纷纷成立专门化的教研组，冯端被分配到新成立的金属物理教研组。从1956年起冯端开始承担物理系课程，广泛的兴趣爱好加上人文素养的深厚积淀，让冯端的课堂充满魅力，他总是能将各学科的知识与物理学规律融会贯通，表达生动而又精练透彻，无怪乎教室常常"爆棚"。1964年，冯端所著的中国第一部《金属物理》上卷出版。1966年，下卷刚刚写完交稿，"文化大革命"就开始了。十年之后下卷才得以面世。这套物理学专著颇受好评，被誉为从事金属材料工作的必读宝典。

也就是在这段时期，冯端开始了真正意义上的科研工作。

针对当时国防工业的需求，冯端选择我国产量丰富且发展尖端技术急需的钼、钨、铌等难熔金属作为突破口，借鉴世界上问世不久的电子轰击熔炼技术，组织设计并研制了我国第一台电子束浮区区熔设备，成功制备出钼、钨单晶体。"文化大革命"后冯端将金属物理教研组改建为晶体物理教研组，开创了中国晶体缺陷物理学科领域，广泛开展功能材料的缺陷与微结构研究，科研能力及成果很快便跻身国际前沿。1980年，冯端与合作者在实验上首次全面验证了诺贝尔物理学奖获得者布隆伯根的理论设想，实现了倍频增强效应。这被认为是"文化大革命"之后，我国物理工作者在国内做出的首批具有世界领先水平的研究之一。此后，冯端又积极倡导和推动纳米科学领域的研究，力主将凝聚态物理与材料科学相结合，成为我国金属物理学和凝聚态物理学的奠基人之一。

包头到了，这一站停的时间很长，离北京已经很远。内蒙古在一般人的意识中已是边疆，离苏联不远。苏联、苏修……想到这些，冯康越发心惊。

冯康再次踏上了不知开往哪个方向的列车，或许只有列车最安全，车是在运动着的。而只要一到站冯康就感到紧张，到了小站，他的模样、穿着太扎眼，可是到了大站人又太多，太混乱，感觉也很紧张。

从没有人像冯康这样，在铁路大动脉上如此无目的地漫游，忽东忽西地漫游，随意选择地漫游，许多天来一直没离开过列车，沿途经过的地方差不多就有半个中国。直到来到了绍兴，他想到一个成语：叶落归根。绍兴、苏州，这两个地名深深地刻在他的脑海里，挥之不去。

尽管冯康并不出生在绍兴，但这是冯家的风水宝地，父亲时时谈起。他觉得绍兴是应该去看看的，但真正的故居是不能去的，就算去也只能偷着去，远远地在外面看看。冯康像一片落叶，在一个黄昏梦游般地飘到了绍兴，在此他参观了鲁迅故居、百草园、三味书屋。

鲁迅故居原为两进，前面一进已非原貌，但后面一进完全是原貌，是幢五间二层小楼，东首楼下小堂前为吃饭、会客之处，后半间是鲁迅母亲的房间，西首楼下前半间为鲁迅祖母的卧室。楼后隔着一个天井是灶间和堆放杂物的三间平房，鲁迅的童年、少年时期均在此度过，直至1898年外出求学。鲁迅故居后园就是著名的百草园，百草园原是周家与附近住家共有的菜园，面积有近2000平方米，童年的鲁迅常在这里玩耍、捕鸟、捉蟋蟀……鲁迅在《从百草园到三味书屋》中是这样描述的："我家的后面有一个很大的园，相传叫作百草园。……不必说碧绿的菜畦，光滑的石井栏，高大的皂荚树，紫红的桑椹；也不必说鸣蝉在树叶里长吟，肥胖的黄蜂伏在菜花上，轻捷的叫天子（云雀）忽然从草间直窜向云霄里去了。单是周围的短短的泥墙根一带，就有无限趣味。油蛉在这里低唱，蟋蟀们在这里弹琴。翻开断砖来，有时会遇见蜈蚣；还有斑蝥，倘若用手指按住它的脊梁，便会拍的一声，从后窍喷出一阵烟雾。……"

文章在墙上。这是怎样的时光！一切是多么相似！冯康的眼里噙满泪水。

满怀伤感的冯康，又走向了车站，向心目中极有分量的地方——南京出发了。冯康此时已不再害怕了，因为内心已决绝。他已开始采购安眠药，并买了一条绳子——对于用哪种方式结束自己的生命他尚未想好，或许更倾向于后者。前者是安详的，后者是混乱的、自我惩罚的、愤怒的。他对各种死法有了不同的理解，这些理解已让他深深地平静。到了南京，到了长江大桥，冯康在桥上来回走了好几个小时，想跳下去，恰在这时想到了让他魂牵梦绕的故乡——苏州！他对苏州感情很深——从小在那里上学，特别是苏州中学，他非常怀念。叶落归根，就这样他又匆匆地回到火车站，向苏州出发了。

由于父亲不断迁任，冯康出生在父亲任职地之一的无锡。在他很小的时候父亲又从无锡卸任，带着全家迁往苏州定居，因此冯康对无锡只有飘忽依稀印象，谈不上记忆，真正的记忆是从苏州开始的，从这层意义上说，苏州才是他真正的故乡。当初无锡也不是不可以定居，但父亲认为苏州更宜居，因此冯康整个的成长记忆都始于苏州。苏州古来环境幽静，教育发达，文化底蕴深厚，一方水土养一方人，在父亲看来，姑苏天然适合子女的培养和教育。

看看苏州的地理区位吧。它东临上海，南接浙江，西抱太湖，北依长江，形势大器，人文底蕴又丰盛精致。苏州园林，苏州虎丘，"姑苏城外寒山寺，夜半钟声到客船"，诗歌，戏剧，绘画，苏绣，名闻天下。作为吴文化的发祥地，古往今来，苏州文坛贤能辈出，学术人才同样甲天下。从西晋文学家陆机、宋代政治家范仲淹、明代"吴门画派"唐寅、明代戏曲家冯梦龙、明末清初思想家顾炎武，到近代物理学家吴健雄、李政道，都出自苏州。

告别了随父亲四处辗转奔波的日子，冯康与哥哥冯焕、姐姐冯慧、小弟冯端在苏州城安安乐乐地生活下来，由母亲持家照料。而迫于生计，父亲赋闲不久又孤身前往安庆、济南、福州等地任职。但正如父亲所期待的那样，在接下来十几年时间里，姑苏的确让冯氏兄妹获得了良好的早期教育。受苏州城文化底蕴的浸染，加上家庭环境的熏陶，冯家兄妹自小酷爱读书，更在大量的阅读中对数学、物理世界产生了绵延不尽的奇思妙想。四兄妹相继在苏州中学读书，度过了初中与高中时代。

冯家四兄妹于苏州家中合影（1933年）。从左至右：大哥冯焕、姐冯慧、冯康、弟冯端

创立于景祐二年（1035）的苏州中学，追溯起来，其创始人应算是北宋大文学家范仲淹，他曾有文："苏城东南，有一名园，风物清嘉，景色宜人。"范仲淹所说的"园"就是历史上有名的南园。1035年，时任苏州知州的范仲淹买了南园一角之地，原本准备建造家宅，后来听说在此建宅，世世代代，必生公卿，心想与其吾家得此富贵，不如在此办所学校，让天下学子都在这里深造，都能得此富贵。正应了他的人生理想"先天下之忧而忧，后天下之乐而乐"，于是捐地创办府学，也就有了后来的苏州中学。

即使 20 世纪 30 年代走进苏州中学，依然可以感受到千年府学传承下来的钟灵毓秀——春雨池畔，道山亭前，红砖黛瓦，绿影婆娑。罗振玉、汪懋祖、胡焕庸、杭海槎等众多名家泰斗都曾在苏州中学担任校长，国学大家王国维、钱穆，文学家吴梅，语言学家吕叔湘，历史学家吕思勉等大学者也都曾先后在这里执掌教鞭。从苏州中学科学楼的拱门中，不仅走出了包括科学家钱伟长、李政道在内的 50 余位中国科学院、工程院院士，还有文学教育家叶圣陶、历史学家胡绳……

大哥冯焕 1933 年第一个考入国立中央大学电机系。姐姐冯慧初中就读于苏州女子师范中学，高中到苏州中学，1936 年毕业，考取了浙江大学。至 1937 年全面抗战开始，冯康还有近一年时间才能高中毕业，而冯端仅初中毕业。

应该说 1937 年前的那段时光是冯康早年宁静而幸福的一段时光。不过即使这么宁静、幸福，弟弟冯端仍然觉得哥哥当年有些"怪异"的脾气。"我们兄弟俩的年龄比较近，所以经常在自家的院子里一起玩，踢皮球，打乒乓球……"冯端许多年后回忆冯康时说，"冯康的想象力非常丰富，我们玩得也非常开心。我们兄弟俩在一起有说有笑，似乎有着说不完的话题。可是一到了外边，出了家门，冯康就不愿意和我说话了，甚至连上学、放学也不愿意和我一起走，觉得和我在一起会'丑'了他，没面子。"冯端不明白小时候哥哥为什么那样对待自己。或许当年在冯康看来，弟弟只是一个小孩子，而他却是个成熟的大人了——冯端只能如此解释。尽管有着这样的小插曲，却并未影响兄弟的手足之深情，他们不仅日夜嬉戏为伴，更在相互影响和启发下，于浩瀚的书海中拼命汲取知识。

冯端后来写道："苏州中学是一个广泛的教育群体，其中包括了苏州实验小学、苏初中和苏高中。当时实验小学位于三元坊，初中部则在草桥。苏州学府的中小学教育以打好基础为主，实验小学的做法是规规矩矩地谨守有关小学教习的范围，绝不越雷池一步。语文方面只教授白话文，不涉及文言文。英语是一点都不教，包括26个字母。这种做法相当明智。因为最可怕的是由不合格的教师来教英语，将人引入歧途，以后再加以矫正就极其困难了。苏州中学强调'英、国、算'，即英语、语文和数学三门学科。初中的国文课本是文白兼收，老师会讲解一些浅近的文言文，作为学习古文的过渡。当时的苏州中学还专辟了图书室，供学生课外阅读，这为喜欢读书的我们提供了绝好的条件。除了课本教程，我们也经常借阅与课程无关的图书，阅读的范围不断扩展，独立思索的习惯也逐渐养成。"

是的，就是苏州中学，占据了冯家兄弟少时的大部分记忆。冯端还记得当年《高中英语选》上有一篇幽默的文章，叫《闺训》，冯康把它翻译出来，发表在当时苏州的文艺杂志《逸经》上，全家人很是兴奋了一阵，以至冯康差点走上文学道路。冯康后来还翻译了一个剧本《月起》，因战争一直未发表。全面抗战时期学校图书馆被炸，图书满天飞，被烧的烧，散失的散失，情景惨不忍睹。但就是在这样的境遇下，冯端曾看到哥哥在断瓦残垣与灰烬之中拾得一本英语残书——《世界伟大的中篇小说集》，便在残垣断壁中津津有味地阅读起来。战前英文报纸和当时的美英电影也是冯康学习英语的手段。在冯端看来，冯康后来能在许多国际会议上用流利的英语做报告、和外国学者交流无障碍（虽然他从来没有受过正规的英语口语训练），靠的就是当年中学课堂上打下的底子，以及后来的多看、多用。

在冯康的印象中，父亲是严厉的，母亲是宽容的。虽然父亲总是在外任职，不经常在家，但对子女们的学习一样盯得很紧。冯康记得，弟弟冯端上小学后，母亲每天给冯端6个铜板自己买零食。冯端每日放学都走到桥头一家小店，以5个铜板买一个芝麻卷，1个铜板买两片果片，这是他的"优选法"。以后天天如此，那家小店老板到小学放学时间，远远看见冯端来了，便把这些点心准备好。冯康记得每逢父亲从外地回苏州，就会带自己、弟弟和姐姐到观前街唯一的一家卖西点和粤式糕点的"广州食品公司"去，兄弟俩欢欣雀跃，而母亲带他们去绸缎庄买衣料时，他们则兴趣索然，就坐在店门口望大街。

冯端五六岁时，冯家搬到寿宁弄1号，租赁了一幢两进的老宅院。寿宁弄是苏州城区西部的一条街巷，位于胥门内，吉庆街东侧。此处原属朱家园范围，至民国初年，朱家园已不复园池之胜，明清时的老屋园池仅见残存。1918年，教育家张武龄率全家由上海迁居苏州，即住此弄内。

著名作家张允和在《最后的闺秀》一书中说她家住在寿宁弄8号，90多岁高龄时冯端还记得8号就在他家斜对面，大门上书写着"合肥张宅"四字（因张家原籍安徽合肥）。那时"合肥张氏四姐妹"在苏州已很有名气，她们多才多艺。张允和的父亲是近代教育家张武龄，母亲是昆曲研究家陆英。因父母亲喜爱昆曲，为四姐妹请了位昆曲老师教授昆曲，所以姐妹四人不但会唱，还会演昆剧。张武龄思想很开明，苏州的乐益女中就是他创办的。陆英女士育元和、允和、兆和、充和四个女儿，后又生六个儿子，名宗和、寅和、定和、宇和、寰和、宁和。张武龄取名的用意是女儿都要嫁出去的，所以女儿的名字都含"儿"，表示每个人都有两条腿，道路由她们自己走。张家的老朋友、著名作家叶圣陶说过，九如巷张家的四个才女，谁娶了她们都会幸福一辈子，周有光就是"幸福一辈子"的人之一。后来元和嫁给昆曲演员顾传玠，允和嫁给语言学家周有光，兆和嫁给文学家沈从文，充和嫁给美籍汉学家傅汉思。

  按理说，张武龄家这十个姐弟中一定有年龄和冯家四兄妹相近的，大概因为冯母性格比较孤僻，从不与邻里往来，所以连带子女也很少与邻居的孩子往来。冯端记得冯康跟张家一个远房亲戚的儿子张步龄同学有点来往，冯康曾去过一次张宅，回来说张家的房子好大呀，还有亭台楼阁。

[7] 青衿岁月

寿宁弄1号是一幢两进的老宅，还有一个杂草丛生的后院，院内有厨房、柴房，种有一片桑树，到养蚕期，房东还来摘桑叶。冯康、冯端兄弟俩便是在这座老宅院内度过他们幸福的童年时光。那段时间，冯康的父亲常年在外，母亲则在家抚养四个儿女。他们还有一位老外婆住在后进院内，外婆识文断字，常看看小说和小人书，但母亲从未读过书，不识字，外公教她念过一些唐诗和千家诗，而母亲的记忆力超强，听了就能记住，常常能独自喃喃背诵，冯康、冯端也就在这时鹦鹉学舌地学着背，会背了许多唐诗，虽然不懂内容。

母亲不善理财管家，那时家境较好，雇有两个女佣，一个干粗活，一个干细活。母亲性情较为孤僻，不抽烟，不喝酒，不打牌，不听评弹不看戏，不烧香拜佛不念经，也很少走亲访友。

搬到寿宁弄后，冯端到了上小学的年龄，姐姐冯慧已念高年级，哥哥冯康念二年级。第一天是姐姐送冯端去上的学，走到通向一年级教室的路口，姐姐指指那边说："你的教室就在那边，你自己去吧！"说完冯慧径自到自己教室去了。冯端就独自一人走进一间教室，到中午放学回家，姐姐和冯康问冯端："今天老师教了你什么？"冯端说："老师可好呢，他给我吃饼干，还给我玩大洋娃娃。"冯慧和冯康一听，说："坏了！坏了！你走错教室了，那是幼稚园！"原来，一年级教室是在幼稚园隔壁。第二天，姐姐冯慧亲自把冯端送到了一年级教室。那天，老师说："你们都是刚上一年级的小学生，今天每人都要表演一个节目，唱一支歌，跳一个舞，或者讲一个故事都可以。"于是有的同学唱歌，有的讲故事。轮到冯端了，他便把从母亲那里听来的唐诗背了一首，用的是母亲的安徽方言。背完后，老师和同学都面面相觑，谁也没听懂冯端背了些什么。在上小学之前，冯康、冯端在家只讲母亲的安徽话，根本不会讲苏州话。

冯康、冯端都是勤奋的好学生，早上从来不睡懒觉。每天一觉醒来，立刻一骨碌下床，嘴里直嚷："迟了！迟了！要迟到了！"匆匆忙忙吃早饭，飞快地往学校跑。到了学校门口，学校的工友说："你们来得这么早呀，还有半个小时才上课呢！"第二天他们仍如此，日复一日地说迟到了，结果总是早到。

也就是从这时起，冯端养成了一个"坏"习惯，即头天晚上做完功课，就将书本一扔，唯恐第二天迟到便早早上床睡觉了。待到次日起床后，还要赶紧收拾书包，搞得手忙脚乱。冯端的书从来不用包书纸包，所以没多久就揉坏了，封面不翼而飞。国文书的第一课画的是一只大黄鸟，于是他就嚷嚷："我的'大黄鸟'呢？我的'大黄鸟'呢？"急得团团转，母亲也帮他满屋子找。这就是他"读破万卷书"读"破"的第一卷。到第二学期，便是每天早上找他破缺了封面的"蚂蚁"书。冯端的这个习惯一直延续到老，"与时俱进"，愈演愈烈，以致他的书房里书桌、书橱、椅子、茶几乃至地面都杂乱地堆满了书籍、手稿和废纸。

而冯康做事就有条不紊，书本都收拾得整整齐齐。父亲工书法、擅诗词，回苏州家中时常有人请他写对联、题词，他总是叫冯康在旁展纸研墨，边写边指点。后来父亲又教冯康临摹褚遂良的《圣教序》。所以四个子女中，冯康的字写得最好。而冯端连展纸研墨的资格都没有，他也乐得父亲不教他写字。因为字写得不好，所以题词、题字是冯端最头痛的事。

儿女们都上学了，母亲更为寂寞，到放学时间就倚门等待儿女归来。所以冯康、冯端一放学就回家，从不在外面玩，两人就在家看书或玩耍。冯焕中学时代曾在学校乒乓球赛中得过冠军，这让冯康、冯端兄弟俩十分羡慕，于是他们就搬了两张小桌子拼起来，中缝处拉张网，练习打乒乓球。也许冯端在那时练就了"童子功"，所以后来在国立中央大学当助教时，中大理学院组织教工乒乓球赛，决赛是冯端与奠绍揆对决，结果冯端获得了冠军。

冯康、冯端兄弟俩有时比赛掷皮球，人站在堂屋里，把皮球掷向母亲房间门外挂着布门帘的木杠上，以命中率决胜负。母亲对兄弟俩的嬉闹从不干涉，有时到堂屋里观看，有时则自己静坐房内。家中的后院也是兄弟俩玩耍的场所，他们常爬树玩。桑树比较矮，不会有危险。他们爬上树，坐在树丫上，有桑椹时还可以摘些吃吃，十分惬意。有一次冯康想出了一个点子：自己编故事，不能搬用故事书上的，一定要自己想出来的，而且是一人编一段，然后组成一个故事。两人坐在树上，晃晃腿，拍拍小脑袋，你一句我一句地编起故事来。胡编乱造的故事到第二天就忘了，第二天便重新编。这种游戏不亚于卡尔维诺的《树上的男爵》，丰富了他们兄弟俩幼年时代的想象力。

院内还有一口井，井水冬暖夏凉。到夏天，家里经常买西瓜，每天把一个西瓜放进竹篮浸泡在井水中。不知何人定了一条规定，必须到下午3点钟才能把西瓜拉上来，于是一到下午3点钟，小兄弟俩便欢呼："3点钟了，吃西瓜喽！"母亲便把西瓜一切为二，冯焕一人捧走半个，另一半则由母亲和姐弟分食，冯端只能分食两片。这个习惯冯端一直保留，不管在家中还是宴会后吃水果，他总是吃两片西瓜，不再多吃。

兄弟俩在家里和睦相处，不吵嘴不打架，但每天上学、放学，冯康从来不带弟弟一起走，说同学会笑他有一个衣冠不整的邋遢小弟弟。他们从家到小学有些远，要走大约一刻钟，上初中就更远了，要走半小时。冯端从小学一年级开始就自己走路上下学，不坐人力车，不要佣人背，因此练就了一双铁脚板。1971年进行野营拉练，南京大学有20多人被点名参加拉练，往返行程500公里，历时一个月，日行夜宿，有时还要夜行军，最多的一天走了60公里。冯端是当时队伍里年龄最大的，已48岁。全程行军结束，个个脚上都起泡，唯独冯端脚上没有起泡，这也应该归功于他童年的锻炼。

冯家四兄妹皆循着苏州实验小学、初中、高中这一轨迹求学，循序渐进，至全面抗战开始，冯焕已在国立中央大学学习，冯慧也已入浙江大学，冯康完成高中二年级学业，冯端则刚初中毕业。他们在苏州实小这一文化摇篮中受到启蒙、发育，初中、高中则是他们学习知识与培养兴趣的基地。幼年时代吮吸的课内外知识，成为他们一生取之不尽、用之不竭的知识源泉。冯康、冯端日后取得的成就，与培养教育他们的母校是分不开的。苏州实小及初高中的教育不但注重拓展学生的知识面，同时也十分重视培养、健全学生的体魄。实小里就有各种体育锻炼的设备，其校歌歌词就可证明："沧浪亭北，故学宫旁，梧桐杨柳门墙，兄弟姐妹朋友先生读书工作忙，操场上，荡秋千翻铁杠，浪船浪木同来荡，这是活泼的快乐乡……"为了锻炼学生的体魄，从小学到中学，校方组织各种远足与旅游，如小学一年级，老师便带领学生步行到苏州大公园半日游。老师叫学生每人带些干粮，玩饿了可以充饥。母亲便给他们准备了许多糕点，但是还没从学校出发，他们便一点一点地把干粮吃完了。到了公园，老师便教他们认识花草树木、虫鱼鸟兽，他们玩得很开心。

小学五、六年级，老师带他们乘小轮船到常熟，游尚湖，爬虞山。初中时则坐火车到无锡，组织童子军（相当于现在的少先队）在惠山露营。1937年全面抗战开始前夕，冯端刚初中毕业，冯康已上高中，老师带他们从刚建成的苏嘉铁路乘火车到杭州游玩。值得一提的是，以上从苏州实小到初高中的远足、旅游都是老师带队，绝无家长陪同，学生们都自觉遵守纪律，无论舟楫火车，从无一次出事故，从而增强了学生体质，培养了学生机智勇敢的精神。也是 1937 年，学校组织了到上海江湾体育场观看全国运动会的活动，他们看了两场足球比赛：广东对香港，上海对马来西亚（华侨）。让他们久久难忘的是，当时香港球王李惠堂一人连进三球，上演"帽子戏法"，率队以 3∶0 大获全胜，轰动全国。兄弟俩从此成了足球"粉丝"。直至 20 世纪 80 年代，冯康、冯端两兄弟参加中国科学院召开的会议期间，同住一室，适逢世界杯足球赛，兄弟俩半夜 3 点钟起来看电视直播。那次马拉多纳以有争议的"上帝之手"一球助阿根廷夺得世界杯冠军，两人为此感触颇多。

读书是冯康、冯端兄弟俩的最爱。冯端在小学里就发现了学校图书馆这一宝库，到小学五、六年级又发现校外沧浪亭附近一座叫可园的图书馆。这个图书馆允许读者借书回家读，冯康、冯端便开始读《胡适文存》，还有司各德的《撒克逊劫后英雄略》等。冯焕又给他们买了房龙的《人类的故事》。到了初中，他们读了许多天文与物理方面的科普书，如金斯的《神秘的宇宙》、爱丁顿的《物理世界真诠》《膨胀的宇宙》、山本一清的《宇宙壮观》。冯焕为弟弟们订了一份杂志《宇宙》（中国天文学会出版），正是那时冯端对天文产生了兴趣，还自制了望远镜夜观天象，认识了许多星座。此后父亲给他们订了一份《国闻周报》，父亲看后半部的旧诗词，他们则看前半部沈从文主编的新文学。喜欢政治的冯康订了一份胡适主编的《独立评论》。冯端还将老报人范长江的通讯报道《中国的西北角》剪贴成册。那时，苏州中学国文课每周有一节读书课，自由阅读冰心的《寄小读者》、邹韬奋的《萍踪寄语》和《萍踪忆语》等。

冯康、冯端兄弟俩从小学开始读书既多又快，这种"速读法"也为他们日后阅读书籍文献提高了工作效率。他们的阅读范围也不局限于自然科学，文史哲乃至艺术，无不涉猎。全面抗日战争期间，苏州沦陷，他们避难至洞庭东山，附近有一小庙，名紫金庵。冯康一日随同学到庵中游玩，见庵中十八罗汉系南宋民间艺人雷潮夫妇所塑，其中十六尊素色淡雅，神情逼真，生动自然；另两尊因遭毁后由明代人重塑，却是逊色不少。冯康感其艺术造诣高超，次日邀冯端再去欣赏，冯端亦赞叹不已。冯端特别欣赏其中一尊沉思罗汉，其微闭之双目仿佛在随着呼吸颤动。中华人民共和国成立后，冯端又携夫人观赏并指点讲述其精妙之处。以后多次去苏州，又多次造谒紫金庵。2006 年，紫金庵被列为全国重点文物保护单位，足见当年小兄弟俩所具之艺术鉴赏力。1995 年，冯端夫妇去芝加哥参观芝加哥艺术博物馆，由一南大的留学生陪同指引，先是由留学生讲解，后来才到展室门口，冯端即指出室内哪幅画是出自哪位名家之手，待步入室内，来到近处，一看说明，果真无误。到后来便转而成为冯端向他介绍画家的流派与特色了。

　　冯康还记得一件有趣的事，由于小时候自己身体不好，父亲便一直认为体弱会对他的学习造成很大的影响，担心他的学习跟不上。有一次，父亲自作主张直接找到班主任，建议冯康留一级，却把老师弄糊涂了。老师十分不解，对父亲说："冯康是班上学习最好的学生，哪有将最优秀的学生留级的道理？"

　　家中长子、幼子往往是父亲的最爱，父亲喜欢大哥冯焕，对他的期望值也最高，学习上格外重视。冯焕小的时候，父亲曾经聘请家庭教师专门教冯焕学习英文。可惜的是，当时聘请的英文老师并不理想，把冯焕的英文教坏了。冯焕中学读书时各门成绩都非常好，尤其是数学，唯独英文总是考不及格，以致连考大学都受到了很大的影响。第一年冯焕竟然没考上大学，到第二年才上了国立中央大学。毕业后冯焕曾经在香港和印度的加尔各答工作，抗战胜利之后又到了美国伊利诺伊大学电机系攻读，获得博士学位后，在美国通用电气公司工作，一直到退休。别看在美国生活了这么长时间，冯焕的英文却没能因他的国外生活经历而得到多大改善。多年以后，有一次冯康和冯端一同到美国访问，到通用电气公司看大哥，结果大哥的同事竟然说："你们俩的英语怎么比你们的大哥说得还好？"

20世纪30年代，父亲曾订阅一份《国闻周报》杂志，其中有一个叫《采风录》的专栏，专门刊登一些旧诗词，也有一些专栏刊登新文艺作品，当时已非常有名的作家沈从文就曾担任该杂志新文艺作品专栏的编辑。四兄妹都非常喜爱这本杂志，经常争相阅读。父亲在一种潜移默化中将文学的种子播撒在孩子们的心田。后来父亲说家中可以多订一份杂志，让孩子们自己决定。在冯康的主张下，家中又增订了胡适主编的《独立评论》。《独立评论》于1932年5月创刊于北平（今北京），1937年7月停刊，共出版244期，撰稿人多为北京大学、清华大学等校的著名学者，以刊载时论文章为主，是20世纪30年代中国最具影响力的刊物之一。对于订什么杂志，父亲很喜欢让孩子们自己决定，也非常尊重四兄妹的意见。

当时家中除了杂志之外，在大哥冯焕的倡导下还订阅了上海的《晨报》。《晨报》的影评最有特色，大哥是一个影迷，因此对这类报纸很感兴趣。张乐平创作的"三毛"形象最早就出现在1935年7月28日的《晨报》副刊《图画晨报》上，这个时期的三毛还是一个游荡在上海弄堂中的顽皮天真的小男孩，模仿好笑的大人，捉弄邻家的孩子，四兄妹都很喜欢。后来由冯康做主，《晨报》又换成了上海的《大公报》。《大公报》于1902年6月17日在天津创刊，其创办人英敛之在创刊号上发表《〈大公报〉序》，说明报纸取"大公"一名为"忘己之为大，无私之谓公"，办报宗旨是"开风气、牖民智，挹彼欧西学术，启我同胞聪明"。1935年12月，鉴于京津局势紧张，《大公报》开始向南发展，1936年4月，《大公报》落户上海望平街，创办上海版。津沪版同时发行，《大公报》正式成为一张名副其实的全国大报。

冯康的视野由娱乐转向国家大事，特别喜欢《大公报》主笔张季鸾的文章，对那个时期张季鸾在《大公报》上提出的著名的"不党、不卖、不私、不盲"办报方针颇有关注，初步形成了独立人格。四兄妹之间也相互影响。大哥冯焕从小爱学习，很喜欢读书，为弟弟妹妹带了好头，使得家中充满了浓厚的学习氛围。他们团结而独立，拥有各自良好的学习方法。除了冯慧，兄弟三人几乎从来不开夜车。他们轻松愉快地学习，而不是中国传统教育强调的苦学，即使在学习中遇到困难，他们也都依靠自己的努力寻找合适的方法解决。

大哥冯焕上了高中以后，开始重视数理，并开始自己组装收音机。冯康记得大哥先从矿石机开始，后来发展为多真空管的超外差式收音机，这些都为大哥后来研读电机工程打下了良好的基础。大哥在高中时用的大多是外国的数理化教材，如范恩的《范氏大代数》(*College Algebra*)，密立根的《实用物理学》(*Practical Physics*)，3S 的《解析几何》(*Analytical Geometry*)。兄妹之间经常相互参阅，大哥对自然科学的兴趣也不知不觉地感染了弟弟和妹妹，冯康也从关心时事政治转向关注自然科学。

第三章 乱世病骨与书卷

[8] 战争

战争打破了宁静的日子，1937 年 8 月 13 日，日军大举进攻上海，中国军队奋起反击，淞沪会战爆发。

淞沪会战，又称八一三战役，是中日双方自七七事变后的第一场大型会战。淞沪会战持续了 3 个月，中日双方共有约 100 万兵力投入战斗。1937 年 11 月，上海失陷，淞沪会战结束。淞沪会战中，打死打伤日军 4 万多人，打破日军 3 个月灭亡中国的迷梦，激发了全国人民的斗志。

苏州离上海很近，冯家住在苏州城西巷子里，在淞沪会战惊心动魄的 3 个月中，日军的猛烈轰炸也波及这里，住宅什物损失惨重，幸无人员伤亡。当时，冯焕上了位于南京的国立中央大学，冯慧上了坐落于杭州的浙江大学。很快冯焕随学校西迁到重庆，家中剩下母亲和还要半年多才高中毕业的冯康，以及初中毕业不久的冯端。

为躲避轰炸，母亲带着冯康、冯端兄弟两人来到洞庭东山避难。洞庭东山位于苏州郊外 40 公里的太湖之滨，是个典型的江南古镇。洞庭东山是伸展于太湖东首的一座长条形半岛，因其在太湖洞山与庭山以东而得名，也称为东洞庭山，古称莫厘山、胥母山。主峰莫厘峰是太湖七十二峰中的第二高峰，其山脉呈鱼龙脊背状，绵延起伏，气势雄伟。洞庭东山当时还未被日军占领，依然一派太平的景象。

上海失陷后，苏州也随之沦陷，12月中旬南京沦陷，六朝古都化为人间炼狱，战争的烽火迅速蔓延到洞庭东山。冯康与母亲、弟弟不得不离开洞庭东山，因无处可去，只得返回苏州。被轰炸过的苏州一片狼藉，冯家住宅也被毁掉了一部分，父亲收藏的图书字画损失殆尽。对苏州中学有着深厚感情的冯康，带着弟弟回到中学草桥原址去查看学校的情况，眼前只剩下一片被轰炸过后的狼藉，这让兄弟两人心痛不已。

苏州恐怖又令人伤痛，不能再住下去，1938年冯康、冯端和母亲告别了苏州，迁往上海租界暂住。由于当时父亲冯祖培在福建省民政厅工作，不在上海，母亲随后又带着兄弟两人从上海乘海轮去了福州，不久又转到永安，与父亲团聚。"国破山河在，城春草木深。感时花溅泪，恨别鸟惊心。烽火连三月，家书抵万金……"母亲在他们小时经常念叨的古诗犹在耳畔，竟不幸成为眼前景象。也正是在此时，杜甫的忧国爱国之情深深地感染着冯康，报国之心也在他心中扎下了根。冯端被安排到战争中迁移至沙县的省立福州高中读书，高中还差半年就读完的冯康则在永安的家中重点阅读了萨本栋写的大学教材《普通物理学》。至此几经风雨辗转，苏州中学连同故园苏州只能停留在冯家兄弟魂牵梦萦的记忆里了。

然而，1968年8月，冯康来到苏州则是另一种无法言喻的心情。此刻的心情与回忆中的战乱、悲伤、爱国之清晰的情感完全不能相融，无法微分，无法积分，无法作广义函数，只是不明的无解的黑洞。在这里追忆童年、青少年，以及那悲伤但心中充满报国力量的时代，他不想自杀了，但又无路可退。不知不觉间，冯康来到旧居跟前，小巷与 30 年前相比，变化不是很大，青石板、门楼……仿佛有什么吸着他，飘飘忽忽。

但是冯康突然停住了，不再往前走。他警醒过来，这是多么危险的行动！他能去哪儿呢？按照最基本的逻辑分析，他最有可能回老家，抓他的人或许就在这里守候。他去鲁迅故居时还很清醒，把鲁迅故居权当自己的旧居，不会到自己的旧居，连小巷也不会进，现在竟然到了小院前。他赶紧转身疾走。他去了药店，再次购买了安眠药。每次不能多买，他得不断地买，每次惊吓之后立刻就去找药店。每次买了药，心里反倒会踏实一会儿，似乎幸福在招手，竟然是愉快的。冯康盲目地走着，慢慢再次失去现实感，过去包围了他，在盲目中一如梦游。

第三章 乱世病骨与书卷

(9) 大学崎岖路

冯康模糊地记得，在永安家中——在那儿远没有像在苏州家中的温馨感，自己修完高中课本与部分大一的课程，那年……哪一年呢？冯康有点想不起来了，但他清楚地记得自己考取了当时好像由教会创办的福建协和大学数理系。由于成绩优异，他甚至获得了奖学金。尽管如此，他对自己并不满意，主要是觉得协和大学教学水平有限。他只读了一个学期，便于——他想起来了是1939年——当年9月，以那一年的高考状元的身份考入了已经迁往重庆的国立中央大学。

说起国立中央大学的历史，可谓源远流长。往远里说，其前身甚至可以追溯到258年魏晋时期的南京太学，近代则始于1902年筹办的三江师范学堂。1902年5月两江总督刘坤一与东南名儒张謇、缪荃孙等人筹划新学，倡议兴学应从师范学堂入手，呈请开办师范学堂。1903年2月张之洞上《创建三江师范学堂折》，强调"师范学堂为教育造端之地,关系尤为重要"[①]。到1904年9月,三江师范学堂正式开学,主要培养中小学教师。1905年,三江师范学堂易名为两江师范学堂,李瑞清任学堂监督(即校长)。1911年底,两江师范学堂暂时停办,到1914年8月30日,江苏巡按使韩国钧委任江谦为校长,勘察两江师范学堂校舍,筹建南京高等师范学校。1921年以南京高等师范学校为基础,正式建立国立东南大学。国立东南大学是当时中国长江以南唯一的国立大学,是中国高等教育的两大支柱之一。到1927年6月国立东南大学合并河海工科大学、上海商科大学、江苏法政大学、江苏医科大学以及江苏境内其他四所公立专门学校,易名为国立第四中山大学,1928年5月定名国立中央大学。

国立中央大学的大礼堂

[①] 张之洞. 张文襄公全集: 第一册 [M]. 北京: 中国书店, 1990: 1005.

全面抗战开始后，国立中央大学与清华大学、北京大学、浙江大学等69所高校告别了昔日宁静美丽的校园，踏上了险象环生、危机四伏、绵延千里的西迁之路，这是中国现代教育史上最为可歌可泣的西部大迁徙。1937年11月，国立中央大学最后一批学生到达重庆，学校也顺利西迁入川，校址设在重庆沙磁区沙坪坝松林坡。虽然由于战争，物资缺乏，生活艰苦，但国立中央大学仍获得了一定的发展。至抗战胜利后国立中央大学师生返回南京，1946年11月开学时，全校设文、理、工、农、医、法、师范七个学院，为全国院系最全、规模最大、实力最雄厚的综合性大学。1949年8月国立中央大学更名为国立南京大学，1950年10月去"国立"二字称南京大学。

当时，国立中央大学规模之大是国内首屈一指的。冯家兄弟先后与这所民国第一学府结下不解之缘。早在1933年，冯康的大哥冯焕便考入了国立中央大学电机系。在那个年代，大学的电机工程被认为是最有用的，也是出路最好的，因此学子们趋之若鹜，导致国立中央大学的电机系最为难考，竞争也是最为激烈的。也许是受到大哥的影响，也许是好胜心太强，冯康1939年同样报考了国立中央大学的电机系，而且是以第一名的成绩被录取了。原本以为，如愿以偿地考上国立中央大学后，冯康的求学生涯就会顺顺利利，但没想到事实并非如此，其一心向往的大学生活竟是那么不平坦。入学之后，尽管学着当时最热门的电机工程专业，但冯康逐渐发觉工科并不是自己最喜欢的领域，也不能满足自我的追求与挑战。

不久，固执的冯康决定从工科转到理科，锁定的目标是物理专业。按照当时学校的规定，一年级转系不影响毕业，但是二年级转系便会对毕业造成一定的影响。由于提出转系申请的时间太迟，到二年级冯康还是没能转读物理系。这样一来，他不得不同时修读电机和物理两个学系的课程。由此产生了连锁反应，学习负担过重，对冯康的身体产生了不好的影响，某种疾病也就是在这个时候开始悄悄在冯康的体内滋长。

[10] 倾心数学

命运有时就是这等吊诡，正是在疾病悄悄滋长时，冯康完成了相对系统的工科训练，为他后来在理科方面的发展和创新打下了坚实的基础，同时也成为他转向数学研究的某种契机。20世纪40年代，那时正是法国布尔巴基学派在国际数学领域盛行的时期。1935年，十几位毕业于巴黎高等师范学校的年轻数学家，打算一起为法国的大学生们编写一本分析学教科书。在讨论编写的过程中，他们发现仅仅局限于编写分析学教科书是不够的，他们认识到法国的数学已经不再唯我独尊，大部分的新数学知识来自德国和其他一些国家。为了将这些新领域的数学知识引入法国，让法国新生一代有所了解，他们对德国及其他一些国家的数学进行学习消化，又加以创新，形成自己的风格和学派。这就是20世纪最有影响力的数学家集体——布尔巴基学派。布尔巴基学派以布尔巴基的名义发表著作，主要是多卷本的《数学原本》(现已出版40多卷)，那些创立布尔巴基学派的年轻人后来大都成为法国科学院院士,成为当代著名的数学家。

布尔巴基学派在国际上掀起了数学抽象化的高潮,这股潮流也波及20世纪40年代中国大学中有志于数理科学的学子们。正在就读大学三四年级的冯康差不多已经将物理系和电机系的主要课程读完,热爱读书又对学术新动向有着敏锐嗅觉的他,迅速地捕捉到这个数学的新动向,于是他的兴趣从物理学转到数学,而且更倾向于抽象的纯粹数学。

冯康在物理、电机等学海中畅游寻觅,绕了一个大圈,最终选择了后来让他取得巨大成就的数学。正是因为绕了这么一个大圈,才能成就他后来在计算数学上的造诣。作为应用数学家,具备工程、机械和力学方面的基础是至关重要的,冯康的经历可以说是培养应用数学家的最理想的方式之一。从世界范围来看,从事计算数学、应用数学研究,尤其是工程应用研究的学者,事实上都有过类似的感受:一方面,如果从大学开始一直都在数学系学习,那么在后来的应用数学和计算数学研究工作中都会遇到大大小小的甚至无法克服的困难,而困难大都来自对物理和工程知识的缺乏。另一方面,从事工程和应用物理的研究工作者,也时常由于数学知识的欠缺而无法迅速和巧妙地解决遇到的问题。因此,如果一个应用数学家具备工程、物理和数学三个方面的背景,或一个物理学家也具备应用数学背景,那他们在很多方面的研究便会顺畅许多。

在国立中央大学四年的大学生活中,冯康一方面对自己感兴趣的学科孜孜以求;另一方面,也必须承受抗战时期生活的艰苦与困难。1937年8月13日,日军向上海进攻,南京危在旦夕,敌机轰炸南京,国立中央大学图书馆和实验中学被炸。国立中央大学接到内迁的指令，在迁校重庆的计划取得四川省政府和重庆大学的支持后，校长罗家伦在教授会上提出迁校重庆的方案并获一致通过。学校师生们的迁徙于 8 月开始。搬迁工作得到了爱国实业家卢作孚等人的大力支持，最后一批学生于 11 月中旬到达重庆。

重庆新校址选定在沙坪坝松林坡，这是重庆大学东北面的一个小山丘，属该校土地，占地不足 200 亩。因山坡上长着稀稀疏疏的松树而得名，嘉陵江从山坡下绕过。入川后的第二年春天，在松林坡顶端修建了图书馆、阅览室，站在图书馆门口可以俯瞰学校全景。坡上的主要通道是一条环山公路，也是运动员的跑道。后来，又陆续修建了专用教室、实验室和学生俱乐部等。此时的松林坡房舍相连，层层叠叠，可说是连针都插不进去了。学校规模逐日扩大，不得不向校外谋求发展。于是在沙坪坝镇上修建了小龙坎男生宿舍和教职工宿舍，又在松林坡对岸的磐溪（隔嘉陵江）修建了工学院的大型实验室等，将航空工程系和艺术系迁至磐溪，校舍的紧张状况得到暂时的缓解。随着战火的蔓延、大片国土的沦丧，涌入大后方的人员越来越多，国立中央大学在校人数激增，学校便筹划建立分校区。经批准，决定在离重庆市区 60 里，从沙坪坝沿嘉陵江而上 25 里的柏溪建立分校。

柏溪，原是江北县的一个小山村，四面环山，岗峦起伏，清澈的溪水在翠柏林间流过，依山傍水，恬静幽雅，校长罗家伦把这个没有地名的村子取名柏溪。总面积为 148 亩，呈西南—东北走向，中部较为平整，辟作饭厅和运动场，围绕运动场修筑16尺宽的马路作为校内主干道，分设教学区和生活区。校舍建筑也借鉴松林坡建校经验，不分昼夜，突击施工，历时两个月，建屋44栋，耗资13万元。后来又相继增建了游泳池、工场和防空洞，设施逐步趋于完善。这里虽然暂时避开了抗战的烽火前沿，但依然时有日寇的飞机来轰炸。尽管当时生活环境恶劣，但大学生们学习热情高涨，精神生活丰富。许多热血青年去求学，一方面是为了满足求知欲，另一方面也是为了救国。野蛮的轰炸时刻提醒着他们，国家危难是因为落后，被人欺侮也是因为落后。因此，大家都暗暗发愤，希望通过自身的努力学习为国家的进步与强盛做出贡献。他们不但学习科学知识，也通过各种文化活动与文学书籍了解社会，理解时代，加强修养，而不是埋头死读书。

后来，同样就读于国立中央大学的冯端在回忆录中描述了战时的情景："那时我们可以看很多的书，中大图书馆的藏书只是一个途径，另外我们可以有很多的'影印书'，也就是当时的'盗版书'。我们喜欢阅读一些国外英文原著以及各种文化和文学类的书。"也许正是那段特殊时期的特别经历，才练就了冯康、冯端这批知识分子坚忍的意志力和强烈的报国情怀。

[11] 病魔侵袭

1940年，在福建任职的父亲突然去世！冯康清晰记得那年的变故，父亲只有53岁，是家里的顶梁柱。顶梁柱顷刻间坍塌，家里的经济来源也一下子断绝，家境从此由殷实转为贫困。而此时的冯康是20岁的青年，风华正茂、意气风发，原本以为进了一流的大学，可以开始一帆风顺的大学生活，谁知天有不测风云，厄运突然降临，又正值战争年代，冯康也因此走进人生最艰苦、最无助的时期。

那一年大哥冯焕刚工作不久，姐姐冯慧随着浙江大学内迁也还没有毕业，冯端正读高中。由于当时能从学校获得的助学救济金很少，冯康只能找点临时性工作贴补学习费用。翌年，冯康又找到一份在交通部国际报话费核算处当核算员的兼职工作，开始了半工半读。

然而一波未平，一波又起，就像人们常说的祸不单行，劫难总是相继而来，1941年，一种叫作脊椎结核病的病魔突然侵入冯康21岁的年轻躯体。脊椎结核病俗称

"龟背炎"，发病率较高，为全身骨关节结核病的第一位，其中绝大多数为椎体结核，椎板、棘突、关节突和横突结核极少见。脊椎结核发病率高的原因之一是脊柱为躯干的支柱，负荷大，在日常生活中发生劳损的概率高；原因之二是结核多侵犯松质骨，椎体破坏后形成寒性脓肿。脊椎结核病表现为：一是椎旁脓肿——脓液汇集在椎体旁，可在前方、后方或两侧，以积聚在两侧和前方较多见。脓液将骨膜掀起，沿着韧带间隙向上和向下蔓延，使数个椎体的边缘都出现骨腐蚀；还会向后方进入椎管内，压迫脊髓和神经根。二是流注脓肿——椎旁脓肿积聚至一定程度后，压力增高，会穿破骨膜，沿着肌筋膜间隙向下方流动，在远离病灶的部位出现脓肿。脊椎病变所致的椎旁脓肿穿破骨膜后，积聚在腰大肌鞘内，形成腰大肌脓肿。其疼痛多为钝痛或酸痛，伴有压痛及叩击痛。一般来说，脊椎结核病约占骨关节结核病总数的一半，是由结核杆菌侵入骨或关节而引起的化脓性破坏性病变。

但究竟是什么原因引发了冯康的脊椎结核病，冯康本人和家人一直都百思不得其解。

冯端许多年后猜测，在冯康的成长经历中有两次跌摔的创伤可能是诱因：一次是在福建邵武时失足落水，跌入溪中，那次落水冯康险些丧命，好半天才被救上来，但是闪了腰；另一次是从福州到南平的军舰上，由于大风颠簸，又有敌机轰炸，冯康不慎从长条凳子上跌到了钢铁甲板上，腰部再次受伤。在冯端看来，这两次跌摔为冯康的病发埋下了隐患，但事实究竟怎样也很难说，医生也很难给出正确答案。

脊椎结核病开始发作时，冯康还在同时修读电机系和物理系的课程。沉重的功课负担、艰苦的生活条件，再加上病痛的折磨，使冯康的生活一下子跌入了黑暗的炼狱般的谷底。而在经济拮据的困境下，冯康又没钱看病，又值抗战时期，只能任由病情日益加剧。此后冯康的脊椎出现了明显弯曲，但是毫无办法。毫无办法便索性不管，冯康反倒产生了一种决绝的"豪气"。尽管病魔在一天天侵蚀，尽管身体在一天天弯曲，但冯康还是以惊人的意志力坚持学习。事实上，学习反倒成了冯康的精神支撑——"天将降大任于斯人也，必先苦其心志，劳其筋骨，饿其体肤，空乏其身，行拂乱其所为，所以动心忍性，曾益其所不能"，孟夫子的话时时在耳边响起，成为冯康的座右铭。在种种困厄中，冯康以惊人的毅力不仅在不到两年的时间里修完了物理系的所有课程，还修读了许多数学课程。

冯康到了大学二年级期末才真正从电机系转到物理系，而按照学校规定，转系后还要再读三年才能毕业。所以尽管在1943年夏天冯康已经修完了所有的物理学课程，却不能拿到毕业证书，而要推迟一年才能拿到。由于生活所迫，冯康不得不拖着病躯开始工作。最初冯康曾和沙坪坝的南开中学联系过教职工作，可是去面试的时候，由于身体残疾遭到拒绝。然后又在重庆市私立广益中学校申请当数理教员，被这所学校接受了，这让冯康深感慰藉。之后，他又找到了重庆兵工学校物理实验室助教的工作。

冯康患病期间，大学毕业工作了一年的姐姐冯慧长途跋涉，带着一直住在福建的母亲和弟弟，从长汀出发，途经江西、广东、湖南、广西、贵州等省，最后到达重庆，一家人终于团聚。母亲和弟弟冯端来到重庆后，被安排住在大哥冯焕的宿舍里。那是位于沙坪坝镇近郊的一所大院内的一个二楼小房间，距离国立中央大学松林坡校舍和小龙坎宿舍区都不远。由于家里经济状况不好，还未读大学的冯端也开始出去工作谋生。1942年4月，冯端考入位于沙坪坝镇西郊的中央气象局当了一名练习生，负责对各地台站发来的气象资料进行计算加工，为天气预报做准备。7月他又参加国立中央大学的入学考试，顺利地被物理系录取。至1942年10月，冯端与冯康同时在国立中央大学学习。

冯康的病情还在继续恶化，到1944年的一天已无法行走。冯端接到重庆兵工学校的电话后立即赶过去，把冯康送到了歌乐山中央医院。诊断结果是需要立即住院治疗，但住院需要花很多钱，家里经济条件根本不允许，战争期间又无法得到社会救助，冯端只好把二哥接到大哥冯焕在重庆保留的半间房子里休养。其时冯康的母亲正在帮姐姐照看孩子，冯慧刚生了孩子不久也需要照料，但是听到冯康一病不起的消息，母亲又赶紧跑去照顾儿子。那段时间母亲非常辛苦，既要照顾外孙，又要照顾儿子，不得不两头跑。冯康在床上躺了一年多的时间，基本上不能动，身上的一个口子在不断地流脓。

尽管身体受病魔恣意折磨，尽管终日卧床，床前孟夫子的座右铭仍起着决定性作用，冯康执着于自己感兴趣的数学王国，同时大量阅读外文作品，一方面提高外语能力，一方面也在阅读中提升文学艺术修养。正是在身心最绝望的时期，冯康感应到了数学在自己的内心闪光，确立了当数学家的志向。精神与肉体如此分离，那时冯康第一次体会到了这种神奇，精神几乎可以独立存在。而第二次分离则是在 1968 年逃离北京的时候，精神严重脱离了肉体，甚至一度想要了断肉体。第一次分离是精神携带着肉体，提升着肉体，支撑着他虽躺在床上，仍孜孜不倦地学习现代数学的经典著作。

(12) 卧榻自学

冯端看着哥哥难受,又惊讶于哥哥的毅力,他帮助冯康从国立中央大学图书馆一本本借阅施普林格出版社出版的黄皮书,前后加起来一共有十几本,其中有豪斯多夫的《集合论基础》,范·德·瓦尔登的《近世代数学》等,另外还有市面上可以买到的影印书,如外尔的《典型群》,庞特里亚金的《拓扑群》等。冯康昼夜沉浸于数学经典之中,常常忘却病痛与敌机轰炸的战争环境。他完全从物理学转到数学上了!这种学习既进一步巩固了冯康的数学基础,又使他和当代的数学发展前沿相衔接,他对现代数学的领悟已登堂入室,看到了不少隐隐约约的路径。

无师自通,自学成才,这是天赋、兴趣与难以想象的勤奋的结合!

因为数学的魅力而通过自学走进数学王国的例子还有很多,典型的例子就是著名统计学家佩尔西·戴康尼斯。

戴康尼斯出生于1945年,14岁从中学辍学,离开纽约的家,跟随一个加拿大魔术师闯荡江湖,学习魔术技巧。17岁在加勒比海的赌场里，他尝试研究如何防止别人出老千。这件事改变了他的一生。当时比较盛行的欺诈手法是把骰子的一面削短，使骰子不再是标准的正方体，而略微变成了长方体，从而影响结果。戴康尼斯想算出一面削短百分之一英寸后，骰子翻滚倒向任何一面的可能性。在朋友的建议下，他买了20世纪著名的概率学家威廉·费勒写的《概率论及其应用》一书，不幸的是完全看不懂，当时他才18岁。为了读懂这本书，戴康尼斯24岁开始在纽约城市学院上夜课，学习数学，白天依然通过表演魔术挣钱。其间他向美国著名科普杂志《科学美国人》（Scientific American）投稿，介绍他的两个纸牌戏法，引起了一位专栏作家的注意。这位作家为他写了一封推荐信给哈佛大学的一位统计学教授，这位教授对魔术与概率的研究很有兴趣。因此，在纽约城市学院学了一年多，戴康尼斯就被哈佛大学研究生院录取了。1971年，戴康尼斯获得纽约城市学院学士学位，1974年获得哈佛大学的数学统计学博士学位。从此，戴康尼斯走上了研究数学概率的道路，完成了从魔术师到统计学家的神奇转变。戴康尼斯主要研究随机性问题，研究的课题也很亮眼，比如掷币和洗牌，而其最有名的研究成果就是证明了完美的洗牌至少要洗7次。由于其重要的学术贡献，戴康尼斯于1979年获得麦克阿瑟奖。

数学史上还有很多这种自学成才的例子，华罗庚也是其中一个。华罗庚于1910年出生在江苏金坛，在金坛中学初中毕业后，家里已无力供他上高中，他便帮助父亲经营小店。1928年，金坛发生流行性瘟疫，他的母亲不幸染病去世，他也卧床6个月未翻身，导致左腿残疾。就在这时，留法回国的王维克在金坛中学教书,借书给华罗庚看,包括一本《大代数》,一本《解析几何》,一本 50 页的《微积分》。华罗庚开始对数学着迷,边站柜台边自学数学。由于影响做生意,他父亲多次要撕掉他的"天书"。1929 年他开始在《科学》杂志上发表论文。1930 年他发表的《苏家驹之代数的五次方程式解法不能成立之理由》一文引起清华大学数学系主任熊庆来的注意。熊庆来于 1931 年推荐华罗庚做清华大学数学系助理,管图书、公文和打字等。至 1933 年,华罗庚的数学水平和能力已为大家公认,被破格提升为助教,1934 年又升为讲师。这期间,他除了全面认真学习高等数学基础知识之外,对数论尤有兴趣,曾受到杨振宁的父亲杨武之的指点。1935 年美国数学家维纳来清华讲学,勤奋好学的华罗庚令他深受感动。1936 年,在维纳推荐下华罗庚以访问学者身份去英国进修,在剑桥大学得到著名解析数论学家哈代的指点。至此,由于顽强的毅力、不懈的努力和众多专家的引荐,华罗庚终于登上了数学研究的世界舞台。

同样,和冯康相似,半途转专业最后成大器的数学家也有很多。柯尔莫哥洛夫起初也不是学数学,他学的是历史,之后才转到数学系。1997 年,美国数学学会会刊《美国数学学会通告》(*Notices of the AMS*)刊登了对俄罗斯著名数学家阿诺德的采访。采访中,阿诺德讲了沃尔夫数学奖得主、美国国家科学奖章得主惠特尼从音乐专业转到数学专业的故事,颇具戏剧性。阿诺德说:"惠特尼在去世前几个月,在普林斯顿高等研究院工作,依然在学术上很活跃。他告诉我他学习数学的故事。惠特尼在耶鲁大学上本科时主修小提琴,两年后他被选送到欧洲最好的音乐中心学习。在那里，学生一定要修一门不同专业的课并通过考试。惠特尼问同学哪个专业比较热门，答曰'量子力学'。于是在第一节量子力学课后，他这么问那位闻名于世的授课老师（泡利？薛定谔？索末菲？）：'亲爱的教授先生，好像您讲的课有点不对劲儿，我是耶鲁的优等生，可您的课我却一个字也听不懂。'授课老师得知惠特尼是音乐专业的后，相当礼貌地回答说：'那是因为你需要些背景知识，比如微积分和线性代数。'惠特尼说：'那好，我希望这两门课程没您的课那么新，应该有人写过一些教科书吧？'授课老师告诉了他几本教材的名字。惠特尼对我说：'三个星期后，我能听懂他的课了，学期末我把专业从音乐转到了数学。'"[1]

除了让弟弟帮着从图书馆借阅数学书外，那一年多的时间里，冯康还阅读了大量的文学著作。孟子的座右铭不用说了，冯康还常大声朗读莎士比亚《哈姆雷特》中的诗句与独白，而且用的是英语。

在英语与古汉语的大声朗读中，冯康获得了安慰、启迪与鼓励，也就在这时奇迹出现了：1945年，在全世界庆祝反法西斯战争取得胜利之时，冯康的伤口居然奇迹般地自愈了，他又能站起来了！

---

[1] LUI S H. An Interview with Vladimir Arnol'd[J]. Notices of the AMS, 1997, 44（4）: 432-438.

第四章 计算与荣光

[13] 陈省身与华罗庚

1968年冯康在铁路上盲目游荡时，曾"漫游"到重庆，火车穿过沙坪坝时，冯康想起当年自己的生命奇迹，感到片刻的振奋。放眼看去，沙坪坝格局变化不大，许多旧建筑还在，成渝铁路穿过嘉陵江、梁滩河、虎溪河、清水溪、凤凰溪等众多河流。青山绿水，巴山夜雨，冯康的泪水慢慢流下。

当年冯康在重庆站了起来，尽管身体是弯曲的，但也是奇迹。全家人一方面庆祝抗战的胜利，一方面庆祝冯康奇迹般地站了起来。

冯康想到那年在重庆被病魔折磨，后面又死里逃生的经历。想到这里，他又犹豫了。那一年化脓的伤口神奇自愈，他站起来，又开始工作了。那年在国外负责采购工作的大哥冯焕回到了重庆，一家人再次聚到一起，只是缺了已故的父亲。经国立中央大学介绍，加上冯康深厚的数学功底，1945年9月，那时还在重庆北碚的复旦大学数学物理系聘请冯康担任助教。

1946年，众多高校纷纷迁回原址，冯康也随着复旦大学迁回了上海。后来，冯康又从上海复旦大学转入北京的清华大学物理系，然后又转入数学系，担任助教，由此冯康开始走上深入钻研数学之路。

在清华浓郁的学术氛围中，冯康结束了孤身一人的自学阶段，不断地参加数学讨论班，并有幸师从陈省身等中国当代知名数学家。陈省身生于1911年，是20世纪伟大的几何学家，曾长期任教于美国加州大学伯克利分校与芝加哥大学，并在伯克利创立了美国国家数学科学研究所。为了纪念陈省身的卓越贡献，国际数学联盟特别设立了"陈省身奖"（Chern Prize），这是国际数学界最高级别的终身成就奖之一。

1926年，陈省身进入南开大学数学系，成为著名数学家姜立夫创办的南开大学数学系的学生。1930年毕业，获学士学位。同年入清华大学任助教，1931年在清华大学攻读研究生，师从中国微分几何先驱孙光远，研究射影微分几何，1934年毕业，获硕士学位，是中国自己培养的第一个数学研究生。同年赴德国汉堡大学学习，师从几何学家威海姆·布拉施克，1936年2月获科学博士学位。之后去法国巴黎跟从微分几何大师埃利·嘉当从事博士后研究。1937年夏，陈省身离开法国经过美国回国，担任清华大学教授；后因抗战随学校内迁至云南昆明，在西南联合大学讲授微分几何。1943年，陈省身应美国数学家奥斯瓦尔德·维布伦之邀，到普林斯顿高等研究院工作。这一年他完成了一篇划时代的论文——《闭黎曼流形高斯—博内公式的一个简单的内蕴证明》。此后两年间，他完成了一生中最重要的工作：证明高维的高斯—博内公式，构造了现今普遍使用的陈类，为整体微分几何学奠定了基础。

1946年，陈省身回到上海。1948年，南京中央研究院数学研究所正式成立，陈省身任代理所长，主持数学研究所一切工作，同年入选第一届院士，一度到清华大学主持数学讨论班，培养了一批青年数学家，包括冯康。

清华大学是冯康向往已久的地方，冯康从基础数学的研究做起，最初确立的研究方向是殆周期拓扑群理论。在这一理论的研究中冯康以坚实的基础理论知识和良好的研究素养，解决了极小殆周期群的表征问题，初步展露出数学研究才能。

1950年报纸上一则《数学家华罗庚回国》的消息令冯康震动。华罗庚和陈省身一样都是世界闻名的数学家，冯康正是以他们为榜样立志在数学上有所成就。冯康非常清楚华罗庚当时已经在数论、函数论方面做出了重要的工作，曾在剑桥大学、普林斯顿大学访问研究，1948年被美国伊利诺伊大学聘为正教授，同年当选中央研究院院士。新中国成立之初，一穷二白，百废待兴，为了号召海外学子"去祖国最需要的地方"，1950年3月16日，华罗庚写下一封慷慨激昂的万言长信，信中疾呼："'梁园虽好，非久居之乡'，归去来兮！……总之，为了抉择真理，我们应当回去；为了国家民族，我们应当回去……"他毅然带领家人回到祖国，到清华大学数学系任教。

1950年6月，新中国的科学院建立不久，在百废待兴的情形下，数学研究所开始筹建。筹备处设在北京文津街3号，由著名数学家苏步青任筹备处主任，周培源、江泽涵、华罗庚、许宝騄任筹备处副主任。筹建工作受到中央人民政府的高度重视。1951 年 1 月，政务院批文任命华罗庚为即将成立的数学研究所所长。1952 年 7 月 1 日数学研究所正式成立，所址设在清华园内，确立了纯粹数学与应用数学协同发展的方针。最早成立的研究小组有数论、微分方程、力学、计算机研制、概率统计、代数、拓扑学等。

刚成立数学研究所时华罗庚和他的学生们

1953 年上半年，数学研究所共有科研人员 32 人，其中专任研究员 5 人。在这 32 人中，后来当选为中国科学院院士的就有 17 人。

数学研究所 1957 年临时迁往西苑大旅社，1958 年迁入中关村。关于数学所地理位置的变迁，著名数学家吴文俊在纪念华罗庚的文章《人民的数学家》中回忆道："新中国成立时，华罗庚在美国 Illinois [伊利诺伊] 大学任教授，但他马上放弃教职赶回国，任职当时成立的中国科学院数学研究所所长。当时的中关村所在地还是一片坟地，垃圾堆积。因此，当时的数学所设在清华大学内，位于南门附近，其后几经迁陟。……建成一所13层的大楼，位居现今的中关村核心地带，并在大楼大厅放置了华罗庚的铜像，以纪念他的功绩。"[①]

1951年，冯康从清华大学被选调到了数学所担任助理研究员，并于当年作为新中国成立后的第一批公派留学生前往苏联进修。

1955年，冯康将苏联数学家盖尔范德关于广义函数的文章翻译发表在刚刚创刊的《数学进展》上，题为《广义函数论》。这篇文章被公认为国内介绍广义函数方面最具影响力的文章，同时也是冯康写就日后成名作的重要理论工具。

盖尔范德中学没有念完就辍学了。1930年，盖尔范德随父去莫斯科投靠远亲。起初生活困难，只得打工做杂活，包括在图书馆做检查员。他闲暇时都在图书馆读书，补充在中学没有学到的知识。在图书馆，他结识了不少本科大学生，并到莫斯科大学旁听数学课，还参加讨论班。两年后，他跳过中学和大学本科，被莫斯科大学破格录取为研究生，成为著名数学家柯尔莫哥洛夫的研究生。盖尔范德是20世纪最伟大的数学家之一，一生共发表了800多篇论文，出版了30余部专著。他还通过在莫斯科大学举办泛函分析讨论班，让众多学子（包括冯康）从他那里学到知识、受到启发。盖尔范德获得过列宁勋章，1978年荣获首届沃尔夫数学奖。

---

① 吴文俊.人民的数学家[N].科学时报，2010-10-20（A2）.

盖尔范德的研究范围很广，在数学的重要领域如泛函分析、调和分析、群表示论、积分几何、广义函数、无穷维李代数、微分方程等以及数学物理、生物学和生理学方面都做出了重要贡献。中国著名数学家夏道行院士就是盖尔范德的研究生。盖尔范德在广义函数论的发展中起到了重要的带头作用，这一方面的工作对冯康产生了直接的影响。一般情况下，比如中学，我们见到的函数包括三角函数、多项式函数，都是连续函数。但是，在物理和工程应用中，很多函数可能不连续或者导数不存在。广义函数的作用就是使不连续函数表现得更像光滑函数，在各种基本函数空间上构造广义函数，对于微分方程、积分几何、随机过程等领域有着非常重要的作用，因而被广泛应用于物理和工程领域。

华罗庚对冯康在广义函数方面的研究大加赞赏，那时在全国性的广义函数讨论班上，数学界同行经常听到华罗庚赞扬冯康。在华罗庚的启发引导下，冯康继续在梅林变换、广义函数等方面进行深入研究。1957年，冯康在《数学进展》上发表了一篇题为《广义函数的泛函对偶关系》的论文。同年，还在《数学学报》上发表了另一篇题为《广义梅林变换》的论文。冯康建立的广义函数空间的对偶定理和广义梅林变换，对于微分方程和解析函数论都有重要的作用。

冯康在广义函数方面的研究，标志着他作为数学家逐步走向成熟。当然了，这时冯康的研究工作不过是牛刀小试，更加突出的是他拥有非凡的数学眼光。但也应当承认，在纯粹数学中冯康尚未充分发挥其所长。

(14) 计算数学启航

1956 年，国务院在周恩来总理领导下制定了《1956—1967 年科学技术发展远景规划》，这是中华人民共和国成立以来国家制定的第一个科学技术发展规划。《1956—1967 年科学技术发展远景规划》将计算技术、半导体、电子学和自动化列为重点发展项目，并提出立即筹建研究机构。发展计算事业就要发展计算机，而中国计算机事业的发展，最初就是在中国科学院数学研究所孕育的。1956 年 6 月由华罗庚牵头，从中国科学院、第二机械工业部十局（也就是后来的四机部）、军委总参三部、国防部五院（也就是后来的七机部）和高等院校几个方面抽调干练的科技力量，开始了计算技术研究所的筹备工作。1956 年 8 月 25 日，国务院正式批准成立中国科学院计算技术研究所筹备委员会，华罗庚出任主任委员，从此中国科学院计算技术研究所诞生了。

计算技术研究所成立初期，国内懂计算机专业的人员还很少，即使在大学也非常少，除了培训没有他途，因此培养计算技术的专业人才队伍迫在眉睫。计算所通过与北大合作，抽调数学系四年级的学生及一部分刚刚大学毕业的大学生，开办了计算机与计算数学两个专门的训练班，于1957年夏结束。学员分三部分，第一部分是来自北京大学等高校数学系的31名三年级学生，第二部分是1956年分配到筹备处的大学应届毕业生，第三部分是有关单位送来代培和进修的人员以及新调入筹备处的相关科技人员。1957年9月，苏联科学院计算中心的专家来华讲授机器数学，听课的是第一届训练班的大部分学员（特别是计算数学训练班的）和其他单位的有关人员。

计算所三室的创始人徐献瑜回忆道："我们在努力研究发展国内的计算机技术，苏联当时也很愿意帮助我们来发展计算机技术。1957年苏联派了几个专家来计算所帮助我们，一个叫什梅格列夫斯基的专家到数学班来教我们计算机程序设计。他主要是来教我们做程序设计，一方面教，另一方面写出教本，经耿立大译成书册，是我国程序设计第一本教材。帮助我们培养计算机人才，他在我们国内教了一年的程序设计。从他来教我们开始，我们的程序设计才算真正入门。另有两个苏联专家到机器班讲课和帮助我们调试我国自己的计算机，其中有一个叫谢尔巴柯夫，一个叫维宗。对于他们的帮助，我们一直铭记在心。1958年我国的第一台电子管计算机研制成功，很是让人兴奋。有了我们自己的机器，有人指导程序设计，还有各个学校送来的最优秀的学生来学习，我当时想，现在可以做我们自己的计算机事业了。以后计算所又办了好几届训练班。程序设计的课由我来主讲。"①

训练班培养了 600 多名专业人员，不但充实了计算所自身的力量，也为很多科研院校培养了教学与科研骨干。当时冯康虽然还没有调到计算所工作，但已经到计算所在北京大学办的培训班讲课。冯康讲课用的教材是苏联数学家米哈林写的《数学物理中的直接方法》。当时在北京大学的教室中听过冯康讲课的部分学生后来成为他的同事和部下，比如黄鸿慈，便是后来有限元方法研究的重要参与者，也是冯康最重要的助手之一。

黄鸿慈，计算数学家，原籍广东台山，1936 年出生，1953 年考入北京大学数学力学系。1957 年，黄鸿慈毕业于北京大学数学力学系，之后在中国科学院工作了 30 多年，是我国最早的有限元方法研究者之一，对我国独立发展这一方法做出了重要贡献。他对椭圆型方程诺依曼问题有限元方法、奇异差分方程组的数值解及多重网格技术的研究，都有原创性贡献。

"我的父亲是一名商人，他的主要业务在新加坡，在中国香港、泰国都有分支，我是 1936 年在香港出生的。抗战时我父亲在新加坡，他在香港的产业都被日本人没收了，所以我们家经历过一段困难的时期。那时我已经有了国家和民族的概念。1949 年以后我读了一些进步的书籍，像艾思奇的《大众哲学》，还有于光远写的一些关于社会科学发展史方面的图书。初二结束后我直接跳到了高一，那时我如饥似渴地阅读这类图书，放弃学习其它功课，结果导致很多课程不及格，其中也包括数学。当时抗美援朝，我在香港还参加了捐献飞机的运动。我这样的一种态度也是下定决心准备回

---

① 徐献瑜. 我对计算所和中国计算机事业起步的记忆 [J]. 创新·求实, 2006 (7): 61.

到大陆了,所以高二时我就从香港培正中学转到了广州培正中学。"①

当时培正中学在广东、广西、香港、澳门都有校区。当时的香港培正中学以中文教学为主,1950年至1965年出任香港培正中学校长的林子丰先生后来创办了香港浸会学院(20世纪90年代改名为香港浸会大学)和香港浸会医院。从香港培正中学走出的学生中有很多成为著名的专家学者,包括诺贝尔奖获得者崔琦、菲尔兹奖获得者丘成桐、数学家萧荫堂、香港科技大学创校校长吴家玮。广州培正中学的著名校友有廖承志、邹家华、吴仙标等。

黄鸿慈回忆道:"北京大学计算数学教研室从1955年开始筹备,主要成员有徐献瑜、胡祖炽、吴文达、陈永和……还有一个助教徐翠微。他们少数几个人转到了计算数学教研室。当时徐献瑜与吴文达到苏联学习计算数学去了,我们的课程主要是胡祖炽讲'计算方法',还有中科院数学所的冯康讲'数学物理中的直接方法',用的是苏联米哈林(С. Г. Михлин)的教材,那时候这本书还没有翻译成中文,但冯先生的俄文很好。还有一门课是'程序设计',是清华大学孙念增讲的。其他是计算机原理方面的课程,由夏培肃、范新弼等人讲授。"

虽然冯康在北大的课只讲了一个学期,但正是通过这门课程,他引导大家第一次利用变分方法来解决数学物理的方程,其中就包括了后来的有限元概念的雏形。黄鸿慈认为冯康最重要的影响在于"带领大家认识到变

---

① 王涛. 计算数学在中国:黄鸿慈教授访谈录[J]. 科学文化评论,2018,15(5):68-79.

分原理是一个方向。这非常重要，一个正确的方向在知识迷宫中的作用怎么强调都不过分，因为没有方向知识就是迷宫"。同时也正是在那样一段时期，冯康的数学研究领域从纯粹数学转移到应用数学。

由于工作需要，1957年华罗庚将冯康调到计算技术研究所去研究计算数学，这使得冯康正式进入了计算数学这一全新的领域。

对冯康来说，这是个机遇，因为这样一来，冯康的优势——物理和工程的专业训练——就能够充分发挥出来了，而纯粹数学的素养又使他有别于其他应用数学家。

应用数学是应用目的明确的数学理论和方法的总称，研究如何把数学应用到其他范畴，包括数学以外的学科。它所采用的工具涵盖微分方程、矩阵计算、傅立叶变换、复变函数、数值方法、概率论、数理统计、运筹学、控制论、组合数学、信息论等诸多数学分支，也包括各种应用领域中提出的数学问题。20世纪以前没有"应用数学"这一名词。大数学家如高斯、欧拉、柯西等都是既搞纯粹数学，又搞应用数学。比如，欧拉不仅在纯粹数学里的解析数论、函数论、拓扑等领域做出了伟大贡献，还在弹道学、航海学、力学、离散数学等应用学科做出了重要甚至是奠基性的贡献。这就和一百多年前的体育运动一样，有的运动员身兼数职，可能既参加跑的项目，又参加跳的项目，还可能参加球类项目。但随着时间的推移，各个专项的细化，两栖或多栖数学家、运动员就几乎消失了。

在第二次世界大战前后，由于航空工业的发展以及飞机在战争中的重要性，数学开始被大量运用于力学及其他工程方面，这也促成了应用力学与应用数学的发展。在20世纪四五十年代，应用数学的主要研究内容是力学，大多数应用数学家的背景也不是数学，像钱学森、郭永怀这样的力学家也是著名的应用数学家。60年代以后情况有些改变。数学的应用范围愈来愈广，不但物理学、工程学、化学、天文、地理、生物、医学在用高等数学，甚至经济学、语言学也开始运用相当多的高等数学，应用数学因此得到迅速发展。

应用数学得以发展的另外一个原因是数学的发展越来越抽象化，渐渐地只有一部分数学同行才能理解他们在干什么。在这种情形下，需要用数学理论的科学家与工程师们就只好自力更生，不依赖纯数学家，而是自己搞起数学来了。他们所搞的数学与纯粹数学最大的区别就是与实际的结合：自然的实际，社会的实际。其实，20世纪60年代后的数学系，由于"应用"的细化，分出了很多不同的学系。比如北京大学的力学系、计算机系，都是在北大数学系的基础上建立的，是数学系衍生出来的，其代表性人物王选、杨芙清都是数学系培养的高才生。

20世纪50年代，中国应用数学致力于社会生产实践中实际问题的解决，通常是通过建模、计算、运筹、优化、统计等数学工具寻找解决问题的办法。作为应用数学重要分支的计算数学，是随着电子计算机的出现而兴起的一门应用性极强的学科，其中心任务就是研究高效的计算方法。有人说有了大机器就可以解决大问题，认为只要造出很多超级计算机就可解决各种复杂的科学计算问题。但事实却并非如此。当代科学计算碰到了很多难题，如高维数、多尺度、强非线性、不适定性、奇异性、复杂区域、高度病态等等，并非有了大机器就可以解决这些难题。计算的困难常常表现为：规模大得难以承受或失去时效；算法不收敛或算法不稳定使得结果面目全非；花费大量机时却得不到结果或只得到错误结果；问题的奇异性导致计算非正常终止；问题太复杂致使算法难以实现；等等。

简而言之，计算数学研究的主要内容是基于数学来设计算法，并从理论上分析这些算法的好坏。研究的主要目的是利用好的算法快速得到精确的数值近似。要达到这个看似简单的目的，需要兼具数学、物理、工程等方面的坚实基础。当然，最重要的是需要懂得实际应用背景及掌握交叉学科的学术带头人。

冯康曲折的求学历程和深厚的知识积累，使其成为一个再恰当不过的兼具之才。电机与物理的学习经历，留苏的纯粹数学研究经历，以及多年的教学和研究工作，都使冯康成为这一新领域再适合不过的带头人，床头孟子的座右铭这时也开始应验，一切都好像上苍的安排。

对冯康来说，计算数学尽管是一个全新的领域，但他自身通晓物理和工程，而纯粹数学的素养又使他不同于别的应用数学家，因此，计算数学犹如一片全新的天空，可以让他没有任何阻碍、不受任何限制地任意驰骋。中国科学院计算技术研究所成立初期，主要有两项任务：一是尽快研制出电子计算机，二是利用电子计算机解决国防与经济建设中亟待解决的计算任务。计算所下设三个研究室：一室和二室分别负责整机与元件的研究，主要肩负研制计算机的重任；三室则是从事计算数学与科学工程计算研究，承担解决国防与经济建设中重大问题的任务。

20世纪50年代世界上的计算机数量尚少,其作用主要是科学与工程计算。国内会用计算机的人,大多是从数学专业转过来的。徐献瑜是中国计算数学的老一辈开拓者,50年代为了适应国家的需要,他从纯粹数学转到计算数学领域。1956年2月,徐献瑜、胡世华、闵乃大、吴几康、张效祥、林建祥参加了在莫斯科主办的"计算技术发展之路"的国际会议。从苏联回国后,徐献瑜参加了《1956—1967年科学技术发展远景规划》中"计算技术建立"的规划工作,所在的计算技术和数学规划组,由26名有名望的数学家、计算机专家和电子技术专家组成,华罗庚领衔。

徐献瑜出生于1910年,浙江湖州人,1934年毕业于燕京大学物理系,1938年获美国华盛顿大学博士学位,回国后曾任燕京大学讲师、数学系主任,辅仁大学讲师。中华人民共和国成立后历任燕京大学教授、数学系主任,北京大学计算数学教研室主任。在特殊函数、函数的数值逼近方面深有研究。

1958年2月,一幢全新的科研楼在中关村落成。计算所与数学所由临时办公的西苑大旅社迁到这里,这幢后来被称为"北楼"的灰色办公楼成为计算所与数学所真正的家。中华人民共和国成立前,中关村这片叫中官屯。中官就是皇宫里的太监,这地方以前就是一片荒郊野地,是专门埋太监的坟地。这里邻近圆明园,离颐和园也不算远,不知道有多少老太监葬在这里。科学院就不信邪!50年代初,中国科学院就选址于中关村,虽然科学院院部的大牌子挂在三里河,但科学院的研究所和家属楼都建在中关村。50年代末的中关村,还被许多农田包围着,夏天可以闻到稻田里飘来的稻香味。从中关村往西去,一站路之遥,海淀镇再过去一点点,就是有名的六郎庄，著名的京西稻就出产于此。

计算所三室的办公地点就位于"北楼"的三楼和五楼。冯康调到三室时，担任三室主任的是徐献瑜，副主任是张克明。张克明1934年进入清华大学数学系，曾得到熊庆来教授的指导，毕业后奔赴延安，担任过华东野战军宣教干部。

徐献瑜一直钟情教学，虽然任三室主任，但实际上只是兼职，他的主要工作还是在北大教书。张克明主持三室工作，兼任三室的党支部书记，关注更多的是政治组织方面的任务。冯康调入三室后很快成为三室的学术掌门人。

张克明非常倚重冯康，冯康亦对张克明的红色经历有种神秘的敬畏感与信任感，就像对党的信任。两人关系非常好，配合也相得益彰。张克明同样懂得冯康的价值，十分欣赏冯康的学识与过人的才华，同样有着某种敬畏，就像敬畏自己当年清华的老师，敬畏科学本身，因此全力支持冯康在三室开展工作。

1961年4月，华罗庚被任命为中国科技大学副校长兼数学系主任。虽然还同时兼任中国科学院数学研究所所长，但华罗庚的工作重心开始从数学所转移到中国科大，1962年华罗庚把他在数学所招收的研究生带到中国科大来培养，他们遂成为中国科大数学系的第一批研究生。中国科大数学系的副主任则由关肇直、吴文俊担任，冯康任计算数学教研室主任。

此时在小站，在候车室，在陌生的旅途中，回忆往事，冯康甚至感到了一丝丝的甜蜜。

(15) 三室

是啊,当年他年富力强,简直可以说风华正茂,三室,永远的三室是冯康事业起飞的平台。不管什么时候回忆起以前的三室,他与张克明的三室,与大家的三室,都有一种温暖,百感交集。三室成立时分为六个小组,那是他和张克明一起分的。根据国家任务,一组负责初值问题、天气预报。初值问题一般来说是动态问题,物理状态随时间而变,其解依据"初始条件"。二组负责边值问题,以水坝计算为主,兼顾大规模的矩阵计算,如大地测量。边值问题一般是静态或平衡问题,其解由所关心的区域边界决定。三组负责与国防相关的计算问题,包括航空航天遇到的激波计算等。四组负责程序设计自动化,这里也成为中国计算软件的发祥地。五组负责一些微分方程以外的计算问题,包括公路设计、光学镜头设计等。六组则负责常微分方程和统计计算。常微分方程自变量只有一个,当时主要对象是卫星轨道的计算,对中国早期发射人造卫星提供重要的理论和计算支持。

三室有多少熟悉又亲切的面孔，有复旦大学毕业的石钟慈，北京大学毕业的黄鸿慈、李旺尧，莫斯科大学留学归来的张关泉、秦孟兆、马延文，哥伦比亚大学毕业的黄兰洁（她还有个洋名叫 Nancy），有西北工业大学来的崔俊芝，清华大学来的朱幼兰与李子才……对了，除了自己，负责三室业务指导的还有董铁宝。董铁宝年长冯康几岁，他们相交甚厚、相知甚深，他们是三室的两个业务顶梁柱。

计算所三室一组 1961 年合影。第一排左五为冯康，左六为张克明

董铁宝，1916 年 8 月生于江苏省武进县，1939 年毕业于交通大学土木工程系，1945 年抗战胜利后赴美留学，开始在普渡大学土木系攻读硕士学位，1947 年至 1950 年在伊利诺伊大学力学系攻读博士学位。毕业后留校任助理教授，1952 年晋升副教授，其间曾使用第一代电子计算机"埃尼阿克"计算了大量题目，是我国早年真正大量使用过计算机的专家。在强烈的爱国心驱动下，董铁宝于 1956 年毅然放弃优越的生活，突破重重障碍，

和他的夫人梅镇安、三个年幼的孩子，绕道欧洲，行程万里，历时三个月的时间，才踏上国土。

回国后，很多大学机构向董铁宝伸出了橄榄枝，最后他决定留在北京大学担任教授，同时兼职于计算所三室。董铁宝熟悉力学和计算，特别是结构工程与抗震，所以对板壳和水坝的数学模型与应力分析都能给予指导。他是世界上最早用随机过程分析地震现象的学者，有关的著作至今仍是这方面的经典文献。董铁宝还在计算所指导研究生，周天孝、孙家昶都是他名下的研究生。

冯康记起，1958年8月中国第一台电子计算机103机终于试制成功。新华社在《人民日报》上发表了标题为《我国计算技术不再是空白学科，第一架通用数字电子计算机制成》的消息。虽然103机的内存容量很小，仅有1024个存储单元，但在冯康的带领下，三室利用自己编写的程序在这台机器上进行了多项计算。1959年9月十周年国庆前夕，计算所研制的104大型通用计算机取得成功，运行速度达到每秒1万次。104机在科学计算中发挥了重要作用，我国第一颗原子弹研制过程中的有关计算，就是在104机上完成的。三室的许多同事对于运用104机进行计算还记忆犹新。

到1959年底，三室利用这两台计算机完成了80多项计算任务。比如，国防部门设计超音速飞机时遇到的小展弦比、宽机身组合的翼身干扰问题，当时还没有建成超音速风洞，所以要估算超音速飞机气动力，只能借助数值计算。军事工程学院罗时钧教授提出计算方案，从苏联留学归国的北大青年教师黄敦画出翼身图形，徐献瑜据此图形做出数学公式，然后指导学员们用计算机算了一个月,得出小展弦比、宽机身机翼组合体的超音速干扰气动力,圆满地完成了这项高端的军事任务。

1958年9月1日,中国科学技术大学宣布成立。当时的中国科学院院长郭沫若兼校长,严济慈、华罗庚、赵忠尧、钱学森等一批著名科学家纷纷登上中国科大的讲堂。为了在中国科大搭建一个完整的计算数学教学平台,在冯康的倡导下中国科大成立了计算数学教研室,冯康担任教研室主任。他选派三室富有经验的业务骨干如石钟慈、黄鸿慈等到中国科大任教,还在三室专门成立了中国科大计算数学教材编写组,为中国科大编写教材。当时在教材编写组的有黄鸿慈、李家楷、张关泉、秦孟兆等人。冯康堪称中国科大计算数学专业课程的设计师,除了亲自撰写教学大纲、组织编写教材,许多时候还会亲自到中国科大讲课、做报告。尽管那些油印教材最终没能出版,却成为中国计算数学专业教学的宝贵历史资料。冯康到中国科大不久,石钟慈正式调入中国科大工作,成为冯康在中国科大的重要助手。

石钟慈,1933年出生于浙江鄞县。1951年入浙江大学数学系,1952年转入复旦大学数学系,1955年毕业后到中国科学院数学所工作。1965年至1986年任教于中国科技大学,曾任数学系主任和计算中心主任。1987年至1991年任中国科学院计算中心主任。曾任中国计算数学学会理事长。1991年当选为中国科学院院士。石钟慈大学毕业后被分配到中国科学院数学所工作,华罗庚找他谈话,很严肃地说:"根据国家需要,组织分派你去搞计算数学。"石钟慈一下子蒙了,什么是计算数学?数学研究所里哪几个名家是研究计算数学的？要知道在大学期间，他跟当时很有名望的陈建功先生学函数论，毕业后踌躇满志地来到数学所，一心想继续函数论研究。跟华罗庚的那次谈话使石钟慈的函数论梦想破灭了。但在华罗庚的鼓励下，他心甘情愿地成为中国计算数学队伍中最早的一员。

华罗庚在中国科大做副校长，同时兼任数学系主任，数学系主任一职做到 1984 年。第二任系主任就是石钟慈。石钟慈做了一届，其间于 1986 年离开合肥来到北京的中国科学院计算中心。1988 年，石钟慈正式卸任中国科大数学系主任职务，由冯克勤接任。

1956 年至 1959 年，计算所筹委会从全国范围内选拔了 10 人去苏联攻读研究生。5 人去苏联科学院精密机械与计算技术研究所，5 人去苏联科学院计算中心。

到苏联科学院精密机械与计算技术研究所学习，1956 年派遣的是清华大学的助教李三立、王选民，南京工学院讲师汪明德；1957 年是徐培南；1958 年是唐裕亮。到苏联科学院计算中心学习，1956 年派遣的是石钟慈、曾肯成；1958 年是许孔时、刘慎权、王汝权。这些研究生绝大多数在 1960 年至 1962 年间陆续回国。由于各种原因，获得副博士学位（相当于欧美等国的理学博士）的只有李三立、王选民、刘慎权、王汝权。

石钟慈 1956 年赴苏，1960 年回国后在中国科学院计算技术研究所三室工作。

1961 年，在广东汕头召开了第二届全国计算技术经验交流会，冯康与张克明参会。会后冯康建议三室在解决实际工作中的任务的同时，还要开展计算理论研究。没有理论指导与前瞻，计算数学便没有前方的灯塔照耀，冯康疾呼："形势喜人但也逼人，开展理论研究已是刻不容缓的事。"在当时的政治气候下，冯康提出这样的建议要顶着很大的阻力，因为当时普遍的观点认为搞理论研究就是从文章到文章，是一种争名逐利的思想，因此他受到很多人的批判。

这时候张克明帮冯康解了围。不仅如此，在张克明的支持下，冯康记得，1963年三室还成立了第七研究组专门进行理论研究。这是冯康倡议、张克明支持的。第七研究组的组长为黄鸿慈，组员包括从莫斯科大学回来的张关泉、邬华谟，清华大学来的李子才，以及冯康在60年代初带的研究生王烈衡等。第七研究组的成立标志着三室在计算数学研究方面由理论到实践的框架已经搭建完成。这个框架本身就是一个科学的框架，就如同车有了两个轮子，而过去只有一个轮子。现在我们回过头来看，不得不钦佩冯康的远见与卓识。

第七研究组的成立标志着冯康计算数学大家风范的逐步显露，而冯康也成为理论与实践的双料带头人。冯康深入七个研究组进行业务指导，同时又带领大家在完成实践任务中开展理论研究工作，不仅完成了一大批国家急需解决的重大任务，还写出了许多篇高质量的学术论文。人们通常有这样的偏见，应用数学的地位不如纯粹数学地位高，但冯康就是要让计算数学不但在普遍的实践中应用，也要创造出先进的理论，理论上不输于纯粹数学。冯康做到了，因为有他这样理论功底深厚的人导航，计算数学才让人心服口服。

第七研究组不但在计算数学理论方面取得了丰硕成果，也催生了中国第一本计算数学期刊《应用数学与计算数学》。它的前身是《计算机动态》中的计算数学专刊。《计算机动态》是由中国科学院计算技术研究所主办的一本杂志，每月一期，以介绍国外先进机器的文章为主。随着国内计算数学研究的兴起，《计算机动态》每年出版四期计算数学专刊，刊登计算数学方面的翻译文章及少量国内原创论文。

冯康记得，七组成立后，计算数学理论研究的文章就一下子多起来了。到了1964年，在他的主持下，《应用数学与计算数学》创刊。这是数学界的一件大事，从此，计算数学有了自己的一片天地，而第七研究组发表的文章占了该刊的半壁江山。冯康回想起自己非常欣赏的年轻人黄鸿慈的文章《关于重调和方程最小特征值的数值计算及界的估计》，这篇文章于1963年2月发表在《计算机动态》的计算数学专刊第三期。因为这篇文章，他还专门表扬了黄鸿慈，将他从实习研究员晋升为助理研究员，并提了两级工资。当时众多的年轻人中仅有两三位助理研究员，其中包括从美国名校回来的黄兰洁。1964年，《应用数学与计算数学》创刊后，第二期又刊登了黄鸿慈的《关于椭圆型方程 Neumann 问题的数值方法》。冯康从文中敏锐地看到了黄鸿慈通过工程计算提炼的有限元思想，他鼓励黄鸿慈把文章再提炼精简，并将修改稿大力推荐到《中国科学》这本国内最高水平的期刊。这可能是《中国科学》接收的第一篇计算数学论文。可惜，紧接着到来的"文化大革命"，使《中国科学》停刊，这篇文章也就无缘刊登了。

多年后，黄鸿慈回忆说："从1961年开始，我在冯康先生的庇护下，能够安心读书读文献。在 1963 年成立七组后，我更是可以名正言顺地脱离实际计算任务，进行理论研究。冯先生介绍了一些好书和文献，其中特别值得一提的是以下的一文两书。一文是柯朗等人在 1928 年写的《数学物理差分方法》，这是北京大学胡祖炽先生从德文原著翻译的，刊登于《电子计算机动态·计算数学专号》。此文是采用差分方法求解偏微分方程最早期的文献，讨论了怎样用数学分析的理论解决收敛性、稳定性等基础问题。两书之一是柯朗和希尔伯特的名著《数学物理方法》第一卷，此书中文版于 1953 年出版，它对变分原理、格林函数、正交多项式都有很全面的介绍。另一本是福赛思与沃索合著于 1960 年的《偏微分方程的差分方法》，这是冯康先生从科学院图书馆借来的原版书，需高级研究人员的借书证才能借出。冯先生让我优先阅读。这本书基本上总结了 1960 年以前差分法的研究成果，是一本很好的研究入门书，我重点研读了椭圆边值问题部分。读了这一文两书，算是打下了初步的研究基础，可以逐渐步入边读文献边研究的科研轨道。"①

当时有一个学术交流的平台是极其重要的，怎么强调其重要性都不过分。冯康在这方面的远见卓识和身体力行对中国计算数学的研究和发展有着长远而重要的影响。

---

① 汤涛，鄂维南. 从香港走出的中国计算数学先驱黄鸿慈 [J]. 数学文化，2025.

(16) 二十一基地

1960年3月,春寒料峭,北方的雪尚未消融,一天早晨,一队解放军士兵穿着厚厚的冬装,来到中关村南街中国科学院计算所。几年前这里还是庄稼地,现在是中国科学院连片办公区,连片的灰色办公楼在更广阔的田野中构成独特的超现实街道,有点"天空之城"的味道。此前,中国科学院诸多院所分散在老城,计算所原本一直在西苑大旅社办公,租了四层楼整层,1958年搬迁到中关村,成为"天空之城"的一部分。办公楼很新,但因为是深灰色,所以不显新,很低调,仿佛科学本身。

士兵没带武器,倒是带着挎包、文件包,有的士兵的帽檐下边还戴着白边眼镜。尽管没带武器、文质彬彬,但这小队士兵看上去仍不寻常。这里是科学重地,灰调、安静,士兵的到来又平添了一种神秘的类似基地的气氛。如果是一两个士兵,只是颜色有点跳,但如果是七八个、一队,就是武装力量。

士兵到了三楼,见到了同样神秘的冯康。冯康个子不高，有些驼背，但是目光平静、淡然，带着士兵上到五楼。门卫又一次对士兵一一核验证件、相片、介绍信，比进楼门时还要严格。冯康耐心等待，有时看一眼窗外。履行完所有程序，冯康带着士兵到五楼自己专门的办公室。

是的，这是冯康在五楼的办公室，在三楼还有一个。这个办公室的不同之处在于它没有任何标志，只有门号——803，没人知道这数字是怎么回事。这层楼的所有房间都有编号，如果你想按标志寻找办公室或找某个人根本不可能。办公室里面也没有任何特色，甚至看不出这个办公室到底是干什么的。

这是"123"任务组办公室，超级机密，整个五楼都是超级机密。士兵们像在基地一样站得笔直，甚至更直，一直站着，站成了弧形。冯康坐在办公桌前，如同将军一样，问了二十一训练基地（简称"二十一基地"）的生活情况，比如吃什么，事实上已超出了职权范围。冯康当然不是将军，是数学家，但他的心中却有类似的东西。

冯康是三室业务指导，指导着下面七个任务组，后来又增加了"123"任务组，单列，没进入任务组序列。七个任务组都分布在三楼，有十几个房间。单列的"123"任务组单独设在五楼，这样冯康就有了两个办公室，三楼一个，五楼一个。这个任务组的人可以随便到三楼来，三楼的人却不能随便到五楼去，除了冯康。冯康任何时候都不需要检查，倒是他有时会检查一下门口的士兵。

"123"任务组下面又分三个小组，分别是流体力学、空气动力学与冲击波数值计算。此外，五楼是机房重地，有两台计算机——103 机、104 机，占了两个很大的房间，这也是五楼戒备森严的主要原因之一。

当时，整个中国就这两台计算机。

冯康带着士兵看了机房，将七个士兵分配到了三个小组。三个小组分别与导弹、原子弹、卫星相关。来自"二十一基地"的士兵也不是普通士兵，脱了军装与五楼刚分配来的大学生也没什么不同，他们都毕业不久，都来自一流学校，北大的，清华的，哈军工的。

但是，既然穿了军装，又来自遥远的基地，他们就是纯粹的军人，他们一丝不苟，脸上刻着风霜，大自然的作用非常明显。不过因为年轻，他们的脸不是黑而是红，红扑扑的。他们来到中国数学的最高殿堂，求教于数学家。他们站得笔直，动作干净利落，不时条件反射地敬礼，每见一位老师都毕恭毕敬，军容毕现。他们来这儿工作、学习，完成任务，他们代表的不仅仅是个人，还是"二十一基地"。

"二十一基地"，是中国，也是当时世界上最神秘的基地之一。

美国有"51 区"，苏联有"塞米巴拉金斯克-21"，英国有马拉林加，法国有穆鲁罗瓦，中国有罗布泊——隶属于马兰的"二十一基地"。世界上大多数核试验基地都位于人迹罕至的偏远地区，尽管每次进行核试验的时候这些基地都会出现在新闻头条，但对公众来说这些地方也只是个地名。进行核试验，需要寻找偏远地区，不过有些国家在本国找不到足够偏远安全的地方，于是要么跟友邦借一个地方，要么就得不顾邻国反对，在与邻国交接的偏远地区进行核试验。20 世纪 50 年代初，当英国开始进行核武器试验时，他们面临的问题是大不列颠岛上没有能进行核试验的人迹罕至的地方。于是英国人动用三寸不烂之舌，说服澳大利亚政府，取得了在其南部的马拉林加和厄姆费尔德进行核试验的许可。1953 年，英国在厄姆费尔德进行了两次核试验，之后便把实验基地永久性地搬到了马拉林加。1956 年到 1957 年间，英国在马拉林加进行了一系列核试验项目，其中之一便是英国皇家空军驾驶飞机向地面投掷核武器。法国人则在本土之外的法属波利尼西亚群岛设立了穆鲁罗瓦基地，1966 年到 1996 年间法国在这里进行了 41 次空中核试验和 147 次地下核试验。

塞米巴拉金斯克-21 位于哈萨克斯坦北部，额尔古纳河畔，1947 年苏联军队将这座城市西南的一片草原划出并实施了森严的军事戒备，苏联核武器试验的指挥中心——"塞米巴拉金斯克多角区"秘密建立了，它所在核试验区域的代号为"塞米巴拉金斯克-21"。地图上没有这个多角区的标记。

在多角区深处的戴格伦山，试验中心曾经在此进行过近 200 次的地下核试验。

1949 年 8 月 28 日，苏联在多角区爆炸了第一颗原子弹，爆破点距地面仅 30 多米。

美国"51 区"，是位于美国内华达州南部林肯郡的一个区域，这个地方也因为许多人相信它与众多的不明飞行物阴谋论有关而闻名于世。1944 年起这片不毛之地开始被美国军方数度选中用于秘密试验。1950 年，军方在内华达州建立核武器试验地时，此地又被圈进来，当时它在地图上的分区编号为第 51 区。由于这里经常出现一些神秘异常的事件，民间就有了"51 禁区"的说法。"51 区"还有"水城""梦境""天堂牧场""农场""盒子"等昵称。

马兰——地图上找不到的地方，地处我国新疆中部，北临天山山麓，西邻博斯腾湖，东托罗布泊。这里是中国唯一的核试验场，属戈壁大漠的边沿地带，是杂草丛生、野狼出没的地方，但是慢慢地有了医院、学校、招待所、办公楼、宿舍、礼堂、广场、军人服务社、汽车修理厂、军用机场等。笔直的马路两旁，白杨树高大挺拔，"二十一基地"司令部、政治部、后勤部机关皆在此。这里一直以来就是一片神奇的土地。中国历史上曾经拥有辉煌灿烂文化的楼兰古城，就在"二十一基地"的南面不远处。

1958 年 8 月 6 日，中央军委任命驻旅大要塞三兵团参谋长张蕴钰为核试验部队主任。翌年 1 月下旬，张蕴钰陪同总参谋部装备计划部部长万毅、工程兵国防工程设计院院长唐凯，由北京飞往新疆，在确定的罗布泊场区进行空中视察，国防部批准了在此建核试验场的报告，并通知新疆军区 0673 部队进驻。部队在和硕县乌什塔拉停下来。乌什塔拉以南有一块白地，这里虽无可耕地、无草木，但地下水资源十分丰富；东距试验场区 250 公里，北靠天山，南不足 20 公里处有博斯腾湖；这里长有马兰草，盛开马兰花，当地叫马兰滩，马兰因此得名。

自此，"二十一基地"开始蜚声世界。

1957 年 10 月，中国与苏联签订了《国防新技术协定》。1958 年，负责核武器研制的第二机械工业部第九研究所（简称"九所"）在京正式成立，开始了"两弹"研制工作。1964年2月，它发展成为负责核武器研制、生产整个过程的研究设计院——九院（中国工程物理研究院的前身）。但是中国的核武器研制刚起步不到两年，1959年6月，苏联方面突然致函中共中央，拒绝向中国提供原子弹的数学模型和技术资料，随后照会中国政府：决定撤走在华的核工业系统的全部专家，停止供应一切技术设备和资料。苏联单方面撕毁协定，给刚刚起步的中国核工业带来了意想不到的困难。中国的"一穷二白"立刻暴露出来，"白"就是没实力，在原子弹研制上没有专家，至少是没有现成的专家。无奈之下，钱学森向钱三强推荐了郭永怀，郭永怀临危受命，与王淦昌、彭桓武一起，组成中国核武器研究最初的三驾马车。然而，他们也都不是原子弹专家（正如冯康也不是这方面专家）。王淦昌是理论核物理学家，彭桓武也是，各自在自己的领域取得过杰出成就。

郭永怀是空气动力学家、应用数学家，早年留学美国加州理工学院，师从素有"航天之父"之称的流体力学大师冯·卡门，研习空气动力学。就是在这里郭永怀遇到了之后影响他一生的知己兼师兄——钱学森。1945年，郭永怀的博士论文选择的是当时最有挑战性的"跨声速流动研究"，并在同年一举拿到了博士学位。钱学森对这位师弟赞叹不已，曾说："郭永怀博士论文找了一个谁也不想沾边的题目，但他孜孜不倦地干，得到的结果出人意料。"随后冯·卡门的大弟子威廉姆·西尔斯在康奈尔大学创办航空研究院，导师冯·卡门对西尔斯说："你就让郭永怀跟你一块到那去吧。"于是郭永怀成了康奈尔大学航空研究院的创建者之一。

那段经历十分有趣，当时郭永怀没有车，也不会开车，去康奈尔大学看来要一路折腾了。这时候钱学森一拍胸脯，他正好要去麻省理工学院任教，便说："我有车，送你一程嘛！"于是钱学森就开着车，两个年轻人一路穿越大半个美国，自西向东，从阳光加州一路开到波士顿。真可谓意气风发！

郭永怀在国外16年的留学生涯中，一刻也没有忘记祖国，他拒绝加入美国国籍。1956年，正值他在康奈尔大学晋升为正教授、成果累累的黄金时期。他在已经归国的师兄钱学森的召唤下，毫不犹豫地放弃了优厚的待遇和工作环境，毅然决定回国。在康奈尔大学朋友举行的篝火欢送会上，他把多年的书稿付之一炬。他和夫人李佩于1956年11月回到祖国，实现了多年的夙愿。回国后，他任中国科学院力学研究所研究员、副所长，1957年任中国力学学会副理事长，同年当选为中国科学院学部委员。1958年，中国科大创建了化学物理系，郭永怀担任首任系主任。

现在中国面临着困境：苏联专家撤走了，资料也基本没留下。怎么办？自己干！尽管郭永怀学的是空气动力学，没有摸过原子弹，但钱学森向钱三强强烈推荐郭永怀。1960年5月，郭永怀调任第二机械工业部第九研究所（1964年2月改为第九研究院）副所长。在中国原子弹、氢弹的研制工作中，领导和组织了爆炸力学、高压物态方程、空气动力学、结构力学和武器环境实验科学等研究工作，解决了一系列重大问题。接受原子弹任务时，九所一无图纸、二无资料，但是郭永怀义无反顾，与王淦昌、彭桓武白手起家地干起来。

九所交给计算所三室的任务中有大量计算任务，如原子弹圆爆的冲击波、流场结构等。尽管各组抽人成立了绝密的"123"特别任务组，国家仅有的两台计算机——103机、104机也放在了计算所，但有关原子弹，特别是具体到原子弹的圆爆冲击波，以及与导弹相关的复杂流体，大家都没接触过，没有图纸，没有现成资料。其实，计算所成立不过4年，所里大部分是年轻人，而"123"任务组多数人也像"二十一基地"来的士兵一样，也不过刚从大学毕业一两年，大家只能在探索中前进。

[17] 两弹幕后英雄

敖超,"123"任务组成员,1958年毕业于北京大学数学力学系,比黄鸿慈低一届。那几年北大数学力学系学生质量特别好。敖超的同学中出了王选、张恭庆等6名中国科学院院士;而黄鸿慈那届同学中出了姜伯驹、石青云等5名院士,王选的夫人陈堃銶也是他们的同学。

毕业不过两年,敖超在"123"任务组已是一个分小组的组长。当时计算所大部分人是研究计算机的,所里的计算机有一间房子那么大,103机与104机占了两间房子,但其计算能力只有1000多个单元,1000多个字节。许多年后敖超还记得那两间机房,那硕大的机身,无数的纸孔。

"现在一部手机内存就是4 GB,4 GB是多少呢?4 GB相当于4乘以2的30次方字节。那大房子是4 GB的几百万分之一。"敖超回忆说,"要计算原子弹爆炸冲击波仍很困难。那时七机部、二机部交了一些课题到我们这儿来。就成立了一个第三组,第三组当时叫作保密组。三组还分两个小组,一个小组是搞导弹,搞概率统计的,就是刘慎权、王汝权他们那个组,还有一个小组就是我们这个组,我们这个组是针对二机部这个任务设置的。二机部的任务主要是研究原子弹爆炸以后冲击波的破坏力。同时也要研究防御措施,建筑物要造得多坚固才能防这个冲击波。这是个空气动力学的问题,当时就找了一些人,成立了一个代号'123'的任务组。那个时候我也是毕业两年不到,来自数学力学系,和这个东西有点关系,所以我就被选中去完成这个任务。虽然有了电子管计算机,可以取代手摇计算机,可是没有方法也不行。当时我们也没接触过原子弹,都大学毕业不久,早点的有1955年毕业的,比我早3年,还有1956年的,而且大部分是学计算机的,对原子弹根本没概念。冯康是指导老师,从数学所调过来后,他也没干过,但是他的学术水平比较高,外语比较好,他看的东西多,见识广,这个就很起作用。比如,刚接手任务的时候需要学习,他就告诉我们看哪些东西,但没告诉我们到哪儿去找。尤其是我们那一代年轻人不像现在的年轻人,那时我们在大学外语学得都不太好,外语水平普遍比较差,也不重视,所以要想看外国原文资料是比较费劲的。而且,说实话,也不知道外国杂志里有些什么资料。"

三组负责与国防相关的计算问题,包括航空航天遇到的激波计算等,除了刘慎权、王汝权,还有1963年毕业于清华大学工程力学数学系的朱幼兰、苏联留学回来的邬华谟。

"冯康老师自己先查了,然后组织讨论班,让我们学习与讨论。讨论班上他指导我们看文章资料,哪些文章资料你去看看,哪些文章资料他去看看，谁去看这个，谁去看那个，真是白手起家。那时要是没他抓这件事，谁也抓不起来，我这个小组长是不行的，因为我也什么都不知道。他视野广，不仅是数学家，还懂物理、机械，又会英语、俄语、法语、德语。他因为外语好，看得快，而且不一定要从头到尾看，了解重要性即可，浏览一下要点就可以了——知道这个说的是什么，哪个地方有特色，哪个有些新东西，创造性在什么地方。讨论班上做报告，然后分头交给我们跟进。"

与此同时，作为三室的全面业务指导，冯康深入各个组带领大家完成实际计算任务，同时开展理论研究工作，不仅完成了一大批国家急需解决的重大任务，还写出了许多篇高质量、高水平的学术论文。那段时间国防任务中的"无粘超音速绕流数值计算和初边值问题差分方法研究"工作，在理论和实践上都有所突破，获得了许多成果，为国防部门计算出了大量有用数据，特别是为中国早期的航空航天事业做出了贡献，这一领域的数值计算问题是当时国际上公认的难题。而在原子能反应堆的物理计算中需要求解玻尔兹曼方程，这个问题的难度也很大。冯康颇具慧眼地提出从积分守恒原理出发建立差分方程，具体指导"123"任务组推导出解决玻尔兹曼方程的一系列守恒格式，在制造原子弹的实际计算中获得了成功，并且在理论分析方面也做了一些研究，为我国早期的原子弹试制和第一艘核潜艇上核反应堆的设计提供了可靠数据。此外，冯康还直接负责一项解不定常冲击波问题计算方法的研究课题，指导课题组通过实际计算研究总结出各类方法的特点和适应的情况，以及如何选取计算参数，从实践和理论两个方面初步探索出解决此类问题的途径和方法。

"像冲击波问题，冯康老师当时就给我们讲可以变成一个流体力学问题，"敖超回忆说，"而流体力学可以用偏微分方程处理。偏微分方程，是数理方程的一部分。它有双曲型、椭圆型、抛物型三类，冲击波这个问题主要是双曲型的，爆炸波最后形成的是一个数学问题。要想让计算机解决这一计算问题，就必须把它代数化。你不代数化，直接把微分方程放在计算机里，计算机就不认识。代数化最终化成加减乘除，计算机只会做加减乘除，其他的都不会，除了加减乘除，还有一个逻辑判断，是、否、往哪里去，这些逻辑操作计算机也有。因为直接求微分它搞不定，所以解微分方程就要把它差分化，差分化就是把它化成代数方程，用差分代替微分。微分的对象是一个连续曲线，导数实际上就是提高速度或降低速度，而用相近两点的割线代替导数，就是差分。差分可以将微分方程化成代数方程。这是一种通用的、直观的思路。除了差分方程方法，还有物理模拟方法、特征线方法。这个爆炸波的问题是很大的波浪，会产生一个局部的突然的间断，而如何刻画这个间断是计算的关键。由于间断距离很短，计算参量得很小才行。这个间断怎么处理是一个很大的难点，差分法会使这个间断比较光滑，特征线方法对间断比较好一些，基本上是半解析方法。但用程序计算，差分法简单易行，而特征线方法编程就比较困难。"

前面提到过"123"任务组下面又分三个小组，分别是流体力学、空气动力学与冲击波数值计算。冲击波数值计算，是核武器研究的重点之一，其研究和20世纪多位超重量级的数学家有关系：冯·诺依曼、柯朗、弗里德里希斯、拉克斯。这些人的研究大都是在美国洛斯阿拉莫斯国家实验室的支持下进行的，也是秘而不宣多年的"秘密"研究。20世纪40年代，柯朗和弗里德里希斯领导的小组研究空气动力学、水下爆破和喷气火箭理论，其算法可以数值模拟超音速飞机带来的激波和声爆问题，利用"柯朗—弗里德里希斯—勒维的有限差分法"，可以求出相关的双曲型偏微分方程的数值解。

当然，当时美国的很多研究都是严格保密的。

"讨论班上冯康把计算冲击波的总思路讲了，又讲了总思路里大致有的几个重点，他都告诉我们了，报告里面都讲了，然后指导我们看哪方面的期刊。我们外语差，但看还是可以看的，就是不像他看得那么快。尤其像我，书中的前言、论述，比较难看，到公式就好多了。那几年就是跟他搞不同的方法，进行编程计算，找模型，找它的解、具体的参数……有篇文章，讲的是球形爆炸的一个解析解，可以作为我们试算的一个例子。如果用我们自己的程序计算完了，就得到了一个近似解，通过与解析解对照，就可以知道我们得到的近似解合不合理，会不会驴唇不对马嘴。合理的话就再看看解的精度如何。这篇文章非常重要，但这篇文章是德文的，我们没一个人懂德文。冯康花了不少时间研读这篇文章，然后给我们讲这篇文章，讲完了，我们把它的结果记下来，以后我们算问题，这个例子就常被我们采用了。"

1948年，柯朗和弗里德里希斯合作出版了《超音速流和激波》（*Supersonic Flow and Shock Waves*），这是一本经典性的理论著作，但是20世纪50年代末的三室应该没有人真正掌握这本书的知识。这本书之后，刻画激波的守恒律方程成为20世纪50年代兴起的一个研究领域，此类型方程的重要特征之一就是：即使初始数据是充分光滑的，守恒律的解在有限时刻也可能会发生间断，形成激波、切向间断和稀疏波。计算激波的数值方法主要有两类：激波装配法、激波捕捉法。前者需要先"侦察"可能产生的激波，将激波作为非连续的边界面来处理，在光滑区域内数值求解控制方程，能提供最准确的激波结果；后者不需事先考虑激波的位置，不将激波分出来作为边界处理，易于实现。激波捕捉法逐渐成为大家普遍接受的方法，其代表工作是冯·诺依曼等人首创的人工粘性法，拉克斯等人提出的拉克斯—弗里德里希斯格式、拉克斯—温德罗夫格式，以及古德诺夫提出的迎风格式。

一辈子对冯·诺依曼推崇备至的拉克斯前几年接受采访时充满深情地回忆说："守恒律是理解冲击波的关键。我于1945年在部队的时候开始接触冲击波。当时我被派去洛斯阿拉莫斯参与原子弹计划。原子弹不能通过试错的办法来制造，所以算出炸弹引爆时产生的流场极其重要。冯·诺依曼意识到这种计算非依赖计算机不可，这是他支持计算机研发的最初动力。当然他也意识到了计算机在设计原子武器外的其他方面的重要性。冯·诺依曼在数值计算中把冲击波看作流体的一部分，而非其边界，这是一个美妙而原创的想法。这样处理带有冲击波的流场既切中要害又简单易行。许多人不知道，冯·诺依曼不仅仅是20世纪著名的理论数学家，而且是一位顶尖的应用数学家。"[1]

古德诺夫是迎风类型格式的开山鼻祖。20世纪计算流体力学的数值方法基本上是沿着他开创的古德诺夫类型格式的方向发展的。关于他发明这个伟大的方法，还有一个有趣的传说。1953年，苏联的第一台计算机"Strela"面世，上级希望拿几个格式来算一算当时最关心的激波问题。当时一个叫朱可夫的人就弄出了一个算法，这个算法和著名的拉克斯算法很相似。可惜朱可夫数学不好，他是猜出来的，有些假设不能自圆其说。为了完善这个格式，当时还是研究生的古德诺夫就参与研究。结果他居然借此搞出了一个传世的格式。后来古德诺夫回忆道："幸好当时没有看到拉克斯的文章，要是看了，压根就不会有古德诺夫格式了。"

这么重大的贡献得发文章昭示天下才行，搞科研也不能锦衣夜行啊。1954年获得博士学位后，古德诺夫就四处投稿。他先投了《应用数学和力学》，居然被拒了，理由是古德诺夫的工作是纯粹数学研究，和真正的力学研究相关性不大。古德诺夫一想也对，于是改投一本纯粹数学杂志。谁知道，没过多久又被退稿了，这次的理由是，这是一个纯力学的研究，没有太多数学内容。好事多磨，之后又投了几家还是不中，文章像皮球一样被踢来踢去。走投无路的古德诺夫只好"走后门"，求助自己的导师、时任莫斯科大学校长的彼得罗夫斯基，正好导师是《莫斯科数学会会刊》（*Matematicheskii Sbornik*）的编辑，终于在1959年，毕业5年后把文章

---

[1] 龙旸靖，刘云朋，林开亮，等．十个最美的数学公式[J]．中国数学会通讯，2017（1）．

发表了。主要是因为这个工作，古德诺夫获得了列宁奖，成为苏联科学院院士。

由上面可以看到，"123"任务组成员的担子是很重的。当时国际上都是像冯·诺依曼、拉克斯、弗里德里希斯、古德诺夫这样的顶级的应用数学家参与相关研究。这一方面说明这个研究方向非常重要，另一方面说明该问题非常有挑战性。当时的三室，大多数年轻人从大学毕业没多久，都没有受过研究生训练，再加上学术信息的封闭，要真正理解这些问题，克服实质性的难题，还是非常难的。

"实际上我在来计算所以前就见过冯康。在北大的时候，有一次，有两个苏联专家到北大来讲课，那次讲课在小饭厅，数学系举办的。我们当时在北大是毕业班，都去听课。在听苏联专家讲课的时候，讲到那些太专业的地方，翻译翻不下去了，结结巴巴。突然就有一个人跳出来。因为这个人形象非常特殊，印象很深就记住了。这个人翻译得很好，后面就是他翻译了。后来我到计算所工作，一看，那个跳出来的翻译就是冯先生！"

"那时候，只有苏联和美国有原子弹爆炸。我们通过几年工作，从原来的一穷二白，后来也有些接近了，慢慢地，美苏讨论的问题、考虑的问题，跟我们当时考虑的问题，基本上是一样了，大家关心的都是那些事情，等于同步了，这是非常不容易的事。原子弹爆炸成功后，我们也得到一些表彰，当时还颁发了一个奖状，表彰我们这个组在这方面做的工作，开了个庆功会。至于导弹方面、卫星方面，还有潜艇，我们都参与了部分计算。"

敖超感慨地说："冯康懂得太多了，他真的是个奇才，他的视野太开阔了……"

1999年9月18日，中共中央、国务院及中央军委制作了"两弹一星"功勋奖章，授予23位为研制"两弹一星"做出突出贡献的科技专家，于敏、王淦昌等一批神秘的幕后人物走上台前，遗憾的是，邓稼先、郭永怀等科学家已经去世，再也不可能上台领奖了。

人民大会堂的这一世纪表彰大会，是由中国科学院原党组书记、副院长张劲夫写的《请历史记住他们——关于中国科学院与"两弹一星"的回忆》一文引发的。1999年5月5日，新华社将张劲夫的文章以通稿的形式发表。次日，《人民日报》和《光明日报》等报纸都在显要位置刊登了这篇文章。文章中专门提到，"还有一些科学家在不同领域做出了贡献，有的还是很重要的贡献。例如……科学院的数学家冯康和关肇直"，报纸也配发了冯康的照片。

在中国科学院"两弹一星"纪念馆的"名人殿堂"里，是这样概括冯康的科学贡献的："指导战略导弹与卫星气动力与气动热数值计算方法、中子输运方程的计算理论与计算方法、多层介质中冲击波扰动问题、地下核爆炸数值模拟等研究。"

冯康虽然没有得到"两弹一星"功勋奖章，但他确实是幕后的英雄。那只是冯康广阔而清晰的"数学视野"的一部分。

第五章 绝境与锋芒

[18] 生死之间

然而，1968年，也就是原子弹爆炸成功4年后，冯康在故乡的视野却是模糊的，他对一切视而不见，甚至对危险也视而不见，他太关注内心了，内心有太多东西了！因此，当一只大手出现在他背后，把他一把提起时，他的内心瞬间仿佛有蘑菇云升起。那一刻，他不再是他自己，成了另一种事物。

从南京来到苏州后，冯康感到特别伤心。苏州一直是冯康魂牵梦萦的地方，是他向往的温暖、可以栖息的地方。来到苏州后，他几乎走遍了大街小巷。故园的气息依旧，故乡的记忆犹存，可是父母已经西去天国，手足也是天各一方，家没有了，苏州还是那个可以给他安全与祥和的天堂吗？

冯康深陷于回忆之中，原子弹的、有限元的、卫星的、潜艇的，以及童年求学岁月的……他背手走路，戴着深度近视眼镜，胡子拉碴，驼背，后背总像背座山。头发很长，散在眼镜上，如果不是皮筋，眼镜根本挂不住。头埋得很低，有时就像是在读马路上的文字——如果马路上有文字的话。从另一个角度看，事实上也是抗议，或嘲讽，像是跟谁过不去，故意的，甚至像视死如归。他的样子与其说是隐蔽的，不如说很容易被发现，别人一眼就能从人群中将其认出来。没人知道他是干什么的，谁也想不到这个已近拾荒者的人是一个世界级的数学家，为这个国家也为世界科学做出过杰出贡献。

他走遍了苏州的大街小巷，常常仿佛走在旧时光里。尽管故乡已没有亲人，但任何一个熟悉的建筑都像是旧时的家，都充满着抒情的忧伤的回忆。

1967年，一直与冯康同住北京的母亲严素卿去世了，这令冯康悲伤不已。

母亲为四兄妹操劳了一生，最终也没能过上幸福安宁的生活。临终前，母亲还是和冯康居住在中关村一个狭小的两居室的单元里，冯康觉得愧对母亲。

忧伤是此时的映照，回忆是美好的。没有什么不是双重的。职业习惯也同时在。白天就那么不顾一切地走着，时间飞快过去，每当天黑才有了现实感。现实的问题是他得找地方住，旅馆客店不能住，要介绍信、单位证明，他拿不出。晚上只能住在浴池，也不是所有浴池都能住，有时12点会被统统赶出。他就真的如一个拾荒者露宿街头，某棵树下，某个冷僻的墙角，幸好时值南方的夏季。他不能去车站，特别是火车站。他走了半个中国，很少在火车站停留，下了车总是迅速再上车，不管去哪一个方向。

都说夜晚是回忆的时候，冯康正相反，夜晚没有回忆，反而白天生活在另一个时空。

这个时候想想悲壮的故事也会让心情好点。他想起了老师庞特里亚金谈过的一个悲壮的故事。

洛克林是庞特里亚金最欣赏的学生，他的舅舅科尔涅伊·楚科夫斯基是一个著名的作家，其作品《蟑螂怪兽》《鳄鱼》《电话》等为几代苏联儿童所熟知。洛克林1935年进入莫斯科大学，读了大学和研究生，1941年自愿参加卫国战争，但在战争中不幸受伤被德军俘虏，在德国战俘营里被关了4年。后来战俘营被美军解救，那时二战还未结束，洛克林回到苏联军队继续参加战斗。有一次他押送一名德国军官去上级机关，遇到一个喝醉的克格勃特工，那个克格勃要把德国军官就地枪决，原则性很强的洛克林坚决反对，此事严重得罪了强势的克格勃。所幸洛克林的上级帮了他的忙，把他调离到另外一支部队去了。但最终洛克林和其他由盟军从德国战俘营解救出来的苏军士兵一样，都被送到了苏联北部的劳改营。

几个月后，一个从劳改营里放出来的人到莫斯科告诉庞特里亚金，洛克林还活着，但已经饿得奄奄一息。庞特里亚金在柯尔莫哥洛夫和其他数学家的帮助下，写信给克格勃头子贝利亚，请求立即释放洛克林，原因是洛克林是他那代人中最有天赋的数学家。贝利亚发了道命令释放了洛克林，当局发给洛克林一支冲锋枪让他继续当兵，他在劳改营里从劳改犯变成了警卫。庞特里亚金和其他数学家再次写信给贝利亚，终于使得洛克林回到莫斯科。但洛克林从劳改营回来后没有莫斯科的"户口"了，只能住在离莫斯科 100 多公里远的户口所在地。当时庞特里亚金已经全盲，被允许在莫斯科斯捷克洛夫研究所雇一个秘书。他把这个位子给了洛克林，洛克林后来成了苏联在拓扑学和动力系统领域的顶尖数学家之一。

比起九死一生的洛克林，冯康感到自己似乎是"幸运"的。但是难以指望有像庞特里亚金这样的贵人对自己出手相助了。

他来到苏州中学，一次次来，这是苏州他最熟悉的地方，从大哥冯焕开始，他们兄妹四人都在这所学校度过少年时光，时光在这儿像有鸽子一样总是发着呼哨，一群群反复地回响。他记得自己在瓦砾中阅读英文版《世界伟大的中篇小说集》的情景，记得日本人炸图书馆，书散落得到处都是，他却没有恐惧，只是希望有书读。从来就是这么单纯。直到那么复杂的原子弹爆炸成功，他也依然如年少时在瓦砾堆中阅读那样地单纯。

他不敢进去，只是远远看着，泪流满面。摘掉眼镜擦眼泪，眼镜几乎戴不上。他不知在哭什么，哭他的单纯？哭宁静的瓦砾堆阅读时光？还是哭弟弟冯端？他们兄弟俩最熟了。哭自己不愿与弟弟一起上学，嫌弟弟太小？一切都太沧桑了，看看自己现在的样子，怎么会是这样的？

悲怆中的冯康又想到了死，他口袋里装着安眠药、绳索和刀。其实，他也不知道该以怎样的方式来结束自己的生命，他只知道长眠故乡是他能够做出的唯一的凄美抉择……

实际上，自杀的故事也有特别"曲折的"，但最后由于"美妙的"原因而停止的。下面这个故事就是其中一例。

有一个叫沃尔夫凯勒的人，大学学过数学，痴狂地迷恋一个漂亮的女孩子，令他沮丧的是他被无数次地拒绝。感到无所依靠，于是定下了自杀的日子，决定在午夜钟声响起的时候告别这个世界，再也不理会尘世间的事。沃尔夫凯勒在剩下的日子里依然努力地工作，当然不是数学，而是一些商业的东西，最后一天，他写了遗嘱，并且给他重要的亲朋好友写了告别信。由于他的效率比较高，在午夜之前，他就搞定了所有的事情，剩下的几个小时，他走进图书馆随便翻起了数学书。很快，他被一篇解释柯西等前辈做费马大定理为什么不成功的论文吸引住了。沃尔夫凯勒竟然发现了论文的一个错误，一直到黎明的时候，他做出了修正。他自己狂傲不已，于是一切烦恼皆成烟云……这样他重新立了遗嘱，把财产的大部分用于设立一个奖项，奖给第一个证明费马大定理的人 10 万马克（当时价值 100 万英镑）——这就是沃尔夫凯勒奖的来历。沃尔夫凯勒去世近百年后，费马大定理被英国人怀尔斯证明了，他也因此拿到了沃尔夫凯勒奖金。

这一天，冯康来到寒山寺，那是他儿时与哥哥、弟弟最爱嬉戏玩耍的地方。他想再次听听那空旷、悠远的钟声，那将成为他告别人世最动听的挽歌……他再次想到了自杀。

正当冯康徘徊在生与死的边缘时，计算所有两位工作人员正好出差路过苏州，他们饭后散步时无意中看到远处的一个人很像冯康。因为隐约之中觉得北京有关方面在通缉冯康，所以他们立即和北京的计算所联系并得到证实。

这时，抓住冯康的大手甚至不及他回头，便大喝道："我们找了你好久了，就知道你会到这儿来！"

他甚至不再回头，身体完全软了，被押上了汽车。和沃尔夫凯勒相比，他的"被停止"一点也不"美妙"。

人生总是充满了各种偶然与巧合，也正是这些偶然与巧合，让人生充满了不确定性。尽管多年后冯康感谢一把抓住他的人，阻止了他自杀，"救了他一命"，但当时他感觉自己破碎了。如同内心的原子弹爆炸，肉体还在，但已无主体。

如果没有这次戏剧性的相遇，冯康的人生故事恐怕就在苏州结束了。

(19) 刘家峡

天蓝蓝，水蓝蓝

尘世间，人向往

虎达呀，这是什么个地方

在漫长的回京途中，在某个忘我的时刻，冯康的脑海中不由自主地响起那些儿时母亲背诵的但不知何意的古诗："黄河远上白云间，一片孤城万仞山。羌笛何须怨杨柳，春风不度玉门关"；"黄河之水天上来，奔流到海不复回"；"黄河东流流九折，沙场埋恨何时绝"；"蔡琰没去造胡笳，苏武归来持汉节"……黄河九曲，黄水东流，天上的黄河，到了刘家峡却来了个大回转，又向西流去……刘家峡，有限元，冯康一生注定与黄河有着不解之缘，就连一向东流的黄河忽又向西去也。就像冯康的一生，九曲冯康，冯康九曲。

魂兮归来，现在让我们的"九曲冯康"再回望一下他破碎脑海中的刘家峡吧。

刘家峡水电站，记录着水电建设者包括冯康的智慧、汗水、心血。刘家峡水电站是中国首座百万千瓦级水电站，1958年9月开工兴建，1961年停工，1964年复工。1952年，北京水力发电建设总局和黄河水利委员会组成贵（德）宁（夏）联合查勘队，对黄河龙羊峡至青铜峡河段进行查勘，初步拟定在刘家峡筑坝。1954年，有关方面再次组成由相关部门负责人和苏联专家共120余人参加的黄河查勘团，对黄河干支流进行了大规模的查勘，自下而上，直至刘家峡坝址。在选址座谈会上，苏联专家认为，兰州附近能满足综合开发任务的最好坝址是刘家峡。

1954年黄委会编制的《黄河技术报告》，确定刘家峡水电站工程为第一期开发重点工程之一，并拟定刘家峡水电站枢纽正常高水位1728米，实际建成高程为1735米，规划总库容49亿立方米，实际建成为57亿立方米，设计最大坝高124米，实际建成147米。电站规划装机10台，实际装机5台，设计总装机100万千瓦，实际装机122.5万千瓦。刘家峡水电站枢纽的任务是发电、灌溉和防洪。1955年7月，第一届全国人民代表大会第二次会议通过《关于根治黄河水害和开发黄河水利的综合规划的决议》，要求采取措施，完成刘家峡水电站工程的勘测、设计工作，保证工程及时施工。

1958年初，水电部成立刘家峡水力发电工程局，承担刘家峡和盐锅峡两个水电站的施工任务，拟定了"两峡同上马，重点刘家峡，盐锅峡先行，八盘峡后跟"的施工方案。刘家峡水电站工程于1958年9月27日正式动工兴建，当时是关乎国家命运的156个重点项目之一。刘家峡水电站施工条件异常艰苦。当时的重点任务是打导流洞，这个导流洞断面13米×13.5

米，总长度1021米，工程局组织了两个开挖队对着打，任务重、工期紧，工人们克服了重重困难，经过15个月的艰苦奋战，终于打通了导流洞。

1966年汛期前建成了上游围堰，从而使电站基坑具备常年施工条件。1966年4月20日，刘家峡水电站拦河大坝第一块混凝土开盘浇筑。

刘家峡水库蓄水容量达57亿立方米，水域面积达130多平方公里，呈西南—东北向延伸，长达54公里。拦河大坝高达147米，长840米，大坝下方是发电站厂房，在地下大厅排列着5台大型发电机组，总装机容量为122.5万千瓦，达到年发电量55.8亿千瓦时的规模。刘家峡水电站把陕西、甘肃、青海三省的电网联结在一起。水库地处高原峡谷，被誉为"高原明珠"。

刘家峡水电站既是中国第一座百万千瓦级的大型水电站，也是中国第一个自主设计、施工、建造的坝高超过百米的大型混凝土坝。然而，人们并不知道这个伟大的工程在建设中并非一帆风顺，50年代末至60年代初，刘家峡大坝遇到了一系列设计计算和建设方面的难题，造成大坝工程进展缓慢。我们前面提到一度停工，技术上的困难就是重要原因之一。

中国科学院计算技术研究所三室二组的主要任务之一就是承担水坝工程的计算问题。

三室计算水坝的第一人是年轻人李旺尧，他也是从北大毕业来到计算所的，是黄鸿慈的大学同学。1959年黄鸿慈从蒙特卡罗研究组转到二组，当时李旺尧要"下放"劳动，所以把他正在计算的湖南镇大头坝资料转给了黄鸿慈。李旺尧当时用的数学模型是应力函数，要解四阶方程，这明显比求解二阶的拉梅方程精度低，但在储存方面有优势。在数学中，拉梅方程是描述应力的二阶微分方程，而应力函数到应力是二阶导数，由位移到应力是一阶导数。当时国产的 104 机存储量少，由于应力函数方程只求一个未知函数，用应力方程需要两倍的存储量，所以为了减少存储量，就采用了四阶的应力函数模型。黄鸿慈说："李旺尧的程序写得很好，已经懂得用通用程序去解决不同形状的水坝，从而同一程序可以计算许多不同形状的水坝。我在此基础上编了一个水坝标准程序，参与这一工作的有蔡中熊、詹重禧。这个工作完成后，我于 1961 年代表三室在全所做了报告。"

黄鸿慈、蔡中熊、詹重禧一起编写了两个计算标准程序，其十三点差分格式应力函数计算程序质量非常高，已达到指令级程序的最优化。就是这两个重要程序为后来二组其他同事进行水坝计算奠定了坚实基础。

60 年代初，中国科学院对各科研单位提出了系统研究的要求，即以完成国家重大需求任务为目标，开展系统研究，解决国家发展中遇到的科学问题，提出"以任务带学科"。对于黄鸿慈在三室的工作中显示出的理论能力与实践经验，冯康非常欣赏，不久就将黄鸿慈从二组调到了自己倡导成立的第七研究组，即理论组，出任组长。

接替黄鸿慈二组工作的是 1962 年从西北工业大学分配来的崔俊芝。崔俊芝 1938 年出生于河南省新乡市，从西北工业大学毕业，长期从事计算力学和软件工程方法的研究和应用工作。早年在冯康指导下从事有限元方法及其工程应用研究，1991 年至 1994 年任中国科学院计算中心主任，1995 年当选中国工程院院士。

1963年早春二月，依然寒风凛冽。冒着漫漫黄沙，刘家峡大坝设计组的副组长朱昭钧工程师来到中国科学院，找到了计算所三室，请求帮助解决刘家峡大坝的应力分析问题。冯康接待了朱昭钧，认真听了情况，然后找来崔俊芝，把任务交给了他。崔俊芝认真听取了朱昭钧介绍的工地上采用的"弓冠量分配计算方法"，并做了详细笔记。送走朱昭钧后不久，崔俊芝冒着中国西部的风沙，来到刘家峡进行了实地考察。刚刚毕业一年的崔俊芝，就这样担负起了计算刘家峡水坝这个大工程的任务。

　　对实际的大坝进行计算时，二组的相关人员观察到计算结果不理想。经过分析，发现得不到满意结果的主要原因是全部采用了正方形网格，因为网格线与边界不重叠，边界需要用插值处理，因而影响精度。也就是说，内节点用差分逼近，边界节点使用外推插值处理，这种不统一、不协调的处理方式是造成计算结果不理想的原因。实际上，这么做还是因为储存量的问题。正方形网格，内点的离散格式一致，可以节省存储；而采用我们今天流行的不等距网格，存储量要大许多倍。当时的103、104计算机全部数据与程序加起来不能超过2048个内存单元，如果用不等距网格就只能采用很少的网格点。

　　那是一个很艰苦的程序设计年代，庞然大物一般的计算机，内存却少得可怜。现在一部手机的运行内存通常是12 GB，达12亿多字节，而当时的103、104计算机仅是12 GB的千万分之一。另外，因为当时编程序都用机器原码，输入都用纸带穿孔。没有汇编，没有C，更没有C++。当时的编程并不是今天这样"写"程序，也不是在自己家里或是办公桌上就可以做的，而是要用机器语言来编，要到安保极强的机房里换上白大褂去工作！也就是说，编出程序除了写在纸上，更重要的是穿成纸带，即在纸带上打出一系列的小孔（修改程序就是给纸孔打补丁）。程序员需要先将计算机的指令换算成二进制数字，然后把二进制数字组成这些小孔，每个小孔代表一个信号；数十个小孔构成一条指令，驱使计算机做一个动作。

刘家峡水电站是中国前所未有的大型水电站，以前的小水电站建设经验用不上。正当大家对刘家峡水坝计算问题一筹莫展的时候，冯康在计算所的一次学术报告上重点讲述了一篇文章，为年轻学者指出了崭新的研究方向。

冯康提到的是普拉格和辛格于1947年发表在美国《应用数学季刊》上的一篇文章[1]，对计算水坝很有启发。辛格（1897—1995）曾在力学方面做过很多杰出的工作，1943年当选英国皇家学会院士，曾在多伦多大学指导过郭永怀、钱伟长和林家翘。辛格的二女儿凯瑟琳·莫拉韦茨是美国国家科学院院士，曾任美国数学学会会长、纽约大学柯朗数学科学研究所所长。辛格的叔父约翰·辛格是英国著名诗人，也是英国皇家学会院士。

更重要的是冯康推荐的一本书。黄鸿慈回忆道："我们在20世纪60年代计算水坝问题的时候，试图把波利亚的方法推广到四阶方程。1962年，我在为中国科大写计算方法教材时，冯先生从科学院图书馆借了一本原版书给我，是福赛思与沃索的《偏微分方程的差分方法》。这本书着重讲了三

---

[1] PRAGER W, SYNGE J L. Approximations in elasticity based on the concept of function space [J]. Quart. Appl. Math, 1947(5): 241-269.

类偏微分方程的数值方法，其中有一两页纸介绍波利亚的九点差分格式，它是基于变分方法，并采用了正方形网格及双线性插值。此方法非常有用，成为我们水坝计算的重要理论工具。"

冯康肯定读过福赛思与沃索的书，意识到了它的重要性。半个多世纪过去了，黄鸿慈提到这本书时，还是一脸的幸福。

前所未有的刘家峡水坝，前所未有的计算，事实上已不仅仅是三室二组的问题，在那一年已经上升为整个三室亟待解决的课题。在冯康的筹划部署下，二组的水坝计算组分成三个小组，从三个不同方向对水坝计算进行系统研究。

三个小组的划分为：二组副组长林宗楷带领一个小组，把大坝的基础砍掉，用应力函数的方法进行计算；二组组长魏道政带领一个小组，从平衡方程出发，把应力与应变关系代进拉梅方程进行计算，崔俊芝在这个小组；剩下的一个小组由蔡中熊带领，王荩贤在这个小组，从变分原理出发，直接用位移差商代替位移导数进行计算。

三个小组像交响乐或史诗，要定期交流、排演，向冯康汇报，冯康如冯·卡拉扬一样，指挥着所有的配器、音调。

在计算工作如火如荼展开的时候，二组组长魏道政突发急性肝炎住进医院，崔俊芝只好带着由魏道政指导毕业设计的中国科大学生魏学玲继续进行计算，终于在1964年春天来临的时候算出了一组新的结果——采用积分守恒格式得出的计算结果。经过细致的应力校核，计算结果不仅在边界节点附近应力是基本平衡的，且在坝体内部任意局部区域上的应力也是基本平衡的。刘家峡水坝工程设计组对计算结果非常满意，二组的同事们再接再厉，采用标准化的信息格式，编制出了第一个平面应力分析标准程序（计算所的 104 计算机版本），还编制了平面应力分析标准程序（119 计算机版本）。

到了 1964 年的五一节，经过废寝忘食的攻关，刘家峡水坝计算的系统研究终于有了结果，用户对于大坝的应力分析完全满意。

至此冯康指挥下的"有限元"第一交响曲演奏大获成功，整个三室洋溢着激动的气氛。破解刘家峡大坝应力分析的计算难题是计算所三室对国家经济建设的一大贡献。

1966 年 10 月刘家峡大坝截流成功时，三室有关人员曾收到一份落款为"中共中央、国务院、中央军委、中央文化大革命小组"的明码电报，祝贺和表彰计算所三室在刘家峡水电工程建设中的突出贡献。

遗憾的是，受表彰的人员里没有冯康，他已经受到不公正对待了。命运有时就是如此让人费解！

(20) 美丽的有限元

如果事情到此，中国的"有限元"研究或许永远埋在刘家峡水电站的大坝中，世界也不会知道冯康。破解了刘家峡水坝实践的计算难题，本来人们以为事情已到此结束，事实上如果没有冯康，也的确就到此结束了。或许很多事本不该结束，但又都结束了。冯康在指导与总结刘家峡水坝计算的过程中，一如诗人灵感到来，看见了一整套求解偏微分方程边值问题的计算方法，一个用"变分原理进行差分计算"的方法。

有限元方法的第一步是对整个求解区域进行分解，使每个子区域都成为简单的部分（比如在平面区域是一个个小三角形，这些小三角形内部互不相交，但所有小三角形又充满了整个给定的区域）。这种简单剖分被称作有限元，而由它形成的数值方法则被称作有限元方法。

有限元方法的第二步就是对求解的偏微分方程利用冯康熟悉的广义函数，把偏微分方程转换为在"更弱"的函数空间（通常是分片多项式）上成立的积分形式。很多实际问题可以化为数学上的"泛函",然后就要找到最小化泛函,而达到这一目的就需要采用变分方法。有限元的核心思想就是假定未知函数在"更弱"的函数空间具有简单的表达式,比如在每个单元上都是一阶多项式,这样变分形式就会导致每个单元上简单的代数方程组。这些单元上的方程组,再通过边界条件和其他约束条件,就可以化为一个代数方程组。求解这个代数方程组就可以得到需要的数值近似。

有限元看起来如此简单,用起来又非常容易。那它为什么值得如此推崇?

因为在有限元方法诞生之前,计算机虽然可以进行快速计算,但实践中的工程项目、仿真活动却很难真正实现精确计算。比如,如何计算飞机在高速飞行时机身上的压力分布、流场分布?空气摩擦会产生热,而产生的热反过来又会影响飞机的材料属性,导致飞机在高速运动时有特定的材料需求。传统的数学方法是难以解决这类耦合问题的,计算机的出现使大量复杂的有限元计算得以实现,这就使得对飞机设计、火箭设计等问题的仿真变得可行。

在与西方隔绝的情况下,冯康和他的团队在实际计算中摸索出自己的方法;在远比西方落后的计算机条件下,做出了领先西方的工作,确实是令后人无比敬佩的。

黄鸿慈回忆说:"水坝计算开始时我们用差分法,边界上的逼近要用插值处理,这种区域内部与边界上不一致的处理降低了计算精度。福赛思与沃索的《偏微分方程的差分方法》主要是讲差分方法,但有一小节介绍数学家波利亚用变分原理及矩形双线性元（亦即一种有限元法）求拉普拉斯算子特征值问题。变分原理我已熟悉，但以往的从变分原理出发的李兹—伽辽金方法是用三角函数及多项式作测试函数，限制了其在一般区域上的应用，而利用这种分片插值方法则可适用于一般区域上的问题。这立即使我开阔了眼界，想到了将方法推广至重调和方程，这样一来也就解决了边界不用另行插值处理。重调和方程要求用 C^1 元，我相当巧妙地只用函数值作为参数，构造了一种矩形双二次元，写成文章登于内部刊物《电子计算机动态·计算数学专号》1963 年 2 月号。这是国内第一篇讨论数学有限元的文章，尽管当时没用有限元的名字。"这篇题为《关于重调和方程最小特征值的数值计算及界的估计》的论文从变分原理出发，提出了一种用于求解四阶偏微分方程边值问题的 C^1 元方法，其中涉及区域剖分、分片插值、单元积分逼近、整体刚度矩阵组装这些有限元方法里的关键概念。

"这段时间里，冯先生强调从守恒原理出发进行离散化。这方法和变分差分法有同样的优点，可统一处理内点和边界点，网格点可任意分布，可在关键部位加密。按照这思路，我做了用守恒原理对诺依曼边值问题的离散化。初步工作在西安的全国计算数学大会上报告。在会后进一步寻找格林公式、格林函数的差分形式，并用离散的傅立叶分析获得最优阶的误差估计。此文登于《应用数学与计算数学》1964 年第 2 期。后来冯先生推荐此文到《中国科学》（英文版）发表。此刊物当时刊登中国各个学术领域的代表性论文。但当我收到通知时已在'四清'工作队出发前的集训阶段，所以没有时间把文章翻译成英文。等到回来时'文革'已经开始，全部学术刊物停刊。"

1965 年 5 月，全国计算机会议在哈尔滨召开。当时黄鸿慈去了河南信阳，他没有机会听到冯康会议上的那场精彩的报告。后来的报告以论文的形式发表在 1965 年第 4 期的《应用数学与计算数学》上，题为《基于变分原理的差分格式》。根据张克明等三室领导的决定，黄鸿慈和崔俊芝两人需要把 1964 年 10 月在三室做的报告删改合并，发表于 1966 年第 1 期的同一个期刊上，题为《按位移解平面弹性问题的差分方法》，论文的合作者还有王荩贤、赵静芳、林宗楷。黄鸿慈、王荩贤、崔俊芝等人的文章给出了有限元方法的误差估计，这是文献可以查到的非常早的误差估计结果，但缺点是要在较强的解的光滑性假定下获得。

冯康提出了二阶椭圆型方程各类边值问题的系统性的离散化方法。[①] 为保证几何上的灵活适应性，他提出对求解区域可做适当的任意剖分，取相应的分片插值函数，它们形成一个有限维空间，是原问题的解空间（即索伯列夫广义函数空间）的子空间。基于变分原理，冯康把与原问题等价的在索伯列夫广义函数空间上的正定二次泛函极小问题化为有限维子空间上的二次函数的极小问题，正定性质得到严格保持。这样得到的离散形式叫作基于变分原理的差分格式，等价于西方人所说的"有限元方法"。

冯康的有限元文章是在现代数学框架下的工作，用的是 20 世纪的数学工具；黄鸿慈的有限元工作，有编程计算后的观察，有原创的思想和分

[①] 冯康. 基于变分原理的差分格式 [J]. 应用数学与计算数学, 1965, 2（4）: 237-261.

析结果，但还是在经典的泰勒展开框架下完成的，也就是说数学工具相对"落后"。

冯康曾用简单形象的比喻形容有限元方法："分整为零，裁弯取直，以简驭繁，化难为易。"他还形象地总结了有限元方法的巨大作用："求解微分方程的定解问题好像是大海捞针，成功的可能微乎其微；但有限元离散后，寻求近似解就好像是碗里捞针，显而易见容易多了。"

在 20 世纪 50 年代，新的计算方法不断产生，很多得益于计算机的发明。

计算机催生出一门伟大的学科——计算数学。那个时代，适合计算机特性、契合时代刚需的算法迟早会诞生。

第一篇蕴含有限元思想的论文出现在 1943 年，作者是著名数学家柯朗，文中描述了用三角形区域的多项式函数来求解扭转问题的近似解。由于当时计算机尚未出现，这篇论文并没有引起应有的注意。值得注意的是，即使像柯朗这样的大数学家的重要论文，由于发表过早、时机不对，也长时间没有引起重视，所以后面几篇有限元的开创性文章似乎并不知道柯朗的工作。

柯朗首篇有限元论文发表 11 年后，即 1954 年，英国伦敦大学帝国理工学院教授阿吉里斯出版了第一本关于结构分析中的能量原理和矩阵方法的书[①]，发展了针对航空工程的复杂结构分析的实用方法——矩阵分析法，

---

① ARGYRIS J. Energy theorems and structural analysis [M]. London: Butterworth, 1954.

包括矩阵位移法和矩阵力法,并提出矩形单元,为后续的有限元研究奠定了重要的基础。

在同一时期,由于航空事业的飞速发展,设计师需要对飞机结构进行精确的设计和计算,便逐渐在工程中产生了矩阵力学分析方法。1956年,波音公司工程师特纳、土木工程教授克劳夫、航空工程教授马丁及波音公司工程师陶普共同在航空科技期刊上发表了一篇采用有限元技术计算飞机机翼数据的论文[①],他们把这种解法称为刚性法,一般认为这是工程学有限元方法的开端。

1960年,克劳夫在美国土木工程学会会议上发表了另一篇论文《平面受力分析的有限元方法》(The Finite Element in Plane Stress Analysis),将应用范围扩展到飞机以外的土木工程上,同时有限元方法的名称首次被正式提出。

1963年黄鸿慈的文章《关于重调和方程最小特征值的数值计算及界的估计》,1964年黄鸿慈的《关于椭圆型方程Neumann问题的数值方法》,以及1966年黄鸿慈、王荩贤、崔俊芝等人的《按位移解平面弹性问题的差分方法》,属于"工程味"比较足的有限元思想文章;而冯康的传世之作《基于变分原理的差分格式》则把中国人的"有限元"上升到国际级的理论水平。近20年后,由这四篇文章组成的项目获得了国家自然科学奖,黄鸿慈1963年的文章被认为是"中国最早一篇包含有限元思想的文章"(报奖

---

① TURNER M J, CLOUGH R W, MARTIN H C, et al. Stiffness and deflection analysis of complex structures [J]. Aero Sci, 1956, 23(9): 805-823.

评语）。

关于中国有限元的发展，黄鸿慈在一次访谈中指出："冯康最重要的工作是在1965年提出有限元法并在最一般的条件下证明了方法的收敛性，我同样有一篇文章也证明了收敛性而且给出了误差估计，但我的数学工具比较差，是在一个加强条件下，即假设这个解有二阶连续导数，实际上这个解不一定有二阶光滑的性质。冯先生精通广义函数，他是在极其广泛的条件下给出了收敛性的证明，这在世界上是最早的。

国内很多百科全书都认为有限元方法是由冯康和我共同发现的。因为我的文章在前，冯先生的文章也引用了。现在来看，证明中最重要的原理我的文章其实包含了，冯先生则是在最广泛的条件下得出最一般的结论。这只有在高深的数学基础上才能做到，因而也具有更高层次的开创性。西方在1969年以后才做出了类似的结果。"[1]

值得称道的是，冯康用高深的数学理论，在极其广泛的条件下证明了有限元方法的收敛性和稳定性，建立起有限元方法严格的数学理论框架，为有限元方法的实际应用提供了可靠的理论基础，这一点被国际上认为极具"原创"贡献。

冯康1965年的这篇论文被公认为是中国学者独立于西方创造有限元方法理论的标志。比如，著名力学家、美国工程院院士奥登在《有限元的历史评论》一文中指出："冯康1965年用中文写作的文章，西方十多年后才

---

[1] 王涛. 计算数学在中国：黄鸿慈教授访谈录[J]. 科学文化评论，2018，15（5）：68-79.

予以了解，被很多人认为是有限元方法收敛性的第一个证明。"[1] 必须指出，有限元这个数值方法是多个中外团队独立发明的。由于通信的限制，特别是 20 世纪五六十年代东西方文化交流的封闭，中国和西方在学术上的交流受到极大限制。那时的冯康、黄鸿慈，已经失去了和西方世界开展学术交流的可能性。20 世纪 80 年代以前，新的方法往往会在不同的文化区域独立发展。比如，我们常说的勾股定理，西方叫毕达哥拉斯定理，而高阶多项式求根的秦九韶算法，西方叫霍纳算法（Homer method）。当 20 世纪 80 年代苏联和西方交流趋于活跃的时候，人们在国际会议上经常看到苏联科学家在会场上站起来，激动地告诉西方演讲者们，他们"发明"的方法，苏联人在十多年前已经有了。比如，苏联科学家于 20 世纪 60 年代初就给出了"多重网格"这一算法，但 1972 年以色列数学家勃兰特演示了多重网格算法的有效性，才引起了西方科学家对这一方法的关注。

黄鸿慈指出："关于有限元方法的争论很多，特别是在工程界，因为工程界与数学界是相互独立的。工程界从力学的原理出发将一个力学系统分成有限单位连接起来，有限元方法的名称就是这样来的。但是他们没从变分原理出发，是从工程结构力学出发构造算法，也不管算法是否收敛。他们认为有限元法是工程人员首先做出来的，这些观点很难统一。不过，如果有限元法不是像数学家这样处理，其应用就大受限制，就不是今天这样

---

[1] ODEN J T. Historical comments on finite element [M] // NASH S G. A history of scientific and numeric computation. MA:Addison-Wesley, Reading, 1989: 1-19.

在理论上、在应用上被如此广泛重视的局面。"[1]

改革开放以后，中国学者对有限元方法的贡献逐渐让世人知晓。冯康的论文发表时，中国和西方的交流几乎中断，冯康用中文写成的论文不可能被西方知晓。改革开放后，冯康的论文被译成英文发表，才让西方世界了解到这个独立的创新。许多著名科学家对冯康的有限元成果都给予极高赞誉和充分肯定。曾任美国总统科学顾问、纽约大学柯朗数学科学研究所所长的拉克斯院士在纪念冯康的文章中特别指出，冯康"独立于西方国家平行发展，创造了有限元法的理论……冯康对于中国科学事业发展所做出的贡献是无法估量的"（*SIAM News*，1993，26（11））。鉴于拉克斯在国际数学界崇高的地位，这个评价具有极高的影响力。

1981年，法国著名科学家、曾担任国际数学联盟主席及法国科学院院长的利翁斯院士，对冯康和他领导的团队关于有限元方法的重大发现给予了高度评价："有限元方法意义重大，中国学者……独立创始了有限元方法，在世界上属于最早之列。今天这一贡献已为全人类所共享。"

利翁斯是除苏联人之外最早认识冯康的西方人之一。关于这一点，他的学生、法国科学院院士、中国科学院外籍院士菲利佩·希阿雷曾回忆道："让利翁斯终生难忘的是他1975年的北京之行，那次他得到了中方的盛情招待。他对冯康的数学天才印象深刻，特别是冯康独立地平行地发明了有

---

[1] 王涛. 计算数学在中国：黄鸿慈教授访谈录［J］. 科学文化评论，2018，15（5）：68-79.

限元方法。"[1]

有限元方法广泛应用后，计算科学得到了越来越多的重视。众所周知，理论研究与实验方法都有很大的局限性，理论方法的局限性是显而易见的，许多科学问题都难以归结为适于研究的理论模型，而且绝大多数数学模型也难以用解析方法求解。同样，实验方法也有其局限性。对于尺度太大或太小、时间太长或太短的科学问题，对于有巨大破坏性的物理过程、实验，或者需要付出十分巨大的代价，或者根本无法实施和完成。20 世纪 40 年代中期计算机的发明为计算成为第三种科学手段提供了可能。这一功能强大的工具，使人的计算能力以过去无法想象的威力展现，影响了人类所涉足的几乎一切科技领域，具有划时代的重大意义。

有限元是那个混沌岁月中，那些仍在中国大地上辛勤耕耘、默默奉献的科学家做出的开拓性工作。它像绚丽的牡丹花一样"国色天香"，美不胜收。

的确，很多时候数学就像诗，像音乐，数学具有音乐中的旋律美、层次美，而音乐具有数学中的几何美、抽象美，其实两者是相通的，音乐旋律的起伏变化也正是变量中的连续和离散。

浙江大学数学系教授、诗人蔡天新在一篇谈数学与诗的文章中说："数学家和诗人都是作为先知先觉的预言家存在我们的世界上。只不过诗人由于天性孤傲被认为狂妄自大，而数学家由于超凡脱俗为人们敬而远之。因

---

[1] CIARLET P G. Jacques-Louis Lions 2 May 1928-17 May 2001 [J]. Biographical memoirs of fellows of the royal society, 2002, 48: 275-287.

此在文学艺术团体里诗人往往受制于小说家,正如在科学技术协会里物理学家领导数学家一样。但这只是表面现象。"蔡天新为此引用了美国著名小说家、诺贝尔文学奖得主威廉·福克纳的例子,因为福克纳说他做不了诗人,原因是"或许每一位长篇小说家最初都想写诗,发觉自己写不来,就尝试写短篇小说,这是除诗以外要求最高的艺术形式。再写不成的话,只有写长篇小说了"。蔡天新由此说:"相比之下,物理学家并不那么谦虚,但无论如何,对每一个物理学家来说,物理认识的增长总是受到数学直觉和经验观察的双重指导。物理学家的艺术就是选择他的材料并用来为自然规划一幅蓝图,在这个过程中,数学直觉是不可或缺的。一个不争的事实是,数学家改行搞物理学、计算机或经济学,就像诗人改行写小说、随笔或剧本一样相对容易。"[1]

蔡教授说得多么好,如果不是数学家他说不出来,如果不是诗人也说不出来。

"数学和诗歌都是想象的产物。对一位纯粹数学家来说,他面临的材料好像是花边,好像是一棵树的叶子,好像是一片青草地或一个人脸上的明暗变化。也就是说,被柏拉图斥为'诗人的狂热'的'灵感'对数学家一样的重要。举例来说,当歌德听到耶路撒冷自杀的消息时,仿佛突然间见到一道光在眼前闪过,立刻他就把《少年维特之烦恼》一书的纲要想好,他回忆说:'这部小册子好像是在无意识中写成的。'而当'数学王子'高斯

---

[1] 蔡天新. 数字和玫瑰 [M]. 北京:生活·读书·新知三联书店,2003:27.

解决了一个困扰他多年的问题（高斯和符号）之后写信给友人说：'最后只是几天以前，成功了（我想说，不是由于我苦苦的探索，而是由于上帝的恩惠），就像是闪电轰击的一刹那，这个谜解开了；我以前的知识，我最后一次尝试的方法以及成功的原因，这三者究竟是如何联系起来的，我自己也未能理出头绪来。'"

有限元的独立创始也是多种作用下想象的产物、发现的产物，甚至是灵感的产物。

(21) 逆境中的"自由"

风萧萧兮易水寒，1968年回京途中，冯康一言不发，像个无解方程。不过这时候他的心情反而平静了许多，眼中再没有惶恐、慌乱、犹疑不定，除了一些潜意识的不可控的回忆。绕了一大圈还是这个结果，就像刚迈出逃离北京的第一步所料到的。

回到北京，冯康木然地被关进特殊的单间，被严密看守。接着是审讯，交代，遭批斗。

"七国特务"的罪名还是成立了，苏联特务、美国特务、德国特务、法国特务，冯康都承认了，让承认什么就承认什么吧，好像不是自己承认，是命运，是有一个人在替他说和写。严酷的审问与批斗，各种威胁、恐吓、侮辱、拳脚下，冯康一遍一遍、一天一天地写交代材料，除了交代自己的问题，更主要的是揭发与自己联系的人，交代了还要再交代，揭发了还要再揭发。交代什么已不重要，重要的是交代；揭发什么也不重要，重要的是揭发。只要揭发，这一天就能过去，否则就甭想过去。

"专政队"的逻辑是：像冯康这样的"七国特务"，他的亲戚朋友怎么可能没问题？问题多了去了！家庭成员、旁系亲属、同学同事，冯康开始按照专政人员的思路编造，一旦开始便进入了无我状态，开始了混沌的想象，像书上写的那样自己发展了多少特务，发展了谁，与谁接过头，传递过什么情报。

第一次虚构是有一些困难的，但接下来就容易了，他以为说得天花乱坠、神乎其神，审问者便会不太相信，但是他们竟然全信了，信得兴高采烈——后来呢？后来呢？后来呢？因此有了情节、场景、悬念、具体时间，他的故事惊险、刺激、难以置信，用的都是真名，弟弟、姐姐、大哥、姐夫，留苏时的同学，清华的同事，他已不是科学家，他满脸裂纹，毛骨悚然，完全像一个破碎的悬念大师……数学家与侦探小说家事实上仅一步之遥，很多侦探小说家都在数学上有造诣，而数学家成为侦探小说家也大有人在。

亨利·庞加莱就常常被描述为一个多面手，他创立了现代数学中的许多分支，是代数拓扑学和几何拓扑学领域的奠基人，其提出的庞加莱猜想是美国克雷研究所确定的世界七大数学猜想之一，同时他还是一位小说家——在巴黎的美发店里，家庭主妇和姑娘们广泛阅读着他写的通俗与侦探作品，并且以作家身份神奇地成为法兰西学院院士。冯康的"小说"没这么幸运，它只有极少的读者——一小群别有用心的审讯者，最重要的不同是一个个真人被"小说"击中。

某一天，在南京大学执教的冯端也突然被造反派在全系大会上点名，旋即被"请"上台来低头弯腰认罪。按照"小说家"冯康的撰写，冯端有了"美国特务"的罪名。

接着是姐姐冯慧中招，姐夫叶笃正中招。就连远在美国的大哥冯焕也中招了——只是无法捉拿归案而已。然后是和冯康共事过的清华大学的同事都被"揭发出来"……

当冯康还在不断交代的时候，他很震惊地知道三室的老同事、业务搭档董铁宝上吊自杀了！1968年8月，工宣队进入北大领导运动。因为美国留学的背景，董铁宝被认定是"美国间谍"，被关押在北大28楼。两个月后的10月18日，董铁宝趁看守人员不注意，离开28楼，在一棵树上上吊了。其妻子梅镇安在董铁宝自杀前曾请求见面，遭到拒绝，同时还被要求与董铁宝划清界限。

北京大学教授武际可在《"文化大革命"中使我终生难忘的两件事》一文中回忆了相关故事："'清队'开始，和董先生同住在一座楼里。一次在走道里遇见了，我们便聊了起来。闲聊中，我发现他也是'文化大革命'中的逍遥派。我告诉他，我两年期间学会了装半导体收音机。一谈起这个，他挺来劲，他把他装的一个巴掌大小的超外差式的有短波段的收音机给我看。并且说，原来买来许多元件，准备给孩子玩的，结果孩子没有兴趣，只好自己装来玩玩了。大约那次闲谈之后，没有几天，听说他自杀了。据说是，一天傍晚，他乘看管不严之机，走出去了。后来人们发现他时，已经吊死了。又听说，为了逼迫他承认自己是'特务'，对他进行了难以忍受的侮辱和体罚。我们都知道，董先生是一位有自尊心，而且自尊心很强的人，他不能忍受那样的屈辱和糟践，就选择了自杀，也算是为了维护知识分子尊严的一种抗争吧。"

匪夷所思的是，按照交代，冯康应该是越来越罪大恶极，但因为"认罪"态度良好，交代的材料多，终于有一天，他被专政队员放了出来。虽然不能恢复原来的工作，但是"自由"了。冯康怎么也想不清楚这是怎么回事，想不通。

他做好了被枪毙的准备，讲故事只是一种虚无。他知道自己就像《一千零一夜》中讲故事的人（很小他就和哥哥、弟弟、姐姐读过）。一个多么揪心又迷人的故事：萨桑国国王山鲁亚尔生性残暴嫉妒，因王后行为不端，将其杀死，此后每日娶一少女，翌晨即杀掉，以示报复。宰相的女儿山鲁佐德为拯救无辜的女子，自愿嫁给国王，用讲述故事的方法吸引国王，每夜讲到最精彩处，天刚好亮了，使国王不忍杀，允她下一夜继续讲。她的故事一直讲了一千零一夜，国王终于被感动，与她白首偕老。难道他也感动了"国王"，竟然获得"自由"了？

问题是他讲的都是自己的"罪"，连同别人的"罪"，怎么能和山鲁佐德相比？小时候一想起这个讲故事的人就揪心，她感动了国王使国王停止杀戮。故事太美了，那么他这算什么？完全无美可谈。不好比，但似乎又有一定的可比性，这貌似拓扑学，但绝非拓扑学，数学永远解答不了这个问题。

回家后，冯康发现家被抄了，很多东西都没了，两室一厅的房子只有一间属于自己，另一间被别人占据，是家又不是家。在肯定中不断有否定性的东西，同样不是拓扑，也不是微分，差分更谈不上，越具体越用不上。模糊数学？看似两个问题，但又粘连在一起。如同自己的脸布满裂纹，布满深度裂纹的脸还是脸吗？已经碎了，但又还完整。

可以回家了，但仍不能正常工作，仍要交代问题——在计算所扫楼道，刷厕所，坐小板凳。没有工作的地方，没有办公桌，他就在计算所三室的走廊放置一个小桌，每天就坐在小桌前继续写揭发材料。写什么不重要，重要的是在写，是态度。写，反复地写，重复地写，写过的再写一遍。态度非常好，过去是关在小屋子，现在是关在更大的空间。过去的同事既是同事又不是同事，不能跟他说话，也没人跟他说话，没人敢跟他说话——谁敢跟一个"反革命分子""七国特务"说话？多看一眼都是问题，必须麻木，视而不见，仿佛冯康不是人而是物，即使是生命，也是不同的生命。而对冯康而言，所有视而不见的同事都具有客观的监视者的功能——当然，某种意义上他也具有被观赏的功能。

那年，石油部一个院士、总工程师遇到石油计算方面的难题，无论如何算不出结果，有内行人建议院士去找以"有限元"闻名的冯康。院士坐着专车到了中国科学院，在计算所的楼道碰到一个驼背老头——老头正坐在小桌前写东西，就问老头："冯康的办公室在哪里？"

冯康抬起眼睛看着来人，凝视了一会儿，目光越来越清澈，甚至锐利。他回答来人："我就是冯康。"来人先是惊讶，但立刻相信了。

相信了冯康的眼睛，专业与专业，总是心有灵犀，别的都是次要的。而这里不会有比这双眼睛更深邃、更有内容的了。是的，这正是他要找的眼睛，久违的深邃。

"太好了，你就是冯康！"院士紧紧握着冯康的手，满脸亲和、尊敬的笑。

久违的尊敬唤起了久违的尊严，科学的尊严，一眼便可洞悉的尊严。如果来者是傲慢的、居高临下的，冯康肯定会是习惯性地低头认罪的样子。但来人一望而知不是，冯康也就醒了。冯康的目光像穿越了许多个世纪，像是阿基米德、张衡、祖冲之、哥白尼、布鲁诺、牛顿的目光，甚至更是苏联老师庞特里亚金——一个伟大盲者的目光。

尊严不会死掉，科学不会死掉。

"你怎么会在这里？我有问题请教，能不能找间办公室？我去找你们领导。"来人说。

冯康立刻惊恐地拦住来人。冯康要求来人就在过道里解决难题，并把自己的小凳让给来人。来人身材高大，穿着笔挺的呢子大衣，拿着公文包，与穿着清洁工工作服的冯康构成鲜明的对比，但尊敬的样子是相反的。来人赶快请冯康坐下，自己蹲下，打开公文包，拿出一沓写得密密麻麻的算稿，翻开，交给冯康。

冯康手拿铅笔，像指挥千军万马的将军，像展开地图一样现场指挥，勾勾画画。

可惜楼道里的这个传奇不能持续了：所里的临时领导机构"革委会"主动将来人与冯康请进了办公室。冯康进了久违的办公室，一时有些不适，或者有点天旋地转。他已适应了楼道，刚才楼道那种感觉很好，现在却很错乱。

不能不听"革委会"的,哪能不听?

也就是从那天起冯康不再在楼道里坐着了,有了一张办公桌。但他还要继续写材料。

材料是不能少的,如同打扫卫生、刷厕所也不能免。

他的工作仍然没变,不过是进了屋。

(22)「1019」任务

1969 年中苏关系变得紧张，但这也给冯康带来了机会。

这一年，中国科学院计算所实行了军管，编入了军队序列，番号为"京字 116 部队"。此后虽然对外称"京字 116 部队"，内部还叫计算所。这一年"京字 116 部队"派出了崔俊芝、凌连生、刘棠三个人，参与了中国科学院物理研究所主持的国家紧急项目"1019"任务，他们的任务是和物理所的人一起进行小天线电磁场计算。但崔俊芝、刘棠在工作中很快发现他们遇到的物理难题非常多，于是找来苏联著名物理学家和电力工程师亚历山大·波波夫的电磁学和高等物理学等书阅读。波波夫是研究电磁波的先驱，也是世界上无线电的发明人，他于 1894 年发明了第一架无线电接收器，一个金属检波器，1895 年改进成接收闪电发出的电磁波的装置，同年 5 月 7 日他在俄罗斯物理和化学学会演示了他的接收装置，后来苏联政府将这一天定为"无线电日"来庆祝。1906 年 1 月 13 日，波波夫因脑出血在圣彼得堡病逝,年仅47岁。不少科学家认为,如果波波夫还能多活一年,1906年度的诺贝尔物理学奖非他莫属(诺贝尔奖只颁发给生者)。

虽然读了大师的书,但是以他们三人的物理学背景还是很难解决遇到的一系列疑难问题。

困难当前,崔俊芝自然而然想起了冯康。崔俊芝深深知道,在计算所也只有冯康有着深厚的物理学背景,但冯康现在是有"问题"的人,还在楼道打扫卫生。尽管如此,崔俊芝还是冒着政治风险试探性地向所里的军代表和工宣队提建议,让还在做清洁工的冯康来协助解决重大机密的"1019"任务的一些理论问题。这个问题变得非常尴尬,政治逻辑上完全说不通,但又需要利用冯康的特长,在紧急的"1019"任务的压力下,军代表和工宣队不得不做出妥协,但附加条件是:不能影响冯康"交代特务罪行"。同时,工作方式只能是崔俊芝和冯康进行单线联系,出了保密问题崔俊芝负责。

就这样,当年的学生当上了"有条件地使用"的老师的"领导"。学生与老师的工作方式是:崔俊芝每天早上8点给冯康布置"作业",预先写好一个公式,让冯康进行推导,至下午6点让冯康交"作业"。崔俊芝每次和冯康交接谈话不得超过10分钟,不许有一句私人谈话,军代表与工宣队都暗中监视着。说实话,崔俊芝尽管不相信冯康是"七国特务",但对他的问题究竟将会怎样,心里也没底,不知道与冯康的接触会给自己带来怎样的负面影响。不过毕竟一起工作了,而且与冯康工作起来是愉快的、带劲的、高效的。每天都是固定的程式，分毫不差，这样既严肃又荒诞的"互动"方式持续了好几个月，而冯康也认真地完成了一个又一个保密的"作业"，有效地保证了小天线电磁场计算的顺利进行。

在军代表与工宣队的暗中监视下做研究，这个听起来就很奇特。好在数学家只要有一支笔一张纸就可以开展工作，比冯康工作环境更恶劣的数学家有的是。比如法国数学家让·勒雷，二战前研究偏微分方程，被德军俘虏后，他考虑到偏微分方程与应用数学的联系，可能会导致自己被迫卷入战争工作，为了不帮敌军做军事研究，他隐瞒自己的专业转而研究代数拓扑。勒雷在拓扑学方面的主要工作于1940年至1945年在奥地利战俘营里先后完成。勒雷这一时期的工作开创的谱序列（spectral sequence）与束上同调（sheaf cohomology），都成为同调代数里的重要工具。有趣的是，战争结束后勒雷把这两门绝技传授给其他数学家后，自己又回到了偏微分方程的研究上。

更厉害的是挪威数学家索菲斯·李。1870年普法战争爆发时，年轻的李正在法国漂泊。他是挪威人，操着带普鲁士口音的法语。法国人认定他是普鲁士奸细，将他投入监狱。由于法国战败，形势一片混乱，当他的法国朋友最终找到他并成功使他获释时，他正静居囚笼，搞出了新的数学发现，把群论的方法推广到求解微分方程，他的理论被数学界命名为"李群理论"，这一理论的建立也为后来的量子力学和相对论的发展奠定了数学基础。

比起勒雷和索菲斯·李，冯康现在的日子好过多了，至少每天都有相对自由的时间。

冯康不知"1019"这个代号,他参与的主要工作是研究麦克斯韦方程及其差分格式,处理其远场边界条件;分析亥姆霍兹方程及相应积分方程的性质,核对亥姆霍兹方程的差分格式及其远场边界条件等。麦克斯韦方程组是由英国物理学家麦克斯韦在19世纪创立的描述电磁场特性及其关系的方程组。方程组包括一组积分形式、一组微分形式和三个辅助方程,是天线这种电磁学问题的重要理论工具。

随着任务的深入,冯康感到他的研究越来越重要,显然和国防有关,而且是重要的国防任务。冯康窃喜,因为任务越重要越说明组织信任,任务越机密越说明自己不可或缺。一想到这些,冯康工作起来就更充满激情。为了保护冯康,也保护自己,崔俊芝这时最好的做法就是不带任何感情色彩。可喜的是,任务完成顺利、高效,让人在无声中感受着冯康的作用,冯康自证了清白。

20世纪70年代,中国开始研究和实现计算机设计自动化,这其中一个非常重要的项目是集成电路的自动布线。自动布线是个新课题,就是把印刷线路的布线从传统的人工变成计算机自动完成。这项任务由黄鸿慈负责,其他还有郭玉钗、冯炳根等六个三室的科研人员。尽管对冯康的审查还未结束,但是因为参加了"1019"任务,而且完成得不错,没有泄密,因此他也参与了进来,当然,仍是"有条件地使用"。

集成电路自动布线是一项特别繁重的工作,其中包括方案的制定、程序的编写,冯康不仅参加了方案的讨论,还用汇编语言写了部分程序。这次布线工作也是冯康生平第一次编程，尽管是第一次，却展示出他颇高的编程技巧，甚至连冯康自己都感到意外。也许冯康太想表现自己了，总想以优异的成绩洗清自己、证明自己，才不断超水平发挥。冯康确实证明得不错，他以实际的工作能力与不可或缺的作用慢慢重新证明了自己。

参加这个工作差不多有半年时间，事实上这半年的"布线"工作，也是冯康在"文化大革命"中受冲击后第一次正式在办公室里工作。

[23] 蛰伏期

随着1971年9月13日林彪乘坐的飞机坠毁于蒙古国境内的温都尔汗，中国历史再次被改写，它标志着"文化大革命"进入后期，很多人已开始冷静思考"文化大革命"带来的灾难性后果。

正是这之后，冯康的"历史问题""特务问题"渐渐不了了之，直至后来基本无人问津了。

1971年到1974年，这四年时间，是冯康身份模糊而相对平静的时期，不再受到"专政队"的管制，"专政队"似乎自行消失了，冯康也基本上恢复了妙不可言的"自由"。"妙不可言"是说一直对冯康没有一个明确说法，也始终没有完全恢复三室领导的工作，冯康的身份很像模糊数学，也有点像海森堡的"测不准"。

冯康家中原有的两居室被"专政队"家属占去了一大间，剩下的一间十分狭小，他又是单身一人，因此很少待在家里，大部分的时间都泡在图书馆里。冯康经常去的是计算所南楼的计算所图书馆和计算所西门口南边的中国科学院图书馆,有时还会"偷偷地"跑到城里的王府井外文书店。所谓"偷偷地",是因为他的问题还没有个结论,严格来说是不能到处走动的。此时人们还不能同冯康正常交往,见面甚至不敢打招呼。有一次,数学所的林群在王府井新华书店见到逛书店的冯康,向冯康致意,默默地点了点头,这在当时已是一种大胆的真挚的行为。那时冯康常去计算所图书馆与中国科学院图书馆,林群是与冯康碰面较多的一位,好多人见到冯康都躲开,甚至装作没看见,而他每次都会主动上前向冯康点头致意。

林群,计算数学家,中国科学院院士。1935 年生于福建省福州市,1956 年从厦门大学数学系本科毕业,被分配到中国科学院数学研究所泛函分析组工作。他本不在计算所工作,与冯康的相识只是源于数学所为年轻大学生举办的数学研讨班,冯康是林群的指导老师。冯康调到计算所后,两人仍保持着密切的联系。"有时冯康甚至更愿意找我这个计算所的'局外人'探讨一些数学问题。"林群回忆道。除了在图书馆看书、做笔记之外,这期间,冯康也在家里阅读了大量的图书,并继续探索 1965 年的研究方向。在冯康看来,有限元方法的研究虽然开了个好头,但大量的实践及延展工作还需要继续。由于突如其来的"文化大革命"中断了他的研究,让他错失了这一段研究的大好年华,现在时不我待,他总算有了自由,必须广泛积累、蓄势待发。

从 20 世纪 70 年代开始,冯康独立创建的有限元方法逐步在全国得到推广和应用,以中国科学院计算技术研究所为龙头,在全国各地举办的有限元学习班、研讨班如雨后春笋,不断涌现。

1972年，计算所举办了中国第一个有限元方法学习班，来自全国各地的300多名学员参加了学习班。原计划的主讲人只有崔俊芝和杨真荣两人。杨真荣用有限元方法成功解决了新丰江大坝的动力分析问题，崔俊芝为此次学习班专门编写了题为《平面问题有限元方法》的讲义，但实际的主讲人是冯康、崔俊芝和杨真荣三人。像这样的全国性的学习班必须靠讲座的权威性、影响力，而在计算数学圈内最权威的莫过于冯康。

事实也是如此，冯康的讲座非常成功。学习班结束后，冯康对讲稿进行了较大的扩充，撰写了《有限元方法》一文，发表在1973年的《数学的实践与认识》上。不久，计算所又让冯康和崔俊芝到清华大学去做有限元的学术报告。虽然当时冯康还没有恢复工作，让冯康担任主讲人是战战兢兢的，但计算所的班子经过研究同意借此让冯康正式"出山"，担任在清华大学举办的学术报告的主讲人。

冯康又站到了大学的讲台上。可容纳数百人的阶梯教室座无虚席，人们都怀着崇敬的心情来聆听这位计算数学大师的谆谆教诲。这次演讲对于冯康来说也如沐浴了严冬中难得见到的一丝暖阳，随后他与计算所三室有关人员一同应许多部门邀请，到各地举办讲习班或学术报告会，为有限元方法的推广和普及做了大量工作。1974年，冯康正式恢复了工作，恢复了学术专家的地位。其标志是1974年8月，由负责电子工业的四机部牵头召开了计算机工作会议，也就是著名的"748会议"。为了改变我国印刷行业的落后面貌，解决汉字的计算机信息处理问题，会议提出了科技攻关项目"汉字信息处理系统工程"（简称"748工程"）。这一工程启动了中国印刷技术的第二次革命，加速了计算机中文化的进程。就是在这次会议上，冯康作为中国科学院的报告主讲人，成为大会的"主角"。

冯康频频出现在各种大型会议的报告席上。1974年，冯康在中国科学院计算技术研究所做了一个关于变分不等式问题的大型报告。1975年，冯康又在计算所做了一个关于应用数学发展方向的报告。这个报告非常关键，历史上也是一次著名的报告，200多位在北京的数学界、物理界和力学界学者坐满了计算所的阶梯教室。物理界、力学界学者来计算所听报告是极为罕见的。在报告中冯康讲到了"孤立子"、混沌、突变的数学理论，从物理问题出发，谈到了物理与数学的关联性，并强调数学只有保留物理的特征才是最有生命力的。冯康在报告中用很大的篇幅阐述了跨学科的"孤立子"问题，引起了1975年的中国学术界强烈的震撼与反响。

冯端回忆说："'文革'后期一直到80年代中他[指冯康]经常和我谈论这方面的问题：诸如Thom[托姆，1958年菲尔兹奖得主]的突变论，Prigogine[普里高津，1977年诺贝尔化学奖得主]的耗散结构，孤立子，Radon变换等。这种搜索过程，有点像老鹰在天空中盘旋，搜索目标，也可以比拟为'独上高楼，望尽天涯路'。"[1]

冯康这时更加认识到科学计算的重要性。他大声疾呼："计算机的飞速发展使科学计算成为当今世界科学活动的主要方式之一。这是自伽利略和牛顿以来科学方法论的最伟大的进步。计算方法是科学与工程计算的核心，

---

[1] 冯端. 冯康的科学生涯（之三）[N]. 科学时报，1999-08-16（2）.

而计算的功效是计算工具的能力与计算方法的效率之乘积。"

冯康提出："在遥远的未来，太阳系呈现什么景象？行星将在什么轨道上运行？地球会与其他星球相撞吗？有人认为，只要利用牛顿定律，按现有方法编个程序，用超级计算机进行计算，花费足够多的时间，便可得到要求的答案。但真能得到答案吗？得到的答案可信吗？实际上对这样复杂的计算，计算机往往得不出结果，或者得出错误的结果。每一步极小的误差积累都可能使计算结果面目全非！这是计算方法问题，机器和程序员都无能为力！"

大科学家往往会通过演讲激励和指引同行往前走。数学上有著名的哥廷根学派领军人物希尔伯特的世纪演讲。在1900年巴黎召开的第二届国际数学家大会上，希尔伯特提出了新世纪数学家应当努力解决的23个数学问题。这些问题不仅被认为是20世纪数学的制高点，还激发了整个数学界的想象力，在20世纪造就了一大批著名的数学家。希尔伯特认为数学的发展在于问题的提出和解决，"任何一个问题都有解，只需推演，就可以得解，数学中永远没有我们不知道的"。就在一生科学事业接近尾声时，他再次拒绝相信杜波瓦－雷蒙及其追随者信奉的"愚蠢的不可知论"。对着话筒，他坚定有力地说出了那句名言："我们必须知道，我们必将知道！"（Wir mussen wissen. Wir werden wissen.）

冯康的系列报告是数学界进行跨学科报告的一个成功典范。经过多年浩劫的学者们听了他的报告，耳目一新，一方面非常敬佩冯康的自信、胆识和魄力，同时更钦佩冯康敏锐的科学触觉与广博的知识积累。令学者们着迷的还包括冯康个人演讲的魅力。许多听过冯康报告的人都说，听他的报告是一种享受，冯康思路清晰，语言准确、铿锵有力、抑扬顿挫、极具表现力，听后让人不禁心潮澎湃、热血沸腾。

会讲、会指方向，引人入胜，是那个时代的大师华罗庚、吴文俊、关肇直、冯康等的特长。能够培养学派的数学家必须"钻研"教学。历史上一个著名的钻研教学的例子就是傅立叶。傅立叶是法国数学家、物理学家，提出了千古流芳的傅立叶级数，奠定了我们今天互联网时代信息快速传播的基础。

傅立叶的数学能力首先是被学生肯定的，而后才逐渐有名。1794年拿破仑任命他为巴黎高等师范的首席数学教授时，他才26岁。年轻的他，充满了热情与改革数学教育的抱负。他认为沉闷的教学方式，会把数学讲成一堆垃圾。傅立叶以首席数学教授的身份，给老师提了四点要求：第一，上课时，老师不能坐在椅子上，必须站着教学。站着教书，是扫除课堂沉闷气氛的第一步。第二，上每一堂课以前，老师必须准备一点"新东西"来教，而非老调重弹。他认为"课堂是一种创作"，因此，一门课无论教过多少次，每一次上课前，老师都应该预备一点新东西。第三，教学时，不只要教理论，还要教这个理论的历史渊源。傅立叶是第一个在数学课堂上教数学史的人，因为学生可以从科学史上，知道课本上的公式是怎么发展来的。第四，每一次上课，都要准备一个小题目，与学生一起讨论，增加师生间的互动。而且每次讨论前，老师都要预备内容，以免沦落成未经深思的辩论。

长期的自我训练，使傅立叶成为广受尊敬的"天才教师"，就连拿破仑举办宴会时，也会请傅立叶去演讲数学。

与傅立叶为拿破仑、为数学门外汉演讲相比，冯康面对的是科学家，是科研工作者，比较而言，"挑战性"还是小点。

林群院士在庆贺冯康先生七十寿辰的报告会上动情而形象地说："冯康先生煮了一锅饭，我只捡了其中一粒米，吃了一辈子。"冯康当年的这些报告影响了中国计算数学界的几代人。

第六章 学术与舞台

[24] 春天

1978年，无论对中国还是对中国的科学界，乃至具体到数学界来说，都是一个春天。这一年全国科学大会召开，郭沫若做了题为《科学的春天》的演讲，以诗性的语言热情讴歌了中国春天的到来："春分刚刚过去，清明即将到来。'日出江花红胜火，春来江水绿如蓝。'……这是科学的春天！让我们张开双臂，热烈地拥抱这个春天吧！"[①] 这个致辞成为中国知识分子解放的宣言，昭示着一个科技新时代的开始。

同样是这一年，著名作家徐迟的报告文学《哥德巴赫猜想》问世，更是刮了一场巨大的科学劲风。1月，《人民文学》杂志发表了徐迟的报告文学《哥德巴赫猜想》，之后《光明日报》和《人民日报》相继转载了这篇文章。《人民日报》用两大版的篇幅转载一篇报告文学，这在当时是从未有过的。陈景润头撞电线杆刻苦攻关，证明

---

① 郭沫若. 科学的春天：1978年在全国科学大会闭幕式上的讲话[N]. 人民日报，1978-04-01.

"1+2"①的形象，一时深入人心，使千万读者深受触动，成为中国再度走向科学理性的标志。

哥德巴赫猜想是数学界的重大猜想之一。1742 年德国一位名叫哥德巴赫的中学数学老师写信给大数学家欧拉，提出：每个不小于 6 的偶数都是两个质数之和。质数指的是除了 1 和它本身外，不能被其他自然数整除的正整数。有人对一个一个的偶数进行了验算，一直验算到 330 000 000，都表明这一说法是对的。但是更大的数呢？更大更大的数呢？猜想起来也该是对的。既然是猜想，那就自然应当予以证明，而要证明它却很难很难。整个 18 世纪、19 世纪乃至到现在都没有人能证明它。

1924 年，德国数学家拉德马哈尔证明了"7+7"。

1932 年，英国数学家爱斯斯尔曼证明了"6+6"。

1938 年，苏联数学家布赫斯塔勃证明了"5+5"。

1940 年，苏联数学家布赫斯塔勃证明了"4+4"。

1956 年，苏联数学家维诺格拉多夫证明了"3+3"。

1958 年，中国数学家王元证明了"2+3"，即每个充分大的偶数都可以表示成至多两个质数的乘积再加上至多 3 个质数的乘积。这是中国学者首次在这一研究领域跃居世界领先的地位。当时王元年仅 28 岁。

包围圈越来越小，越来越接近于"1+1"了。但是以上所有证明都有一个弱点，那就是每组中两个相加的数没有一个可以肯定为质数。

---

① 将命题"任一充分大的偶数都可以表示成一个素因子个数不超过 a 个的数与另一个素因子个数不超过 b 个的数之和"记作"$a+b$"。

1962 年，中国数学家潘承洞证明了"1＋5"。

同年，王元、潘承洞又证明了"1＋4"。

1965 年，布赫斯塔勃、维诺格拉多夫和庞皮艾黎都证明了"1＋3"。

1966 年，中国数学家陈景润证明了"1＋2"。

1966 年春，陈景润得出了迄今为止关于哥德巴赫猜想的最好的结果"1＋2"，即任何一个充分大的偶数，都可以表示成两个数之和，其中一个是质数，另一个为不超过两个质数的乘积。陈景润的论文发表在《科学通报》上。

一篇《哥德巴赫猜想》，唤醒了一代人；一次科学大会，开创了一个科技发展的崭新时代。

1978 年，陈景润名满天下时，冯康也迎来了其学术生涯的辉煌时代。由于"文化大革命"前冯康就已有相当高的学术地位，也由于 1970 年至 1974 年那段相对"自由"（进行了大量阅读）的蛰伏期——事实上未等"四人帮"垮台，冯康就已显示出挡不住的锋芒；而新时期一开始，冯康就如冰山浮出水面，又如旭日冉冉升起，有些东西非他莫属。比如 1978 年 3 月，中国科学院计算中心成立，冯康出任计算中心第一任主任。

那段相对平静的蛰伏期对冯康而言具有双重意义，或者说是一种双重的修复。之前他的科学研究被中断，整个人也被打碎了——他人虽然还存在，却是以碎片形式勉强拼凑出了一个貌似的自己。他渡过了难关，终于能够平静下来重新塑造自己。他无家无业，一有时间便泡在中国科学院图书馆、计算技术研究所图书馆、王府井新华书店。他以科学立身，最终也只能通过科学挽救自己，在挽救自己的同时也挽救他的学术研究。冯康可以直接阅读外文期刊和著作，没有语言的藩篱，英语、俄语、法语、德语，世界几个主要语种向他展示世界的面貌，他的知识背景不仅包含数学，还有物理、力学、工程，他用所有相关的学科看数学，也用数学看相关的学科，甚至涉及化学、生物学、仿生学、遗传学。科学院的外文科技期刊始终没有断档，不过有三五年没有拿出来，1970年后便陆续上架，供读者查阅。而像冯康这样同时精通多门外语的人有多少？科学重塑了他，某种意义上让他变得空前强大。

一个能俯瞰科学的人难道不强大？那时，鲜有人有他那样的视野，难怪他能于1974年在中国科学院计算技术研究所做关于变分不等式问题的大型报告，难怪1975年又做了一个更大型的涉及物理学与力学的报告——关于应用数学发展方向的全局性报告，难怪那么多物理学界的人也前来听报告——其关于"孤立波"的解读让物理学界心悦诚服。

孤立波解只存在于非线性色散方程之中，非线性与色散是孤立波存在的必要条件。色散——波的传播速度，依赖于波的频率和波长，它导致波包散开而非线性，却导致波阵面卷缩，两者共同作用，便形成稳定的波包，即孤立波。1834年秋，英国科学家、造船工程师罗素在运河河道上看到：由两匹骏马拉着的一条迅速前进的船突然停止的时候，被船推动的一大团水却不停止，它积聚在船头周围激烈地扰动，然后形成一个滚圆、光滑而又轮廓分明的大水包，高度为0.3~0.5米，长约10米，以约13公里的时速沿着河面向前滚动。罗素骑马沿运河跟踪这个水包时发现，它的大小、形状和速度等变化很慢，直到三四公里后，才在河道上渐渐地消失。罗素马上意识到，他发现的这个水包绝不是普通的水波。普通水波由水面的振动形成，振动沿水平面上下进行，水波的一半高于水面，另一半低于水面，并且由于能量的衰减会很快消失。但这个水包却完全在水面上，能量的衰减也非常缓慢（若水无阻力，则不会衰减、消失）。由于它具有圆润、光滑的波形，所以它也不是激波。罗素将他发现的这种奇特的波包称为孤立波。

当时科学界的权威们对罗素的这个结论，一开始就表示怀疑和反对。

甚至连当时对波动研究颇有造诣的英国天文学家艾里爵士、英国流体力学家斯托克斯爵士也对此质疑，怀疑在静止水面上不可能存在不变形的行波。他们怀疑的问题主要有：一个完整的波动为什么会全部在水面上，而不是一部分在水面上，一部分在水面下？波在传播的过程中，为什么波幅不会衰减？

罗素与艾里、斯托克斯的争论，最终于1895年被荷兰数学家科特韦格和他的学生德弗里斯所解决。他们在小振幅与长波的假定下，从流体动力学导出了关于孤立波的方程，后人称其为KdV方程。这一方程的行波解，在波长趋于无限的情况下，正是罗素发现的孤立波。KdV方程的提出，从理论上阐明了孤立波的存在，也给这场争论画上了句号。

从罗素的发现到KdV方程的提出，大约经历了60年时间，孤立波才为学术界普遍接受。罗素当时已经知道了孤立波的一些重要性质，如：孤立波在传播过程中保持波形和速度不变；两个孤立波碰撞时互相穿透且维持原来的波形和速度；孤立波的波幅越长，其传播速度越大；等等。

从 19 世纪末到 20 世纪中期，关于孤立波的研究工作处在寂静期，没有明显的进展。尽管在非线性电磁学、固体物理、流体动力学、神经动力学等学科中，相继提出了一些与孤立波有关的问题，但当时有关孤立波的知识，在新问题面前显得很不够用，且这些问题与应用数学之间相互促进的关系，也没有得到足够的重视。人们似乎忘记了罗素发现孤立波的重要意义。

经过了约 60 年的寂静期之后，1955 年费米（1938 年诺贝尔奖得主）、帕斯塔、乌拉姆发表了《非线性问题的研究》一文，这重新引发了人们对孤立波的兴趣，使对孤立波的研究又活跃了起来。费米、帕斯塔、乌拉姆的实验原先是要研究一维非线性动力学系统：一根一维的、连续分布的弦两端固定，将其分成 N 段，每段当成一个单元；并将每个单元简化成具有相同质量的质点，其间相互作用力包括线性和非线性部分。费米等人在洛斯阿拉莫斯国家实验室的计算机上进行数值计算，意外地得知能量集中在最低的振动模式。

最使冯康感兴趣的是下面两项工作。

1965 年，普林斯顿大学的应用数学家克鲁斯克尔和贝尔实验室的扎布斯基对费米、帕斯塔、乌拉姆的两个 KdV 孤立波的碰撞进一步研究发现，若用弦的位移表示，它们正好满足 KdV 方程。他们通过计算机对孤立波进行研究，得到孤立波的三个特点：孤立波在碰撞前后保持高度不变，像是"透明地"穿过对方；碰撞时两个孤立波重叠在一起，其高度低于碰撞前高度较高的那个（这表明在非线性过程中，不存在线性叠加原理）；碰撞后孤立波的轨道与碰撞前有些偏离（即发生了相移）。他们在数值实验中，既研究了两个孤立波的碰撞，也研究了四个孤立波的碰撞，并首次引入"孤立子"这一术语，用来描述这种具有粒子性质的孤立波。克鲁斯克尔因此获得了美国科学家的最高荣誉——国家科学奖章。

本身就和克鲁斯克尔很熟的拉克斯很快就知道了他们非常有趣的计算结果。于是拉克斯就思考如何从理论上解释并求解这些孤立子。1968年，拉克斯发表了《非线性发展方程的求积和孤立波》（Integrals of Nonlinear Equations of Evolution and Solitary Waves）这篇经典文章，得到了关于KdV方程的巧妙解法，从而从数学上发现了非线性方程中的孤立子现象。这是近代非线性科学研究的重要事件。此文还提出了著名的"拉克斯对"（Lax pair）的概念以及拉克斯方程，成为研究孤立子领域的基本框架，大大推动了完全可积方程组的理论发展及其与其他领域的联系。

一直对拉克斯的研究思路很欣赏、对其研究成果很佩服的冯康，应该是通过上文对孤立子的研究产生了浓厚的兴趣。他在这个问题上花过时间，并因此做了一个公众报告，畅谈自己的学习体会和展望。冯康的科学报告，乃至讲课，均因语言生动精练、逻辑性强，深受听众欢迎。

冯康厚积薄发的报告，对中国孤立子的发展与研究产生了很大的影响，甚至引导了一些新的学科方向。而这只不过是冯康"文化大革命"后期大量阅读形成的积累之一，经过数年蛰伏后一次能量的释放。

著名物理学家何祚庥院士当时也是听众之一，他是一个观点很多、心直口快的人。几年后回忆那次精彩的撼动人心的报告，何祚庥对其他听过冯康报告的人说，冯康选院士，不用推荐了，也不用选了，仅凭那个"孤立波"的报告，冯康就可以做物理学的院士。由此可见冯康报告产生的"威力"。

林群回忆说："我听过一件事情。冯先生当选院士前，推荐他的时候，好像他没有经过投票和选举，因为他做一次孤立波的报告，非常震撼，得到了大家的高度认可。他的报告特点是用通俗易懂的语言表达出精确的思想，非常生动。那个报告他是从物理实验开始的，比如水波怎么运动，讲得就好像你身临其境一样，好像你划条船在河里漂移，看到了波在动。就好像你跟他出一次海，看着波怎么形成，怎么发展，怎么把它抽出来，怎么变成一个理论。所以物理学家听了，非常佩服。他理解得非常深刻，而且能用一种很形象的说法，把一个数学道理说清楚。"

从当年的出逃，到春天的到来，冯康在此期间大量阅读、深度思考，最终厚积薄发。

[25] 飞鸟

有人说，科学家有两种，一种是战略型的，一种是战术型的，通常前者鲜少，在中国尤其少。著名数学物理学家、英国皇家学会院士弗里曼·戴森① 在《飞鸟与青蛙》中写道："有些数学家像飞鸟，而另外一些像青蛙。飞鸟翱翔于高空之中，游弋于数学的广袤大地之上，目及八方。他们着眼于那些能够统一我们思考的概念，时常将领地当中不同区域的分散问题联系在一起。青蛙则栖息于泥沼之中，所见不过是附近生长着的花朵。他们着眼于特定目标的细节，每次只解决一个问题。……数学领域是丰富而优美的，飞鸟使它宽广，而青蛙则使它精致入微。"

戴森又写道："17世纪伊始，两位伟大的哲学家，英国的弗朗西斯·培根和法国的勒内·笛卡儿，宣告了现代科学的诞生。笛卡儿是一只飞鸟，培根则是一只青蛙。他

---

① 戴森早年在剑桥大学追随著名数学家哈代研究数学，二战后来到美国。他为量子电动力学的建立做出了重大的贡献，并著有许多科普读物。他可能是近代西方少有的没有获得过博士学位但在最著名学府任教的例子。

们各自描述了对于未来的洞见。他们的洞见是非常不同的。培根说，一切都依赖于将目光盯在自然的事实上。笛卡儿说，我思故我在。"①

按照培根的观点，科学家需要周游地球收集事实，直到所积累的事实能够揭示出自然的运动方式。科学家们从这些事实中推导出自然运作所遵循的法则。根据笛卡儿的观点，科学家只需要待在家里，就能通过纯粹的思考推导出自然规律。为了推导出正确的自然规律，科学家们只需要逻辑规则和知识。在开路先锋培根和笛卡儿的领导下，400多年来，科学同时沿着这两条路径全速前进。然而，揭示自然奥秘的力量既不是培根的经验主义，也不是笛卡儿的教条主义，而是二者成功合作的产物。多年来英国科学家倾向于培根哲学，法国科学家倾向于笛卡儿哲学。法拉第、达尔文和卢瑟福是培根学派，帕斯卡、拉普拉斯和庞加莱是笛卡儿学派。因为这两种对比鲜明的文化的交叉渗透，科学被极大地丰富了。这两种文化一直在这两个国家发挥作用。牛顿在本质上是笛卡儿学派，他用了笛卡儿主义的纯粹思考，并用这种思考推翻了涡流的笛卡儿教条。玛丽·居里在本质上是培根学派，她熬沸了几吨沥青铀矿渣，推翻了原子不可分割之教条。

在20世纪的数学历史中，有两起决定性事件，一起属于培根学派传统，另一起属于笛卡儿学派传统。

第一起事件发生于1900年，在巴黎召开的国际数学家大会上，哥廷根学派领袖希尔伯特做大会主题演讲，提出了23个未解决的著名问题，绘制

---

① DYSON F. Birds and Frogs[J]. Notices of the AMS, 2009, 56（2）: 212-223.

了即将来临的一个世纪的数学航道。希尔伯特本身是一只鸟,高高飞翔在整个数学领地的上空,但他声称,他的问题是给在同一时间只解决一个问题的青蛙们的。

第二起决定性事件发生在 20 世纪 30 年代,数学之鸟——布尔巴基学派在法国成立,他们致力于出版一系列能将全部数学框架统一起来的教科书。

在引导数学研究步入硕果累累的方向上,希尔伯特问题取得了巨大成功。部分问题被解决了,部分问题仍悬而未决,但所有这些问题都刺激着数学新思想、新领域的萌发和成长。布尔巴基纲领有同等影响,通过带入以前并不存在的逻辑连贯性,推动从具体实例到抽象共性的发展,这个项目改变了下一个 50 年的数学风格。在布尔巴基学派的格局中,数学是包含在布尔巴基教科书中的抽象结构。教科书之外均不是数学,从教科书中消失后具体实例就不再是数学。布尔巴基纲领是笛卡儿风格的极端表现。通过排除培根学派的旅行者们在路旁可能采集到的鲜花,他们缩小了数学的规模。

戴森总结性写道:"当我回顾数学的历史的时候,我看见不断有非逻辑的跳跃、难以置信的巧合和自然的玩笑。大自然所开的最深刻玩笑之一是 -1 的平方根,1926 年,物理学家埃尔温·薛定谔在发明波动力学时,将这个数放入他的波动方程。当薛定谔开始思考如何将光学和力学统一时他就是一只飞鸟。早在 100 多年前,借助于描述光学射线和经典粒子轨迹的相同数学原理,哈密尔顿统一了射线光学和经典力学。薛定谔也希望用同样的方式来统一波动光学和波动力学。当时，波动光学已经存在，但波动力学尚未出现。薛定谔不得不发明波动力学来完成这一统一。开始时，他将波动光学作为一个模型，写下机械粒子的微分方程，但这个方程没有任何意义。这个方程看起来像连续介质中的热传导方程。热传导与粒子力学之间没有可见的相关性。薛定谔的想法看起来没有任何意义，然而奇迹出现了。薛定谔将-1的平方根放入机械粒子的微分方程，突然间，它就有意义了；突然间，它成为波动方程而不是热传导方程。薛定谔高兴地发现，这个方程的解与玻尔原子模型中的量化轨道相吻合。事实证明，薛定谔方程准确地描述了我们今天所知的原子的每一种行为。这是整个化学和绝大部分物理学的基础。-1的平方根意味着大自然是以复数而不是实数的方式运行，这一发现让薛定谔和其他许多人耳目一新。"[1]

戴森提及的薛定谔是奥地利理论物理学家，量子力学的奠基人之一。1926年他提出薛定谔方程，为量子力学奠定了坚实的基础。戴森提到的哈密尔顿则是英国数学家、物理学家，对四元数有很大的贡献。哈密尔顿自幼聪明，被称为神童。在对复数长期研究的基础上，他于1843年正式提出"四元数"这一概念，是代数学中的一项重要成果。此外，他还在矩阵理论中提出了哈密尔顿—凯莱定理。1843年，哈密尔顿发表了历史性论文《动力学的一种普遍方法》(On a General Method in Dynamics)，成为动力学发展过程中新的里程碑，文中的观点主要是从光学研究中抽象出来的。本书

[1] DYSON F. Birds and Frogs[J]. Notices of the AMS, 2009, 56（2）: 212-223.

后面将重点谈及的冯康的另一数学贡献，即哈密尔顿系统的辛几何算法，便和这篇历史性论文有着密切的联系。

正如戴森所述的"当薛定谔开始思考如何将光学和力学统一时他就是一只飞鸟"，毫无疑问，冯康在1978年及此后的许多年，都是中国的一只飞鸟，他对数学与物理学进行了统一的思考，指明了十年浩劫后，百废待兴的茫然情况下应用数学的发展方向。

无独有偶，林群也认为冯康是中国数学界的一只"飞鸟"。林群先是从事泛函分析，后来转到计算数学研究，通过计算方法内部结构的优化和新算法的推出，将误差降到最小。新方法被应用到核电站和堆石坝的计算中，获1989年中国科学院自然科学奖一等奖。他曾任中国科学院系统科学研究所副所长、中国数学会副理事长，但是他还有一个身份，每每提及都十分自豪——与冯康是亦师亦友的关系。

林群1956年大学毕业被分配到中国科学院数学研究所，那时30多岁的冯康从苏联回来不久。当时数学所成立不久，多数人还不知道要干什么。冯康就介绍了他参加苏联的讨论班的情况，然后写了一篇广义函数的文章，产生了很大的影响，这对刚毕业的大学生林群影响很大。有人说，做数学研究的人大部分是战术家，只顾解决自己的问题，很少是战略家，而一开始冯康给林群留下深刻印象的就是冯康是数学方面的战略家。冯康在苏联学习的时候，就意识到了抽象数学不会很快地"燃烧"起来，应该跟物理密切联系才会"燃烧"起来，所以他在数学和物理之间选择了广义函数。当时这是很新的，多学科的，也是方向，可以说广义函数是跟物理一起诞生的，这是冯康选择的战略大方向。后来，冯康又注意到新兴的计算数学应该更有前途，于是又放弃了对广义函数的专业研究，投身于计算数学，带出了一支优秀的计算数学队伍。

林群认为，别人是站在数学角度看自己，冯康是站在力学、物理学、工程学的角度看数学、看计算，看给他带来国际声誉的有限元，"一般的数学家没有他这样的品质"。

冯康将从苏联回来写的那篇关于广义函数的文章寄到了《中国科学》，吴文俊是编委，一看这篇文章的分量就很重，视野与众不同。于是吴文俊就请冯康在数学所做报告，那也是林群第一次听冯康的报告。"我们很多人，包括我在内，都被他吸引过去。他的每一句讲话都是咬定不放的，让你深信不疑，他绝不吞吞吐吐，而是非常明确。他用的语言，可以说语必惊人，甚至他选择的语言系统都跟我们不一样……我知道他有一个小笔记本，把国外这些'飞鸟'也好，'青蛙'也好——都是最好的数学家了——的语录都记下来。语录都是英文，他自己转换成中文，跟市面上看到的语录完全不同，是他自己翻译的。"

冯康有列夫·托尔斯泰的风格，林群说，冯康自己也非常崇拜列夫·托尔斯泰，去苏联前就看了《战争与和平》，家里有很多苏联的唱片，他对苏联的文学、音乐、艺术都很熟悉。"他知道苏联的数学家在莫斯科的音乐厅里是经常聚会的，知道他们都把音乐看作自己追求数学的一个境界，非常尊重音乐。冯康推崇这种境界，他自己也是这样。托尔斯泰讲话与众不同，每句话几乎都可以成为语录，冯康也是这种类型的人。"

林群回忆说:"冯康去计算所之前,负责数学所的习题库、辅导和讨论班。我们做的习题他来讲,讨论班上他会毫不客气地评论,直言不讳。我们最怕他来评审,因为他会直截了当地说这个方向不重要,那个有前途,这个没前途,他都有自己的看法。他一方面威信很高,另一方面也得罪了很多人,我作为学生,很怕他。"

冯康为什么能够有这种飞鸟的眼光?林群说:"当然不是偶然,他懂得好几门外语,是天才,每次我去院图书馆,一定会看见他在读外文书刊。科学院图书馆不只有数学书,还有很多自然科学图书,他不只看数学杂志,还看其他自然科学杂志,广泛涉猎。他只看最重要的书,看大科学家的。还有,他有扎实的文艺基础,有很强的艺术修养。所以他有成为飞鸟的潜质。"

"他差不多每周去我家一次,那时他还没有再婚,单身,所以他也愿意到别人家里坐一坐。因为他有很多见解,他必须发出来。他讲的都是学术界的情况,比如物理界出了哪本好书,怎么好,他对物理学的理解非常深刻,不是抄别人的说法,完全是他自己的理解。数学也是他自己理解的数学,他需要爆发点,要讲出来。我是吸收型的,他讲什么,我听什么,所以他很愿意跟我讲。他需要一个听众,好像弹钢琴的,有一个人在旁边倾听,跟只弹给自己一个人听不一样。而我跟我的老伴就是他忠实的听众。我们非常佩服他,感觉他太权威了。"

[26] 计算中心

1978年3月,在冯康的主持下,中国科学院计算中心成立,冯康出任首任计算中心主任。

成立一个独立的计算中心,在"文化大革命"前已有定案。当时内定的主任是从法国留学归来的老一辈数学家吴新谋。虽然吴新谋很少接触科学计算,但"文化大革命"前刚过不惑之年的冯康当时很难被推上中心主任的位置。1978年,经过十多年的磨炼,冯康的学术地位得到了广泛的认可,已经可以独立担当起中国科学院计算中心主任的大任了。计算中心的核心人员大部分来自计算所三室,除计算机辅助设计组部分人员仍留在计算所外,三室的其余133人全部划归计算中心。计算中心同时也并入了数学研究所部分从事软件研究的人员。这样,冯康终于成功组建了一支独立的从事应用与计算数学研究的队伍。

创立中国科学院计算中心也使冯康走上了事业生涯的顶峰。第一次集行政与业务大权于一身的冯康,从此有了一个可以自由掌控的舞台,真正成为一个可以运筹决策的

"统帅"。他开始指挥、带领他的团队，为我国的计算数学事业发展布局谋篇，进一步提升计算数学在我国科研发展中的地位，进一步提升中国计算数学在世界的影响力。

1978年，马年辞旧迎新的爆竹还未散尽，中国科学院计算中心挂牌成立的爆竹又再度响起。

与计算中心红红火火成立相伴而来的，还有计算中心的乔迁之喜。位于中关村南四街四号一幢新建的四层"机房楼"成了刚刚成立的计算中心的新家。从此，冯康带着三室团队搬出了充满记忆的"北楼"来到这里，开启了计算中心的新里程。直到20年后，计算中心经历了重组，与数学所等三所合并成为中国科学院数学与系统科学研究院时，才又搬到了中国科学院基础园区那幢被称为"蓝白楼"的综合科技楼。那时的计算中心早已物是人非，而此时的冯康却正是如沐春风、舒心惬意。

林群感慨地说："创立中国科学院计算中心，让冯康有了一个可以按自己想法做事情的计算数学大舞台，让一个可以运筹帷幄的'统帅'真正成为统帅，成为中国科学界的一只'飞鸟'。"

计算中心成立后，冯康迅速壮大了计算数学科研人员的队伍，最兴旺时达到了450人的规模。与此同时，他还从创办及主抓一些权威的学术刊物入手，倡导与丰富计算数学理论的研究，提升计算数学在国内外的地位与影响。

1978年，在冯康的倡导下，因"文化大革命"而停刊的《应用数学与计算数学》最先复刊。这时冯康的脸上已完全看不出"文化大革命"时破碎的痕迹，在他炯炯有神的目光中甚至看不出曾经历过的磨难。《应用数学与计算数学》这本期刊曾经倾注了计算所三室第七研究组研究人员的无数心血与汗水，这朵中国计算数学发展史上最早的期刊之花在"文化大革命"之后终于得以重新绽放，并被更名为《计算数学》，1979年第一卷正式出版。

1980年，冯康又倡导创办了一份更强调应用的期刊《数值计算与计算机应用》，这份期刊主要介绍使用计算机解决各种科研或工程问题的数学模型、计算方法，特别是大规模科学计算领域取得的创造性成果和研究报告，每个季度一期。

1983年，在冯康的主持下，中国计算数学历史上第一份公开发行的英文期刊 *Journal of Computational Mathematics* 正式创刊，后来同行们都将其简称为 *JCM*。*JCM* 的出版大大提升了中国计算数学在国际上的影响力，使得中国的计算数学在学术方面与世界前沿接轨。*JCM* 是世界上最早的计算数学 SCI 期刊之一，至今仍是欧美之外最有影响力的计算数学国际期刊。如果不是有着开阔的飞鸟视野，怎么可能做出这样具有全局观念的学术建设？怎么可能那么早就与世界接轨？

在1984年前，黄鸿慈是上述三刊的不挂名的常务主编，负责日常工作，包括筛选、确定稿件送审，建议退稿和录选，最后交编委会决定。石钟慈也是 *JCM* 最早的常务主编之一。

有那么一段时间，黄鸿慈受到冯康的特别重视。除了协办期刊之外，恢复研究生考试，陪同访问欧洲，黄鸿慈都相伴冯康左右，成为冯康的重要助手。

1978年，中国科学院于"文化大革命"后开始恢复职称的评审，冯康被评为正研究员，他又把黄鸿慈和在应用上做出突出贡献的朱幼兰第一批提升为副研究员，不久两人又被提升为正研究员和博士生导师，这是全国第二批博士生导师。第一批计算数学的博士生导师仅有6人，都是非常资深的专家。

冯康还是第一届和第二届国务院学位委员会委员。继 JCM 创办之后，冯康创办了另一份计算数学的英文期刊 Chinese Journal of Numerical Mathematics and Applications，并担任主编。这份期刊主要把中文期刊中优秀的计算数学论文翻译成英文介绍给国际同行。在20世纪80年代英文写作不是很流行的大环境下，它起到了很好的交流作用。

除了刊物之外，在许多受"文化大革命"影响的全国性的学会组织都还没有恢复的时候，冯康就已经敏锐地察觉到，随着计算数学在全国范围内得到越来越广泛的应用，应当组织成立一个全国性的计算数学学会，把中国从事计算数学的工作者们团结起来，更好地进行沟通与交流，同时也可以在全国更广泛地推广计算数学。

冯康的做法是，先发动老一辈的中国计算数学专家加入中国数学会的计算数学学会，以壮声威。因此，就在1978年这一年，中国计算数学学会筹备会在北京昌平召开，冯康邀请了众多中国计算数学界的前辈参加筹备会，时任清华大学副校长、数学系主任的赵访熊，核工业部应用物理与计算数学研究所著名数学家周毓麟，以及北京大学计算数学教研室主任胡祖炽等20多人参加了这次筹备会。此外，年轻一辈的代表有来自中国科技大学的与冯康有过多年合作的石钟慈等。经过冯康的奔波与精心筹备，1979年，中国计算数学学会第一届年会在广州召开，德高望重的计算数学前辈赵访熊担任第一任理事长，冯康、徐献瑜、周毓麟等担任副理事长。1985年，中国计算数学学会第二届年会在北京召开，冯康无可争议地出任第二任理事长，而发起组织计算数学学会也显示了冯康的领导才能。年会每六年召开一次，担任第三、第四任理事长的分别是周毓麟和石钟慈。

回顾起来，可以说中国计算数学学会是"文化大革命"后较早成立的全国性学会组织，冯康则为中国计算数学事业的迅速发展做出了巨大的贡献。

周毓麟，数学家，中国科学院院士。1923年出生于上海，1945年毕业于大同大学。1946年到1948年，跟随陈省身从事拓扑学研究，1949年至1953年在清华大学和北京大学工作，1954年赴莫斯科大学留学，师从著名数学家奥列尼克，主攻非线性偏微分方程。1957年学成归国加入北京大学数学力学系，在北大专门化学习班中培养了一批高水平的教学和科研人才，如苏州大学原校长姜礼尚，北京大学教授应隆安、滕振寰，清华大学教授韩厚德等。1960年，周毓麟奉调参加我国的核武器理论研究，是我国核武器设计中数学研究工作早期的主要组织者和开拓者之一。在长达20年的时间里，周毓麟一直主管核武器数值模拟和流体力学方面的研究工作，该领域涉及数学、物理与力学等学科的交叉以及基础与应用的结合，深刻体现了研究工作的综合性、复杂性和集体性。他在组织研究队伍、建立数学模型、设计数值方法以及解决应用中的数学问题（包括系列计算程序的研制与成功应用）等方面，做出了很多重要贡献。1982年，作为项目"原子弹氢弹设计原理中的物理力学数学理论问题"的完成者之一，他获得了国家自然科学奖一等奖；得奖者的排名顺序是彭桓武、邓稼先、周光召、于敏、周毓麟、黄祖洽、秦元勋、江泽培、何桂莲。

1977年，中断了12年的高考终于恢复，举国欢庆，高考的恢复标志着高校招生走上正轨，翌年又恢复了研究生考试制度。也就是在这一年，中国科学院计算中心开始在全国招收第一届研究生。刚刚出任计算中心主任的冯康亲自主持开展研究生招生考试工作，题目主要是数学分析和线性代数两科，而具体的命题、改卷则由冯康的助手黄鸿慈来做，冯康审阅。考后录取也是冯康、黄鸿慈两人讨论，最后冯康拍板。

1978年计算中心招收了余德浩、桂文庄等19人为第一届计算数学研究生，他们多数是"文化大革命"前上大学的老大学生，也有少数几个是"文化大革命"期间上大学的"工农兵大学生"。之后自1979年起，计算中心有3年没有招生，因为新时期的大学生尚未毕业。直到1982年初，"文化大革命"后恢复高考上大学的第一届大学生毕业，计算中心才又恢复了招收研究生的工作。1982年之后的几年，通过研究生入学考试招收的学生相当优秀，显示出"文化大革命"后恢复正规教育的成果，他们是汪道柳、袁亚湘、鄂维南、穆默、韩渭敏、顾明等，至今很多已是院士、知名学者。由于工作关系——可能是"近水楼台先得月"，黄鸿慈名下的研究生比较多，包括鄂维南、穆默、韩渭敏、邹军，他们之后都发展为很有成就的计算数学家。

早在 1966 年以前，冯康就招收了几个研究生，其中较出色的是王烈衡。王烈衡 1964 年大学毕业后考取了冯康的研究生，"文化大革命"中断了学业。80 年代初冯康建议王烈衡去有限元研究的重要基地意大利访问，和高水平的专家交流。冯康不但建议，还主动帮助王烈衡联系要访问的教授，为他写推荐信。

在国家改革开放的大背景下，抓国际交往是冯康为自己确立的工作重点之一。他往往亲自抓，亲自用打字机写英文、德文或法文推荐信，想方设法把业务骨干尽快送到国外著名的大学、研究机构去进修，做访问学者，了解世界，与世界接轨。冯康操心的是"文化大革命"后中国科学与世界之间的距离，想起"文化大革命"耽误的时间便特别忧国忧民，特别愿意让年轻人出去。那时计算中心的很多人都经常看到冯康在他的斗室中央摆上一张小桌子，放上他早年买的那台英文打字机，躬着隆起的身体，坐在小板凳上给年轻人打推荐信。那时的打字条件和今天的电脑无法相比，那时在英文打字机上打一封信至少要花掉现在 10 倍的时间，但冯康却乐而忘忧，每封信都让他不仅看到个人的希望，也看到国家的希望。他深知能够走出去的年轻人，一定会是国家的人才，是未来计算数学发展的人才，是希望所在。

冯康对非自己名下研究生的年轻研究人员同样关怀备至。石钟慈、黄鸿慈、林群、崔俊芝等人年轻时都得到过冯康的指导和帮助，他们至今仍以曾经是冯康的助手和学生而自豪。1979 年，冯康越级提拔 39 岁的屠规彰为当时最年轻的研究员，还把自己的收录机借给他学英语，推荐他出国。有一些年轻人从外地到北京来向冯康求教，他也给予精心指导，并关心他们的成长。由于他的大力推荐，这些人中后来涌现出了郭本瑜、王兴华、谢干权等知名学者，他们感谢冯康的关怀和帮助，自称是冯康的"私淑弟子"。

百忙之中冯康先后招收了余德浩、桂文庄、袁亚湘、葛忠、汪道柳、迟学斌、唐贻发、尚在久等研究生。在冯康的悉心指导下，这些学生在中国计算数学界都有不同程度的建树与成就，成为中国计算数学界"冯康学派"的嫡传弟子。博士生中，余德浩曾任中国科学院数学与系统科学研究院计算数学所副所长、中国计算数学学会副理事长；汪道柳如今在一家国际石油公司做开发研究，葛忠在美国的技术公司工作；尚在久曾任中国科学院数学与系统科学研究院数学研究所所长，现任中国科学院国家数学与交叉科学中心副主任；唐贻发是中国科学院数学与系统科学研究院计算数学所的研究员。硕士生中，桂文庄曾任中国科学院高技术研究与发展局局长、中国科学院老科协副理事长；陈旻、蒋立新、舒海滨等人取得硕士学位后出国留学或到国内企业就职。

袁亚湘录取在冯康名下后，冯康敏锐地感觉到最优化方法研究将会是计算数学一个重要的研究方向，他建议袁亚湘步入这一在中国毫无基础的学科，并推荐他去英国剑桥大学留学，跟随最优化研究国际级大师、英国皇家学会院士鲍威尔学习。袁亚湘1986年取得剑桥大学博士学位，做过两年剑桥大学研究员后，在冯康的感召下，1988年回到了中国科学院，成为当时中国科学院最年轻的研究员。这在 20 世纪 80 年代的中国，绝对是凤毛麟角一般。袁亚湘回国后，曾任中国科学院数学与系统科学研究院计算数学所所长、数学与系统科学研究院副院长、中国数学会理事长，现任中国科协副主席，2011 年当选为中国科学院院士。

　　冯康不仅让学生走出去，而自己闭关了这么多年，也想要走出去看看。于是在 1978 年 10 月，应法国国家科学研究中心和意大利科学院的邀请，冯康得以对法国、意大利进行了为期三个星期的交流出访。

[27] 世界舞台

1978年10月的一天,冯康换上了久违的西装,在镜前伫立良久。按照当时国家给出国人员的待遇,出国时可以定做一套西装,冯康定制了一套灰色西装,陪同冯康一起出访的黄鸿慈则定做了一套黑色西装。穿上全新、笔挺的西装,冯康与黄鸿慈仿佛一下子就脱离了自己的时代,如同穿越一样踏上了欧洲之旅。

塞纳河,埃菲尔铁塔,凯旋门,罗浮宫,巴黎圣母院……这些早年在法国小说中读到的美景、建筑物不可思议地展现在眼前,不禁让冯康感慨——感慨许多年前在莫斯科、圣彼得堡看到的并不相似的情景但又有些相似的记忆,仿佛故乡,又非故乡。更让冯康感慨的是巴黎的现代化,交通、汽车、时尚。虽然有很长时间自己是孤独的,但在艰难中也曾孤军深入到计算数学的前沿,因而冯康骨子里又有着某种高傲。正是带着这种复杂的情绪,冯康投入到与法国的大学和学术机构的学术交流中,一方面在专家、学者云集的大会上倾听,一方面也借着国际场合向国际专家介绍自己，介绍中国的有限元研究。

1975 年，法国科学院院士、著名科学家利翁斯访问中国，冯康以及中国有限元研究给他留下了极深的印象。中国改革开放后，在冯康的邀请下利翁斯多次访华，对中国的最优控制和有限元研究工作起到了重要的推动作用。利翁斯作为国际数学联盟的核心领导和法国科学院院长，对中国数学的发展，对"文化大革命"后恢复中国数学在国际舞台上应有的地位也做出了极其重要的贡献。在利翁斯的支持与努力下，中国很快恢复了在国际数学联盟中的席位。不久，利翁斯在担任国际数学联盟主席期间又为北京申请举办国际数学家大会给予了关键的支持。2002 年，第 24 届国际数学家大会在北京举行，江泽民主席出席了开幕式，并应邀为本届菲尔兹奖获得者颁奖。

在巴黎时，冯康不仅参加各种学术会议，还在巴黎第六大学做了一场报告。正是在那次报告中，冯康首次在国际上提出了"自然边界归化"的思想。这一思想也是冯康继 60 年代中期发明有限元方法后，在 70 年代中那段相对平静的"蛰伏期"探索出的又一个最新研究方向。冯康真是天然的数学种子，无论何种条件，只要有一线生机就会生根发芽。

巴黎六大在世界上赫赫有名，其数学研究举世闻名。冯康的这次报告是用法语做的，尽管之前他并没有专门学过法语。冯康深厚的学识与过人的见识不用经过翻译，直接传到法国专家的耳朵里，令听众大为惊叹和敬佩。那时冯康代表了中国，让百废待兴的中国有了一个出人意料的新形象。

在巴黎六大的报告中，冯康提到 20 世纪 60 年代中期，中国科学家独立创建并发展了有限元方法及其理论，在求解有界区域椭圆边值问题方面取得了极大的成功。但是，许多实际计算问题涉及无界区域，而用有限元方法求解无界区域问题必然遇到本质性困难，为达到所需要的计算精度，往往要付出极大的代价。而冯康没有沉醉于有限元方法的贡献，他不断思考新的研究方向。冯康从"微分方程边值问题可以有种种不同的数学模型，在理论上等价，但在数值实现中不等效"这一基本观点出发，既深刻地总结出对有界区域问题"有限元方法成功的一个关键就是合理地选取变分的数学形式"，又敏锐地感觉到对无界区域问题必须探索新的更适宜的数学形式并发展相应的数值计算方法。70 年代中后期，冯康的主要研究兴趣转向了边界归化及边界元方法这一领域。

关于对微分方程边值问题做边界归化的思想，早在 19 世纪就已出现，但应用于数值计算却是 20 世纪 60 年代的事了，这就是边界积分方法。从 70 年代后期开始，这一方法又被称为"边界元方法"，并在国际上形成了直接法与间接法两大流派。对于这些，冯康在泡图书馆的广泛阅读中已从外文期刊上了解到；而与国际流行的这两类基于经典边界归化理论的方法完全不同，冯康根据微分方程边值问题的物理和数学特性，提出了"正则边界归化"的思想，并指出唯有通过正则边界归化，才能保持能量不变，从而保持问题的本质不变。后来他称此类归化为"自然边界归化"。

离开巴黎，冯康与黄鸿慈又来到了法国东南部洋溢着地中海风情的旅游城市尼斯。冯康此行的目的主要是访问国际上数学学科领先的尼斯大学，并做学术报告。冯康的学术报告很成功,让这所大学领略了中国数学的实力。

在法国讲学一个多星期后,冯康前往意大利首都罗马,访问了罗马大学和意大利计算数学研究所,并做了最新研究成果的报告。在意大利,冯

1978年冯康(前排右4)和黄鸿慈(前排右2)出席意大利院士大会

冯康与意大利著名有限元学者布雷齐(左1)夫妇合影

康还被邀请出席了意大利院士大会，并作为重要的国际嘉宾与意大利重量级院士们一起就座于前排。其间冯康与黄鸿慈还访问了帕维亚大学。帕维亚大学成立于1361年，是世界上最古老的大学之一，也是世界上著名的有限元研究基地，代表人物佛朗哥·布雷齐后来到中国做过多次访问。

学术交流的闲暇，冯康专程来到了比萨。比萨是大科学家伽利略的故乡，伽利略是冯康最敬仰的科学家之一。伽利略发明了摆针和温度计，在科学上为人类做出了巨大贡献，是近代实验科学的奠基人之一。他首先在科学实验的基础上融会贯通了数学、物理学和天文学三门知识，扩大、加深并改变了人类对物质运动和宇宙的认识。伽利略从实验中总结出自由落体定律、惯性定律和伽利略相对性原理等，从而推翻了亚里士多德物理学的许多臆断，奠定了经典力学的基础，反驳了托勒密的地心体系，有力地支持了哥白尼的日心学说。他以系统的实验和观察，推翻了纯属思辨的传统自然观，开创了以实验事实为依据并具有严密逻辑体系的近代科学，因此被誉为"近代力学之父""现代科学之父"。其工作为牛顿的理论体系的建立奠定了基础。1633年，伽利略因"反对教皇、宣扬邪学"被罗马宗教裁判所判处终身监禁。伽利略是鼓舞冯康的伟大科学家之一，因此在比萨冯康特别兴奋，很少留影的他在比萨斜塔前面留了影。

作为有限元研究领域的世界级权威，冯康在意大利应电视台之邀去做访问节目。冯康希望通过电视媒介让更多的欧洲人了解中国科学家所进行的学术研究。事实上，那时中国的科学家在国外能有多少机会得到邀请上电视呢？这个机会不能放过。

"那些国际级的数学大师之所以尊重冯康先生,并不仅仅是因为他原来的名气和成就,而是通过与冯先生具体的接触、交谈,被他的魅力感染。冯先生头脑敏捷,学识丰富,因此他可以和许多世界知名的学者、大师进行平等的交流。"黄鸿慈回忆那次欧洲之旅时说,"他毫不避讳地向业界人士介绍自己及所做的学术研究,给人们留下了特别深刻的印象,因此人们对他也很尊重。"

一路出访,冯康吃得很简单,即使参加宴会招待会,他也只吃不到常人分量一半的菜。黄鸿慈后来回忆说,在随冯康出访近距离的接触中,也看到了他人际交往的两面性。他对不同的人态度也大不相同。对于一些学术大家,他总是毕恭毕敬,非常客气,而对于一些普通学者则相对冷淡,有时甚至不愿理睬。在短暂而紧促的行程安排中,冯康只能将最有效的沟通集中于上层的交往。他必须在最短的时间内让他和中国的计算数学在世界级的殿堂上得以展示和推广。事实证明,欧洲之行实现了冯康的愿望。冯康给所到之处带去了改革开放之初的神秘的"中国旋风",足以让他及中国的计算数学在世界舞台上被刮目相看,并产生深远的影响。冯康与黄鸿慈在欧洲讲学、访问一个多月,后期冯康还参加了一个国际会议,并应邀担任会议的分会主席。

欧洲是冯康心向往之的地方,缘于早年打下的欧洲文化基础,面对一切都有种一见如故之感。讲学之余冯康在巴黎欣赏了一场歌剧表演,参观了罗浮宫和著名的欧洲古典主义代表建筑凡尔赛宫。在尼斯欣赏古典建筑、电影文化,有时会流连忘返。冯康受苏联科学家的影响,对文学、艺术像对学术一样充满了热情，有很高的修养，不然他的口才怎么会那么好，那么富有感染力、想象力！在参观罗浮宫、凡尔赛宫等艺术殿堂时，冯康对很多油画、雕塑的历史背景和其精华都能评论一二，这让黄鸿慈非常惊讶与佩服，国内很少见到一个科学家有如此高的艺术修养。

其实不光冯康，他的胞弟冯端的艺术修养也十分了得。2013年，高等教育出版社准备出版冯端的 Condensed Matter Physics（《凝聚态物理学》）中文版。工作过程中，有位资深理科编辑来找出版社总编辑说："物理学的内容整理起来问题不大，能不能再给配个文学编辑？毕竟莎士比亚什么的自己实在不熟。"说得总编辑一头雾水，这是哪儿和哪儿啊，一部关于凝聚态物理学的著作怎么出来莎士比亚了？待总编辑看过书稿才明白，原来冯端的这部作品每一章前面都带了一段导语，用的不是欧洲古典诗篇，便是古老格言，比如"对不可言说的进行探究，使你迷惘的生命终趋于成熟"，这是奥地利大诗人里尔克的诗，再如"像滔滔波浪滚向沙滩，我们之光阴不息地奔赴终点"，这是莎士比亚的诗。这位资深的理科编辑算是领教了一位大院士的文学修养。

冯端的诗词还贯穿了60多年的幸福婚姻。在冯端与夫人陈廉方的爱情里，诗歌从未缺席。冯端与陈廉方交往不久，就赠了两本诗集给她，一本是《青铜骑士》，一本是《夜歌和白天的歌》，让两人的故事多了一份诗意的浪漫。1955年结婚后，每逢重要的节日，冯端都要写诗庆贺。60多年里，冯端给夫人写下了不计其数的情诗，陈廉方则用一只大红色的小皮箱，完好地保存了先生的所有作品。

1980年，冯康再访法国。回国后不久，冯康当选为中国科学院学部委员。

中国科学院院士，原称为"中国科学院学部委员"，1993年10月改为现名。1955年首批学部委员是经过民主推荐和广泛协商产生的，没有进行选举。1957年进行了小规模的学部委员增补，办法上虽有改进，部分学部进行过投票表决，但最终结果并不是由选举决定的。以上两次选聘，在学术标准之外，政治因素、部门因素等也起着重要的作用。后来院士选举一度中断了。

1979年1月，中共中央批准中国科学院学部恢复，而此时只剩下110余位学部委员（原有190多位），平均年龄高达73岁。当时中国科学院主要领导方毅、李昌等认为，中国科学院必须实现从行政领导为主过渡到以学术领导为主的体制转变。为了加强学部力量，增选学部委员随即展开。此次增选，是在全国拨乱反正、党中央大力调整知识分子政策的形势下进行的一次真正的民主选举，从增选工作一开始，就明确了由现有学部委员民主选举产生新的学部委员的原则，制定了比较详细的"增补办法"，规范了推荐、遴选和评审、选举等有关程序和办法，从根本上保障了学部委员选举的独立性和自主性。增选工作严格遵照增补办法进行。

1980年3月28日至4月2日，各学部在京召开原有学部委员会议，进行集体评议，按照差额投票的原则提出了367人的正式候选人名单。最后于当年11月26日由各学部进行无记名投票，产生出得票过半数的学部委员283人。

在这次学部委员选举中,冯康与弟弟冯端以及姐夫叶笃正同时当选,一门同期出三位学部委员前所未有,一时在科学界传为佳话。

冯康、冯端同时当选为中国科学院学部委员(院士)

第七章 算法与人生

[28] 反问题

对应用数学而言,改革开放之初,在冯康所勾画的数学蓝图中最迫切的任务是如何将计算数学应用到国家建设中,如何为国民经济服务。这样的爱国情怀对冯康来说是始终如一的,当年在华罗庚的建议下从基础数学转向应用数学就确立了这一情怀,始终未变。

1980年,凭借着敏锐的科学嗅觉,冯康捕捉到了计算数学与工业相结合的方向,向有关部门建议关注"反问题"的研究和应用。在一次中国科学院学部委员的大会上,冯康做了一个关于有限元的报告,虽然看上去是有限元的主题,但是他却不失时机地在报告中提出了"反问题",对反问题的概念做了深入浅出的阐述:"数学物理方程中的问题大致可以分为两类:一类问题是在给定的方程模式下,再给出具体环境的定解条件,如方程的系数、源项或边界形状等,人们就可试图求解以便定出过程演化,一般称之为正问题或正演问题,起着由因推果的作用,它们的研究应用都比较成熟,迄今占据主导地位。另一类问题则是在给定的方程模式下，人们已知其解或解的一部分，要求反过来求该方程的系数、源项或边界形状等，这就是所谓反问题或反演问题，起到倒果求因的作用。"

1910年，丹麦物理学家洛伦兹在哥廷根做了系列讲演——"物理学中的新旧问题"。其中提到了一个有趣的想法：闭上眼睛，仅仅通过聆听鼓的声音能否判断出鼓的形状？即所谓的"盲人听鼓"问题。它的背景来自射线理论。我们知道，当物体的材料确定后，它的音色和形状密切相关。在数学上，一个物体的音色可以由一串谱来确定，它们对应着物体的固有频率。"盲人听鼓"就是要求通过已知的谱来确定鼓面的形状。

顾名思义，反问题是相对于正问题而言的。上面的"盲人听鼓"就是一个反问题，它的正问题就是在已知鼓的形状的条件下，研究其发声规律，这在数学物理历史上已经有研究在先，且比较成熟。正问题的情况下，鼓的所有谱都能通过一套算法利用计算机算出来。反问题则是根据事物的演化结果，由可观测的现象来探求事物的内部规律或所处的外部环境。很多情况下，反问题并不一定能用计算机"算出来"，其研究相对来说并不成熟。比如严格来说，"盲人听鼓"问题的答案是否定的，光有声音并不能确定鼓的形状。

但是，"盲人听鼓"问题的研究启发了我们的思路：当不能用眼睛直接观测时，以耳代目能否获得物体形状的一些有用信息？举一个生活中的例子，夏天人们挑西瓜，总是把瓜放在耳边，用手拍一拍，有经验的人就知道瓜瓤熟不熟。深海区的石油探测就应用了类似的原理。地球物理学家希望能够叩问地球，用耳朵"听"出地下的地质构造，从而判断出油藏的准确位置和储量。这些都是反问题，并且是非常"有用"的反问题。

80年代初，中国的数学界对反问题根本不重视，甚至还有一些数学家认为反问题不是数学家应该做的。做反问题，一旦出错，便会导致"失之毫厘，谬以千里"。事实上，按照传统的数学习惯的确很难做出反问题，做反问题需要大量的实际背景，而这些背景问题在当时的中国数学圈子也是非常欠缺的。做反问题既要有理论水平，又要有问题背景知识。因此，当冯康提出进行反问题的研究时，无人响应。于是冯康决定"调兵遣将"，他想到了刚刚从中国驻法大使馆调回计算中心的张关泉。

张关泉是上海人，1961年毕业于莫斯科大学数学力学系计算数学专业，毕业回国后被分配到中国科学院计算技术研究所三室工作，他是中国计算数学与应用数学领域的杰出学者，特别是在勘探地球物理方面做出了突出贡献，得到了国际上的广泛赞誉。

1960年的暑假正值中苏关系紧张时期，张关泉等一批留苏的学生应召回国学习。在中国科学院计算技术研究所里，冯康亲自与那批留学生谈话。几乎就在那一刻，冯康便选定了张关泉，那个所有课程都是满分的好学生。1961年，张关泉顺利来到计算所。1965年底，在冯康的推荐下，张关泉赴法国的庞加莱研究所进修，这一次他学习的是航空航天应用中的计算数学。张关泉能获得再次留学的机遇，无疑是冯康的厚爱，这也令当时三室的年轻人羡慕不已。

1966年，张关泉被召回计算所，随即又被下放到包头的一家工厂进行劳动锻炼。与他一起下放的还有新分配到计算所的毕业生孙家昶等人。本着那个动荡时代"接受工农再教育"的宗旨，张关泉等一批科学院的年轻人几乎是净身出户——户口、编制、工资全部带走。一年之后周恩来总理得知此事才又将他们调回北京工作。1977年底张关泉被派驻巴黎的中国驻法使馆，在商务处负责工程技术方面的交流。虽然在使馆工作，但张关泉"身在曹营心在汉"，业余时间仍潜心学术钻研，竟然完成了一篇关于"两点边值问题"的文章，刊登在《计算数学》上。

冯康希望张关泉能从驻法使馆的行政工作中脱离出来，专心搞学术，在冯康的积极促成下，1980年张关泉从中国驻法使馆调回计算中心。在冯康的授意下，张关泉也将研究方向转移到了反问题当中来。他留意到冯康1980年关于反问题的报告阐述了地震探油技术中的数学问题，即"因为地表点受激后震波在地下半空间传播，使得地表可以收取散射回来的反响信息。基于动态响应的波动方程散射反演，根据这些信息可以由表及里推出反映地下构造的介质参数分布，如波速、密度等"。这个阐述成了张关泉在反问题研究方向上的出发点。

1983年，在冯康的倡导下，张关泉受命组建"地球物理勘探问题计算方法研究组"，转向从事"数学物理方程反问题"这一全新领域的研究。张关泉通过与马在田等地球物理界专家的交流，学习了利用地震声波反射信号来进行地层成像的偏移算法。偏移计算是地震勘探数据处理中的重要环节，其目的是按照地震波的传播规律，对地面地震记录进行计算加工，得出地下构造的图像，以确定地下油气资源的储层。

给你一根管子，不允许直接进入内部测量，你能算出里面的形状吗？美国贝尔电话实验室的两位科学家提供了一个方法：在管子的一边发出声音，用仪器测量管口的位移速度和压力。通过测量结果就可以推知管内的截面半径。理论计算与实验结果吻合得很好。

不要小看了这个例子，它实际上暗示了许多不能直接测量的物性探测问题可以通过类似的间接方法来解决。我们通常说"上天入地"都是很困难的事情，石油勘探就是一个"入地"的问题，且到处入地又是个不现实的问题。石油通常埋在几公里深的地下，无法直接观察油田的位置和储量，靠试打井的办法来探测不但费用昂贵（打一口井的代价要上千万元），而且效率极低（只能探测到井附近的局部信息）。一个可行的办法是通过地面爆炸向地下发射地震波，同时接收地层的反射波信号。可以想象，地面接收到的反射信号中含有地下的物性结构信息（地层的密度、声速等），利用数学手段将这些信息提取出来，就可以对地下的油储及分布做出科学的判断。这很像人们不破坏西瓜而靠声音判断其好坏的原理。

类似的探测方法可以应用于许多方面，例如农用土壤分析、地下水勘查，甚至于在考古发现上也有应用。位于三峡库区的四川省云阳县故陵镇有一个大土包，相传为楚国古墓，但是历经3000余年的变迁，已经难以确认了。科技工作者在地表利用地震波法、高精度磁法、电场岩性探测和地化方法四种手段进行探测，不但确认了古墓的存在，而且得到了古墓的埋藏深度、形状、大小甚至墓道的准确信息，为保护文物做出了贡献。

在冯康的带动下，张关泉于1985年前后系统地构造了"大倾角差分偏移算法",利用此方法编制的软件自 20 世纪 80 年代起就在中国石油集团东方地球物理勘探公司等多家石油、地矿单位的处理系统中运行。这一算法利用地震勘探中地面接收到的信息,经过数学处理,构造地下成像、估计地层的石油物理参数,有效提高了勘探的成功率。1986 年,冯康、张关泉等人的研究项目"地震勘探数值方法"获中国科学院科学技术进步奖一等奖,1987 年,此项目获得国家科技进步奖二等奖。

其后,张关泉对波动方程的反问题做出了系统而深刻的理论研究,发展了一套基于波场分解的独特算法,促进了地震勘探方面一系列重要理论研究成果的产生。他的研究工作影响深远,引起了国际同行的广泛关注,有的成果已经用于实际生产。

2008 年,中国工业与应用数学学会授予张关泉第二届苏步青应用数学奖。

[29] 紧急建议

作为中国科学院计算中心的掌舵人，冯康实际上把控着整个中国计算数学的发展方向。尽管 80 年代中期商品经济大潮来袭，科技人员下海办公司成为时代潮流，但冯康始终不为所动，因为冯康不仅看着中国，也看着世界，他是一个有着世界眼光的科学家。冯康深深知道科学和工程计算的水平，是一个国家综合国力的重要标志，发达国家对这一领域的研究工作一直都相当重视，世界第一强国美国的科学和工程计算就一直走在世界前列。

1983 年，拉克斯组织美国国防部、能源部、国家科学基金会、国家航空航天局联合成立了一个专家委员会，向里根总统提出了著名的《拉克斯报告》。专家委员会在报告中强调科学计算在国家安全、科技进步及经济发展方面具有特殊的重要性，指出科学计算是现代科学技术提升的关键。美国政府采纳了拉克斯的建议，并从 1985 年起连续 5 年每年投入 5000 万美元建立 5 个科学计算研究中心，还配备了超级计算机并设立全国性的网络，以协助美国各大学及研究机构进行计算方面的研究。到了1987年，在美国国家科学基金会的财政预算中，又把科学计算作为特别扶持的三个重点领域之一，用来支持科学计算研究中心的建立及加强各学科中科学计算的力量。

冯康知道，中国虽然早在1956年的科学规划中就已经将计算数学列为重点，但始终不及美国以及西方其他发达国家那样重视，甚至在1986年中国制定"七五"高科技发展规划时，初稿中也没有列入发展科学计算等应列入的相关内容。了解到《拉克斯报告》这一重要信息，冯康当即联合北京应用物理与计算数学研究所周毓麟等老一辈计算数学专家，于1986年4月22日写了一份"紧急建议"，递交给国务院有关领导。在这份建议中，冯康将《拉克斯报告》中的重要内容翻译成中文，作为建议书的附件上交。

这份"紧急建议"很快引起了国务院领导的关注。时任国务院副总理李鹏特别约见了冯康和周毓麟。冯康和周毓麟在中南海向李鹏副总理当面陈述了中国发展科学计算的重要意义。不久，国家采纳了他们报告中的建议，并在国家"七五"高科技发展规划中加入了发展科学计算的内容，使其在国家科学发展规划中获得了应有的重要地位。

冯康抓住机遇，乘势而上，一鼓作气，于1986年9月再次联合周毓麟以及清华大学教授赵访熊、北京大学教授应隆安等人致信李鹏副总理，提出成立科学计算国家重点实验室的建议："我们于4月22日提呈了关于加强科学计算研究的'紧急建议'，陈述了这一基础性学科对于国家安全、经济发展和科技进步的特殊重要意义，受到了您和党中央、国务院其他领导同志的重视，我们衷心感到鼓舞。中国科学院计算中心、核工业部应用物理与计算数学研究所、清华大学应用数学系和北京大学数学系聚集了学科的优势带头力量和后继青年新秀,而且地处邻近,关系融洽,与国内工业部门协作密切,国际交流广泛。为了贯彻科技领域进行改革的精神,尽快把我国大规模科学计算搞上去,我们建议由上述科研、教育、产业三部门四单位实行横向联合,共同筹建科学计算重点实验室,发挥优势,形成拳头,向国内和国际开放。"

筹建国家重点实验室的建议信言辞诚恳,落点准确,提出了科学计算实验室的最主要任务是:第一,从事大规模科学和工程计算方法的基础研究,与工业部门协作解决重大疑难的科学与工程计算问题;第二,培训高级科学计算人才,培养研究生及博士后,促使年轻优秀人才茁壮成长;第三,提供优良的学术环境和先进的设备条件,吸引在国外学习工作的留学生回国工作,接纳外国同行进行合作,并组织国际交流。

这些建议同样得到了党和国家领导人的积极回应,获得了采纳。

1991年,在世界银行贷款的支持下,首批国家重点实验室成立,其中包括冯康等人建议的"科学与工程计算国家重点实验室",而冯康也成为这一实验室的创始人。尽管重点实验室面临着还贷的风险,但它对中国科学计算的研究起到了重大的推动作用。作为首任主任,冯康集中了中国20多位计算数学的精英,组成了这个以理论研究为主线的国家重点实验室,在偏微分方程数值解、流体力学计算、并行算法等方面做了系统的研究。

也是在1991年,国家科委组织的国家基础研究重大关键项目——"攀登计划"启动,冯康建议的"大规模科学和工程计算的方法与理论"被包含在该计划首批 11 个项目中，冯康也被任命为"攀登计划"的首席科学家。1993 年冯康去世后，石钟慈接班为首席科学家，之后在 1997 年该项目继续获得支持，被列入国家"九五""攀登计划"预选项目，至 1999 年"大规模科学计算研究"又被列入"国家重点基础研究发展规划"即"973"项目，并且连续十多年获得国家的大力支持，凝聚了一大批高水平的科学家并培养了一批科学计算的青年才俊。

国家重点实验室的建立与"攀登计划"的入围，凸显了冯康作为中国计算数学当家人的雄韬伟略和"飞鸟"特有的视野。在他的推动下，中国的科学计算研究人才辈出，步入了这一研究领域的世界先进行列。

[30] 自然边界元方法

冯康不仅是中国计算数学界的"飞鸟",同时又具有深邃的"青蛙"性格,在俯瞰到关键的具体而微的问题时又会拿出"青蛙"的本领深扎下去。我们回顾冯康一生留下的清晰的科学脚印,就会知道他飞鸟式的视野同时也是建立在青蛙式的专注上的,两者相辅相成。

冯康早年是从事基础数学研究的,在拓扑群理论、广义函数论、广义梅林变换等方向做研究。1957年,冯康发表了《广义函数的泛函数之间的对偶关系》一文,建立了广义函数中离散型函数与连续型函数之间的对偶定理;同年,在华罗庚建议下建立了广义梅林变换理论,发表了《广义梅林变换》一文。这一理论在偏微分方程和解析函数论中均有应用,国外迟至60年代才有类似工作。

1965年,冯康发表了《基于变分原理的差分格式》一文,在极其广泛的条件下证明了有限元方法的收敛性和稳定性,奠定了有限元方法的严格的数学基础,也为该方法的实际应用提供了可靠的理论保证。该文的发表标志着中国独立于西方开创了有限元方法的收敛性理论。

冯康从未停下脚步，事实上早在20世纪60年代，他就说过："计算数学研究不是从阅读别人的论文开始的，而是从工程或物理原理出发的。"冯康在成功地创始有限元理论以后，又开始考虑如何有效求解动态问题，特别是如何保证长时间计算的可靠性。特别地，冯康注意到关于哈密尔顿系统的计算方法仍是一片空白，于是从1984年开始，他就针对哈密尔顿系统提出了辛几何算法，开辟了又一个有广阔应用前景的研究领域。

有限元方法和有限差分法均离不开"有限"二字，它们适合于求解有界区域问题。但许多实际问题涉及无界区域，应用上述方法求解时必然遇到本质性困难，为达到计算要求往往需要付出很大代价。冯康从"同一物理问题可以有不同的数学形式，它们在理论上等价，但在实践中未必等效"这一观点出发，既深刻地总结了有界区域问题有限元方法取得成功的关键，又敏锐地感觉到对无界区域问题必须探索新的更适宜的数学形式并发展新的计算方法。20世纪70年代中后期，冯康的主要研究兴趣转向边界归化理论。

1980年，冯康再访法国，回国后冯康将其在法国、意大利的演讲报告的主要内容写成论文发表在《计算数学》上，题目为《论微分与积分方程以及有限与无限元》。1982年，冯康与法国著名数学家利翁斯一起主持了中法有限元讨论会，与余德浩联名发表了论文《椭圆边值问题的正则积分方程及其数值解》，首次系统提出了正则边界归化方法，推导出一系列正则积分方程，实现了超奇异积分方程的数值求解，创立了自然边界元方法。

这一方法除了具备边界元方法将问题降维及适于处理无界区域问题的优点外，还有一些独特之处，包括保持能量不变、能与经典有限元自然而直接地耦合。这是中法有限元讨论会的两个最主要的报告之一。

也正是这一年，冯康获得在国际数学家大会上做 45 分钟特邀报告的殊荣，他因故未能赴会，但他送去的主题文章《有限元方法与自然边界归化》被收入国际数学家大会邀请报告论文集。

国际数学家大会是数学家们交流数学、展示成果的最高级别的数学国际会议，每四年举行一次。首届大会于 1897 年在瑞士苏黎世举行，至 2022 年共举行了 29 届。1900 年巴黎大会之后，除两次世界大战期间外，未曾中断过，出席大会的数学家人数，最少的一次是 208 人，最多的一次是 4000 多人。每次大会一般都会邀请一批杰出数学家分别在大会上做 1 小时的学术报告和在学科组的分组会上做 45 分钟的学术报告。被国际数学家大会邀请做报告是数学家引以为豪的终身荣誉。

在冯康之前，中国科学家只有华罗庚、吴文俊、陈景润被国际数学家大会邀请做 45 分钟报告。

"在中法有限元讨论会上，冯康是会议主席，"余德浩回忆说，"中法双方举办的这个会议有两个主席，另一位主席是法国的大数学家利翁斯院士。在北京开的是第一届，冯先生把我带去参加这个会议，那次中法会议冯先生最后一个发言，是这个会的压轴戏、主报告。由于是我们联名，又包括了我的硕士论文内容，所以等于是冯先生在国际场合给了我一个扬名的机会。"

余德浩 1962 年进入中国科大数学系，1978 年成为冯康的硕士研究生，之后又成为冯康的第一个博士生。冯康让余德浩跟他一块做边界元，为余德浩指出了这个方向。在余德浩的印象中，"先生身有异相，小个子，又驼背，但头总是昂着，经常身挎两个书包从图书馆进出。冯先生职务高，可以多借书、资料，所以常常一个书包不够。他家里也全是书，包括很多的外文书，俄语书、英语书、法语书、德语书。70 年代末 80 年代初，冯康住的房子很小，地上到处都摆着书，床底下、床边上都是书，甚至床上也摆了很多书。后来房子大了，有了一间房间专门放书"。

在余德浩念博士的时候，冯康的研究兴趣转移了，1983 年后完全转到哈密尔顿系统的辛几何算法上去了。冯康喜欢做开创性的工作，仿佛他是专为创新工作而生的。成熟的东西、细节的东西不是他的兴趣所在。

虽然冯康晚年的主要研究兴趣转移到了辛算法研究上，但他仍然大力支持余德浩和韩厚德等学者继续进行相关的研究工作。余德浩和韩厚德系统发展了求解各类问题的自然边界元方法，特别提出了边界元与有限元的对称直接耦合法，这一方法后来被西方学者称为 DtN 方法。2008 年，余德浩和清华大学教授韩厚德凭借"人工边界方法和偏微分方程数值解"这一研究项目，获得了国家自然科学奖二等奖。

(31) 萌芽辛算法

1983年后,冯康将研究方向完全转向了哈密尔顿系统的辛几何算法。冯康眼界极高,欣赏的大科学家不多,但他极其欣赏弗拉基米尔·阿诺德。他是20世纪最伟大的数学家之一,动力系统和经典力学等领域的大师,2001年获沃尔夫数学奖,2008年获邵逸夫奖。阿诺德曾于1995年12月访问中国,在中国科学院数学所和北京大学做过两场学术演讲,听者云集。

阿诺德主要研究常微分方程与动力系统。20世纪60年代前后,他专注于著名的"三体问题",粗略地说就是研究像太阳、月亮、地球这样的三个天体在万有引力的作用下,最终会不会相撞。像庞加莱这样伟大的数学家,都只是部分解决了这个问题。首先是阿诺德的导师柯尔莫哥洛夫对这个问题有了兴趣,花了很大工夫。后来他觉得有希望解决的时候,干脆就把这个问题留成了一道作业。阿诺德和同学们就奉命去写作业。回忆起这段时光,阿诺德谈道:"柯尔莫哥洛夫对现在称为哈密尔顿系统的KAM

理论的研究，始于他发给二年级本科生的一份规定作业。其中一个问题是关于非退化完全可积系统的研究（如一个质点沿一个水平圆环曲面的环绕运动）。那个时候可没有计算机用！他注意到这些经典范例中的运动是准周期性的，他又试着在不可积的摄动系统中找一些更复杂运动的例子（如'混合流'或用今天的话讲'混沌'）。这个问题他没找到解，这个难题至今仍无人解决，即还没有人找到在一般摄动系统下，载有混合流的不变环。但是这个研究过程中的意外收获却比原来的混合流问题重要得多。这包括持续非共振环的发现，加速收敛方法和相关的函数空间隐函数定理，大多数哈密尔顿系统（如螺旋运动和行星轨道）中运动稳定性的证明，以及托卡马克几何中磁曲面存在性的证明，该结果可应用于可控热核聚变的等离子体约束的研究。研究中得到的一系列成果比原始问题更重要是一种普遍现象。哥伦布最初只是想找一条去印度的新路，结果得到意外的收获——发现了新大陆。"[1]

阿诺德谈的 KAM 理论，K 是柯尔莫哥洛夫姓氏的第一个字母，A 是阿诺德的，M 则是瑞士数学家莫泽的，莫泽也对这个问题做了很重要的工作。

KAM 理论是动力系统理论中最深刻、最困难的结果之一，其背景是太阳系的稳定性这个悠久的老大难问题，是关于哈密尔顿力学系统运动稳定性的一种论断，反映了"弱"不可积（或接近可积）系统的运动规律。

---

[1] LUI S H. An interview with Vladimir Arnol'd[J]. Notices of the AMS, 1997, 44(4): 432-438.

与此同时，阿诺德还发现了一个极其重要的现象，现在称之为"阿诺德扩散"，大意是，在那些稳定的岛屿——不变环面之间，可能存在一些幽灵般的轨道，以近乎随机的方式极其缓慢地漂移。"阿诺德扩散"的机制至今仍不清楚。阿诺德的工作绘制了一幅复杂系统的典型画面：有序运动与无序运动交错共存，不管在哪一个量级或层级上，一定会有不可预知、难以控制的信息隐藏在深不可测的黑暗地带。大约也是这个时期，阿诺德对理想不可压缩流体的运动方程给出了一个非常优美的刻画。他把这个方程看作是保体积微分同胚组成的无穷维李群上的测地线方程，清晰地揭示了流体运动内在不稳定性的几何根源。

阿诺德有一个有趣的观点：数学是物理学的一部分；物理学的本质是几何。其名著《经典力学的数学方法》就是用辛几何的框架，给经典力学来了一次脱胎换骨的转化。这本书被称为"几何力学的圣经"。在数学中，他崇尚几何和物理的思考方式，而对公理化、形式化的数学和数学教育深恶痛绝，认为这种数学"切断了与物理世界的联系，而且把直观感觉剔除殆尽，是丑陋的伪数学，这种数学家是残存的怪物，这种方式的数学教育就是折磨孩子，是犯罪"。这一观点也得到了冯康的高度认同。

经典力学有三种等价的数学表达形式：牛顿体系、拉格朗日体系和哈密尔顿体系，其中哈密尔顿体系具有突出的对称形式，一直是物理学理论研究的主要数学工具。一切守恒的真实物理过程都可以表示为哈密尔顿体系，而哈氏体系的数学基础是辛几何，所以辛几何是现代物理和力学的数学基础，它与欧氏几何一样起着重要的作用。

哈密尔顿体系的一个重要问题是稳定性，在几何上的特点是它的解在相空间上是保面积的，其特征方程的根是纯虚数，所以不能用经典的渐近稳定理论来研究，有限元等方法在此就"武功尽废"了。冯康在不断探索的过程中体会到，同一物理过程的各种等价的数学表述可能导致效果不同的计算方法，有限元对椭圆边值问题的成功是因为选择了适当的力学体系和数学形式。于是冯康回到了物理原理，思路集中到哈密尔顿力学体系。冯康认为，唯有它才是可供选择的研究动态问题的最适当的力学体系。冯康以特有的数学直觉抓住了设计哈密尔顿系统数值方法的突破口——辛几何算法，经过十余年坚持不懈的努力，最后取得了丰硕的成果。

冯康曾经告诉大家，20世纪70年代中期，他就开始思考动力系统的计算问题了：这类问题的挑战是"长时间"计算。如果计算时间相对较短，传统方法就能够对付，但是如果计算时间足够长，大多数算法就都不灵了，此时传统计算方法固有的"舍入误差"、机器误差，会带来灾难性的问题，在"长时间"计算后，计算误差会远远超过人们可以接受的范围。而对这类守恒性动力学问题，研究其长时间的演化行为是至关重要的。

1984年，在北京举行的双微会议（即陈省身先生发起的"微分几何和微分方程国际研讨会"）上，冯康发表了论文《论差分格式与辛几何》，首次系统地提出辛几何算法或辛几何格式，提出在辛几何框架内构造算法并研究算法性质。这是他对这一问题的独特见解，从而开创了辛几何算法这一极具发展前景的新领域，这是计算物理、计算力学和计算数学相互结合渗透的前沿学科。

辛几何算法课题组大概成立于 1984 年秋。开始的时候参与人有冯康、秦孟兆、邬华谟。当时秦孟兆从德国回来后不久就病了，患十二指肠溃疡，入院做手术，之后在家休养。冯康来看望秦孟兆时，告诉他成立辛几何算法课题组，冯任组长，副组长是邬华谟。后来邬华谟因放不下他原来研究的流体力学计算方法，就不参加这个讨论班了。

秦孟兆，1961 年毕业于莫斯科大学数学力学系，1961 年起在中国科学院从事计算数学研究，毕生在计算技术研究所三室、计算中心、计算数学所工作，退休前是中国科学院数学与系统科学研究院计算数学研究所研究员，2018 年去世。

秦孟兆保留了冯康 1984 年手写的"辛几何讨论班"的通知：

1. Lagrangian Formalism（邬华谟）

2. Differentiable Manifolds（葛忠）

3. Symplectic Algebra（冯康、汪道柳、吴裕华）

4. Symplectic Geometry（冯康、汪道柳、吴裕华）

5. Hamiltonian Formalism+Canonical Transformations（秦孟兆、李春旺）

6. Hamilton-Jacobi Eqs & Lagrangian Manifolds

7. Linear Canonical Systems（葛忠）

8. Canonical Difference Schemes（冯康）

9. Wave Equations in Canonical Form

10. Fluid Equations & Clebsch Variables

11. Maslov Method of Canonical Operators

时间：三月中旬至七月上旬，每周一次、每次二小时（时间待定）

地点：计算所北楼（具体待定）

主持人：冯康、邬华谟

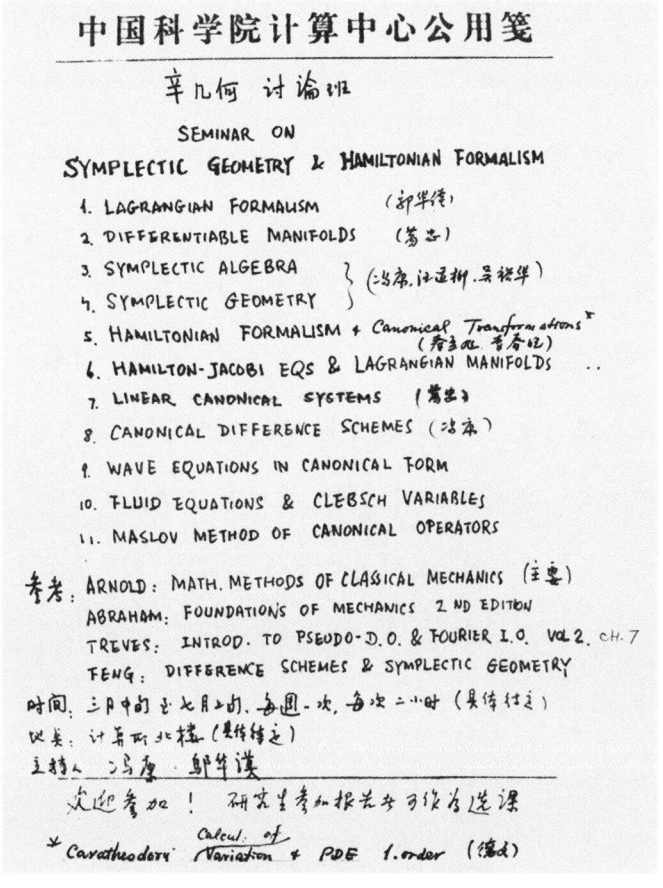

冯康1984年手写的"辛几何讨论班"的通知

1987年秋至1988年夏，冯康再次访问欧洲，主要是德国。他的欧洲之行途经莫斯科，见到了阿诺德，也最后一次见到了自己的导师庞特里亚金。冯康很看重与阿诺德的交流，他们之间有很多共同的看法。

关于这次欧洲行，冯康在给秦孟兆等人的信中写道：

我访苏原定有四天去新西伯利亚，因航空困难而且担心延误去德之行，而且太劳累，故提出取消，双方都满意，我也可以从容在莫访问。先后见了老师庞特里亚金以及计算中心主任多罗德尼增①，以及以前的苏联专家斯密格莱夫斯基、秋西全等人。访问了数学系，副所长是穆申科，是从前同学，他表示只要上面有分配，愿意接受我们派人。去莫大见到了奥列尼克②和巴赫瓦洛夫③，他们都极其友好。可是莫大的门卫极不友好，这是我在世界上仅见的武装警卫看门的大学。尽管我是事先联系好的，但办事马虎，许可证没有到传达室，两次均如此，大兵硬是不让进，结果第一次是苏联计算中心陪同人员说情，第二次是中国留学的研究生（科大叶向东）说情，大兵总算开恩放进。但访问他们科学院的计算中心、数学所，以及苏联科学院院长马尔丘克④亲自领导的计算数学研究室等，则反而好些，没有这些问题。

接待我最热心的是最后这个单位，是个小单位，但直属院主席团，而

---

① 俄罗斯科学院院士，苏联科学院计算中心创始人。该中心成立于1955年，是俄罗斯科学院从事计算方法、数学建模、计算机软件以及计算机技术等应用领域的专门研究机构。现在中心已被冠名为俄罗斯科学院多罗德尼增计算中心。
② 俄罗斯科学院院士，著名数学家周毓麟在苏联留学时的导师。1954年博士毕业后长期在莫斯科大学工作，在双曲型方程和边界层理论方面做出了开创性的工作。
③ 俄罗斯科学院院士，1965年后长期在莫斯科大学工作，曾担任莫斯科大学计算数学系主任。在优化、计算复杂性等方面有重要贡献，被认为是多重网格方法的创建者之一。
④ 俄罗斯科学院院士，研究领域涵盖数学、计算机、大气物理学。1986年至1991年担任苏联科学院院长。1979年获得苏联国家奖章。

且请我在市中心高级饭店吃饭……等我到莫大提出要见阿诺德（他与奥列尼克同一教研室），答复是没有问题，但系主任说阿诺德现在已主要在数学所工作，莫大仍兼课。但要找到阿诺德费了两天时间，中国研究生以及科兹洛夫都帮了忙，这才知道他两年前当选为通讯院士，怪不得主要转数学所，他的情况业已改善。科兹洛夫送了我一本阿诺德与他合写的《经典和天体力学中的数学》，但他没有《辛几何》（*Symplectic Geometry*，1985）这本书。这两本书市面上均买不到，苏联朋友们也搞不到。最后总算与阿诺德接通电话，约定在数学所见面。但那本书还是没办法，阿诺德说书卖完以后根本再也搞不到，只好等两年后施普林格出版社翻译出来了。

前一天在数学所见阿诺德的（早知如此，就不费劲可见到）。他已见到我的论文以及材料，非常热情友好，是我在苏访问中最融洽的一次。他显得很乐观，洒脱而幽默，说事情总在慢慢地变好。阿诺德到数学所工作9个月，不过要过一年才会被允许出国。他已应邀明年春去法国格勒诺布尔参加世界力学大会做主旨报告，主题是分叉（bifurcation），而不是混沌（chaos）。他知道我是庞特里亚金的学生，但出乎意料，对我说庞是了不起的数学家，没有说对他压制之事（可能西方所说不尽属实，庞可能是奉命办事）。阿诺德说他没有什么，过去科罗廖夫（苏联导弹之父，葬在红场）还坐过牢。出乎我意料，他当场送我《辛几何》的手稿，上面还特意写上此稿业已公开出版（有意识的，怕海关检查为难），这无论在学术上或友谊上都是极珍贵的（我已托使馆秘书由信使带到北京转外事局再转老石）。阿说他本人更喜欢这一本甚于那本与科兹洛夫合写的，这本是数学的，那本太物理了（那一本写得也非常好）。我说感到佩服的是他经典、古书看得很多，他说确实如此，当代人的论文根本不看，因为看不懂。他说他研究牛顿的原著，竟然发现牛顿第一个用拓扑方法证明了 π 的超越性！他很以此自豪，说从来没有人注意到。他还说从牛顿、惠更斯，以后直到庞加莱（可能加上一个黎曼）把数学几何化，中间的200年可以说是数学的沙漠！这一论点也是大胆独特。

阿诺德对天体力学非常内行而且真感兴趣，向我介绍了近年探空活动中发现了海王星，它有环，而且与土星环的结构恰好虚实相反，值得从理论上解释。此外他对物理，特别是等离子体也非常在行。他对我们用辛几何的方法来形成哈氏动力学的计算方法很感兴趣并表示赞赏。我向他简单介绍了辛格式的长时间稳定特性，他说他曾经对龙格—库塔方法做出某种修改以延长其跟踪能力可以算到百万步，但对我们这种自然的辛几何的途径很欣赏。后来和我一起见马宁（也是当代中年杰出人物）时也特别提出这一点。他还说阿列克赛·迪因曾用代数拓扑的思想来构造椭圆方程的差分格式，我也认为这是很自然的（其实，我在1973—1974年时的确也曾搞过，可惜没有发表，也没有搞到底，将来回国后再谈）。

这封信中，冯康说到因自己是庞特里亚金的学生，担心阿诺德有可能因被庞"压制之事"迁怒于自己。作为一个盲人数学家，庞特里亚金对苏维埃社会怀有深厚的感情，不光是数学研究成果丰硕，政治上也"顺风顺水"，所以不可避免地为苏联各个时期的政治形势所左右，例如，1936年曾在批判鲁金（柯尔莫哥洛夫的导师）的大会上做措辞严厉的发言。当苏联学者马尔古利斯1978年被选为菲尔兹奖候选人时，作为国际数学联盟执行委员的庞特里亚金坚决反对，导致1978年颁发菲尔兹奖时马尔古利斯被政府禁止赴赫尔辛基领奖。从某种意义上来说，这也算"金无足赤，人无完人"吧。

不过，冯康难以知晓的是，善于自保的阿诺德刻意和庞特里亚金保持了很好的私交。阿诺德1997年在香港科技大学接受采访时说："庞特里亚金邀请我去他家做客、参加他的学术讲座，他对我的研究，特别是奇点理论很感兴趣。部分原因是我们都对微分拓扑、控制论和博弈论有共同的兴趣，还有一个重要的原因，他想在国际会议上指摘我的不是。庞特里亚金是当时苏联在国际数学联盟的执行委员，他极力阻挠国际数学联盟选举任何苏联的不同政见学者（我在黑名单上，因为我和其他99位数学家联合签名写信，抗议当局把一名非常健康的数学家送进精神病院，这也是当局清除异见分子的一贯手段）。国际数学联盟一向很'政治化'，所以他一直能得逞。在他的回忆录中，他提及国际数学联盟中也有一些人和他一样爱整人，我真希望能知道这帮人的名字。实在巧合的是，我现在正担任他当年的职位，是俄罗斯在国际数学联盟的执行委员。"[①]

1988年夏天，冯康从欧洲访问归来，阿诺德有关辛几何的手稿，课题组的人已经人手一份了。

---

① LUI S H. An interview with Vladimir Arnol'd[J]. Notices of the AMS, 1997, 44(4): 432-438.

在十年的辛几何算法研究中，冯康还培养了葛忠、汪道柳、尚在久、唐贻发等弟子。他曾告诉弟子们，辛算法只是第一步，这个方向非常重要，有非常广阔的发展前景。弟子们清晰地记得冯康说得非常干脆，掷地有声，不容置疑。而弟子们同样也受到很大鼓舞，看清了方向，跃跃欲试。

冯康就有这个能力，他能很快把你的积极性调动起来，有着一般人很难具有的感召力。

(32) 收获辛算法

传统的算法除了少数例外，几乎都不是辛几何算法，因此不可避免地带有人工耗散性等非体系特征的缺陷。辛几何算法在20世纪80年代开始得到系统发展，冯康领导的中国学者开展了早期的系统研究，并做了主要的奠基性工作。现在大家都公认，冯康提出的这一新算法在保持体系结构、稳定性与长期跟踪能力上具有独特的优越性。在他的指挥下，这个重要方向的研究取得了丰硕的研究成果。

什么是辛算法？冯康曾打比方说跟赛跑一样，多个运动员在跑，有的运动员跑得非常快，但偏离大，有的运动员跑得很慢，但是老在跑道上跑，后者就是辛几何的特点。

20世纪90年代，冯康率先提出形式向量场和形式相流的理论，并提出动力系统几何算法的构想。实际上，哈密尔顿系统的辛算法、无源系统的保体积算法和切触系统的切触算法等，都是针对特殊系统构造保持特殊结构的算法。正是基于上述各种保结构算法的成功构造，冯康就有了动力系统几何算法的整体构想。90年代他在讨论班讲得最多的也是这个，包括形式向量场和形式相流的理论。后来，第一批国家"攀登计划"项目于1992年立项，他主持的"大规模科学和工程计算的方法与理论"，其中第一个课题就是动力系统几何算法。这是国际上最早的提法。多年后，著名计算数学专家桑兹舍尔纳提出几何数值积分，成为现在国际公认的名词，但他至少比冯康晚了好几年。

冯康的动力系统几何算法里形式向量场和形式相流的理论，目前国际上很时髦也公认的叫法是向后误差分析理论。冯康的弟子、曾任中国科学院数学与系统科学研究院数学研究所所长的尚在久认为："冯先生去世得早，后来这个领域很多被西方学者主导了。但是这个领域很多基本的工作是冯先生课题组和中国学派完成的。我们课题组很多工作完成得很早，但是论文发表得晚，有一些是以会议论文的形式发表的。我们的工作很超前，即便是1991年至1993年那段时间的工作，我们都很超前。那时只有两个重要的原创性工作——龙格—库塔辛算法和针对特殊系统（能量函数是动能和势能之和）的向后误差分析理论是属于外国人的，而一般系统的向后误差分析理论是由冯康完成的。公正地说，在90年代初期，冯先生的讨论班在国际上绝对是这个领域最前沿的。"

事实也的确如此，讨论班上冯康学派在动力系统几何算法领域出了好几项成果，包括冯康的学生葛忠的一项成果"对一般非线性情形，不存在保能量的辛格式"，唐贻发的一项成果"多步法里没有辛算法"。多步法是轨道计算里面非常重要的一个成果，因此人们应用得很多，而且很适用。那段时间，也是在讨论班上，冯康不断地提到这个问题，唐贻发才有一个很大的突破：证明了在多步法里，只有一个本质上是单步法的辛算法，其他都不是辛算法。

值得一提的是冯康的弟子尚在久的工作：用辛算法证明相应的KAM定理。KAM理论是由著名数学家柯尔莫哥洛夫、阿诺德和莫泽建立并完成的哈密尔顿系统拟周期解的理论，在物理和力学的很多其他方面也有重要应用。KAM定理是一个关于可积哈密尔顿系统受摄动后其解的长期性态的定理。

冯康喜欢尚在久这个来自内蒙古高原、质朴的脸上有一层风霜的年轻人，有这样的质地，又聪慧过人，真是一块璞玉，一块难得的好材料。冯康悉心指引路径，给看上去总是风尘仆仆的弟子讲稳定性理论：从李雅普诺夫的运动稳定性讲到动力系统的结构稳定性，又讲到著名的KAM理论。尚在久记得那次老师说想证明辛算法的稳定性，说这种稳定性应该在KAM理论的框架下研究。那时冯康和他的课题组已经在辛算法的构造和计算机实验方面做了大量的工作，数值实验表明辛算法比之传统的非辛算法，在计算哈密尔顿系统的动力学问题方面有压倒性优势，其中一个很重要的问题是：是否有一个严格的理论证明这种优势？

从计算数学来讲，算法的稳定性和收敛性是两个最基本的问题。比如说画一条曲线，本来是个圆，圆的最基本特点是一条封闭的不自交的曲线，算法的稳定性是说数值计算结果也差不多是个圆，计算机图像显示的不一定就是严格的圆，但起码不能离开这个圆的周围太远。收敛性基本上跟算法的精度有关，一个相容的算法（满足最低精度要求）一般都是收敛的。冯康说收敛性跟稳定性是密切联系的，稳定的算法基本上都是收敛的，但是收敛的算法不一定稳定。在这样的知识背景与研究背景下，冯康给尚在久确定了研究方向，并明确了题目：证明辛算法的稳定性。

出了题目，冯康进一步指引弟子，提示辛算法的稳定性要在什么理论框架下建立，那就是：KAM理论。这一下连理论背景都有了。这有点让人想到武侠小说，武侠小说最有魅力的地方便是奇遇之下传授心法与武功秘籍。

冯康传授完基本心得，给了尚在久一些材料，那些材料大都是冯康自己在图书馆复印的，好几篇是俄文材料，有阿诺德的几篇文章。第一次见面时，冯康问过尚在久英语、俄语水平怎么样，尚在久高中学了三年俄语，但大学又开始学英文，俄语虽然扔掉了但借助字典还能看。那次见面，冯康甚至把进度都给尚在久安排了，要求他在次年的元旦以前讲一遍给他的题目。那时是10月下旬，只有11月到12月两个月时间了。

那次见面以后，尚在久一头扎进老师给的材料中，好像扎进了武功秘籍中。扎进去后尚在久发现阿诺德的那几篇俄文写就的文章非常不好读，跳跃性太大。尚在久很想先把KAM定理弄清楚，把定理的证明看懂，至于这个定理的相关应用（比如天体力学方面）可以先不管。有一天尚在久去找冯康，说这些材料内容太多了，一时难以都消化，问有没有简略一点的。结果没过几天，冯康便给了尚在久一篇1985年发表的文章，是意大利几个天体力学家写的，刚发表3年。而阿诺德的文章是1963年发表的，这几位意大利学者给了KAM定理一个简练清晰的证明，证明的思想还是柯尔莫哥洛夫的，适合研究生看。看这篇文章困难不大，没到12月底尚在久就完全读懂了，用了不到两个月的时间。

这中间尚在久还参加了讨论班，每周至少一次。那时辛几何和辛算法尚在久还都不懂，只能听师兄汪道柳在讨论班上侃侃而谈辛算法，因为汪道柳不是从头讲，是按照那个时候的进度讲的，黑板上写什么尚在久就抄什么。尚在久记得汪师兄的课讲得很认真。"我的笔记抄好了，晚上回家自己念，念不懂再看他和葛忠的博士论文。他们两位1988年夏天通过了博士论文答辩，葛忠已经跟随著名数学家马斯顿去美国加州大学伯克利分校做博士后了。那时候，关于辛算法的文献还没有，我就看他们的博士论文，我是从头到尾念的，通过这种方式补基础，补知识。慢慢地我能听懂讨论班的课了，能跟上了，同时那几个意大利学者的文献也能念懂了。"多年以后尚在久回忆当年曾这样说。

参加这个中国顶级的讨论班（即使在国际上也属前沿）不到两个月，冯康就问尚在久文章念得怎么样了。尚在久说念完了，大概可以讲了。之后冯康安排尚在久在讨论班上讲著名的KAM定理。尚在久一共讲了四次或者五次，每次都讲两个多小时。KAM定理的证明很长，冯康让尚在久讲得细一点、慢一点，具体证明过程的每一步他都要听。

尚在久记得，那时讨论班还在老计算中心的五楼。讲完最后那次后，冯康非常满意，少有地称赞道："你真的读懂了，因为我听懂了。"冯康当时高兴地说:"你的博士论文的题目就这么定了:对哈密尔顿系统辛算法的 KAM 定理。"

1989 年初,论文题目一定下来,尚在久便更细致、更踏实、更准确地做这个方向的研究了,同时也更广泛地研读相关的文献。到 1989 年 4 月他很认真地读了几个月的文献。差不多到 1990 年底的时候,尚在久关于 KAM 定理的论文结果出来了,大功告成。

在回忆辛算法的成就时,冯康在和辛算法研究团队骨干的交流中写道:

我们的集体,过去几年到底干了什么,愚见如下供参考讨论批评:

(1)提出了哈密尔顿系统的计算方法研究主题,光是这一条就是有分量的,因为这一有丰富内涵、应用极广的对象,过去竟然被所有计算数学(特别是常微分方程算法)家忽视,从未见任何自觉的系统的研究,连零星的偶发的研究亦属罕见,作为后见之明,这是不应有的奇怪的现象!此题应提上日程,这是自然的!最近在维尔茨堡,斯托尔教授听了我的报告后就说,这是一个长期被不应有地忽视了的领域。

(2)对于哈氏系统计算方法的研究,提出了辛几何的系统化途径,提出了辛差分格式(symplectic difference schemes)的思想。尽管以前有过少量成果是辛格式,但都是零散的针对特定问题的,与我们的辛方法是大不相同的。作为后见之明,前人未能系统地提出辛几何方法是令人费解的,因为哈氏系统与辛几何本是一码子事,辛方法是自然的。过去我们自己也提不出来,因为自己也没弄清两者的密切关系,只能从俗。一旦弄清了立刻就能提出（只要你是在认真想着这一问题的话），这没有什么了不起，但也未必那么简单，有限元的历史也一样！

（3）对于辛格式，提出了系统化的完整的基于生成函数的构造方法，正如我曾指出过这是非正规的（unconventional）。但从辛几何的观点来看又是自然的，因为辛变换与生成函数基本上是一码子事。……当时我也觉得生成函数是大有用场的，但我自己还不很懂，不仅是我不很懂，所有的经典力学书上的介绍都很零散（包括阿诺德的书）。其实生成函数不然始于《哈密尔顿》一书，而是现有两类（第一、第二），或是说四类，阿诺德书上说是有2的n次方类甚至4的n次方类。后来靠了集体的讨论试算与探索，那年暑假花了两个月的集体努力，我们终于发现通过达布线性变换的生成函数的构造性的系统理论，作为回顾，这是较难的，终于搞出来了。

格式便易如反掌，非常自然。但这是反过来看。我未看到哪一本经典书或论文，明文给出哪怕是一个类型的相场流生成函数（phase flow generating function）的公式，这是不应有的怪现象。一切都很自然，有了系统性辛格式构造方法，也就开创了辛差分格式的理论。这是我们集体的第三方面的贡献。

冯康在文章的结尾处充满信心地指出："我们每一位在许多方面做出了许多精彩的重要的成果，有不少重要的推广深化，我为我们的集体感到高兴，为此自豪。不知各位以为然否？"

冯康的开创性工作带动了国际上的一系列研究，并在天体力学、分子动力学、大气海洋数值模拟等领域得到了成功应用。深入的理论分析和大量的数值实验令人信服：辛算法解决了久悬未决的动力学长期预测计算问题。这一类新算法的出现甚至改变了某些学科方向的研究途径，也将在更多领域得到更广泛的应用。辛差分格式具有独特的计算稳健性与长时间跟踪能力，能正确地反映原系统的定性的、拓扑的及结构的性质，反映系统的本来面貌，避免了传统的非辛算法带来的人工耗散及种种非系统本身的干扰。

美国国家科学院院士拉克斯在悼念冯康的文章中这样评价这一成果："冯康提出并发展了求解哈密尔顿型演化方程的辛几何算法，理论分析及计算实验表明，此方法对长时计算远优于标准方法。在临终前，他正致力于把这一思想推广到其他结构。"

冯康去世前就为撰写《哈密尔顿系统的辛几何算法》一书列出了提纲并撰写了若干章节。冯康的去世，使辛算法遭到很大的挫折，并曾一度陷于停滞不前的状态。然而，不久后经过国内外许多学者（如布里奇思、赖可、马斯顿以及秦孟兆、洪佳林、尚在久）的不懈努力，这一领域自20世纪90年代中后期以来，又取得了丰硕的成果。

我国科学家在哈密尔顿系统、无源系统、切触系统及相关守恒型系统的保结构算法研究方面，特别是在通过生成函数构造保结构算法研究方面取得了很多原创性的成果，奠定了我国在此领域的国际领先地位。辛算法的理论基础是辛几何理论，在此基础上布里奇思、赖可、马斯顿等人在1997年左右提出多辛算法的概念，该算法基于有限维时空丛空间的多辛几何理论，可以理解为辛几何算法在哈密尔顿偏微分方程的时空辛几何算法，其应用前景非常广泛。秦孟兆在 90 年代早期敏锐地关注到这个研究热点，并组织和指导自己的研究生进行相关文献的阅读和讨论，并在 1999 年到 2002 年期间举办了多次研讨会。经过多年的研究，该研究小组取得了丰硕的成果。

秦孟兆与学生及其合作者发展了多辛算法的生成函数理论、算子分裂理论、变分理论和守恒律理论（多辛 Noether 定理），建立了高阶的显式（分块）多辛算法和保能量算法，并分析了数值解的长时间稳定性和收敛性。其中，他们发展的保结构算法在孤立波、电磁场波、等离子体的计算和模拟等方面发挥了重要作用并得到广泛应用。特别是保结构算法在石油勘探中对地震波的模拟应用。长期以来，为了深入研究地震波的物理规律和结构，地球物理学家致力于提高数值计算的精度和效率。辛几何算法为 Maslov 渐近理论提供了可以克服地震层析成像焦散问题的算法。而事实上，地震波场延拓方程的模型可以通过李代数上的微分方程系统进行描述，结合方程的李代数结构地震波场可以通过 Magnus 展开算法进行数值模拟，从而有效地提高了数值结果的精确性和长时间稳定性。

另外，秦孟兆退休后将大部分时间用于整理冯康的手稿及其曾发表的论著，再加上他自己在保结构算法方面的相关研究工作，他以第二作者的身份于 2003 年由浙江科学技术出版社出版了中文著作《哈密尔顿系统的辛几何算法》。在此中文著作的基础上，秦孟兆新增加了部分章节，并于 2009 年由德国的施普林格出版社出版了英文著作 *Symplectic geometric algorithms for Hamiltonian systems*。2015 年施普林格出版社的报告显示，截止到 2014 年，这本专著已获得一万多章节的下载量。因此，该书获得当年的通报展示。

在 2018 年的国际数学家大会上，奥地利数学家卢比希受邀做 1 小时的邀请报告，报告主题是"动力系统、数值分析及几何"。另一位大会 1 小时报告人是加州大学伯克利分校计算机科学家、机器学习的奠基者迈克尔·乔丹，其演讲主题是"动态和保辛的随机视角下的梯度优化方法"。这标志着"动力系统几何算法"得到国际数学界的认可，也是对冯康生前多次强调的"这是一个有巨大潜力和广泛应用前景的重要研究方向"论断的一个力证。

在实际应用中，辛算法也获得了重要认可，并在国家重大科学研究和开发项目中发挥了重要的作用。

中国海洋地质之父、中国科学院地球物理研究所前所长刘光鼎院士于 2009 年接受采访时说："现在，中国油气勘探碰上了一个复杂地质体的问题，叫作叠前深度偏移，这是地学领域在处理反射地震资料时的重要技术，也是当前世界级的前沿课题。一两年前，国外软件是运用'克其霍夫积分'解波动方程来做叠前深度偏移的，但是，这种方法遇到的最大问题是不保幅。也就是说，处理前后的振幅并不相同。振幅得不到保持，就无法了解岩石的物性参数，直接的后果是科研人员不能真实地了解岩石的物理性质，而物理性质对研究复杂地质体是非常重要的。"

"中国用了冯康院士在哈密尔顿体系的辛几何算法，以及在延拓中应用李群代数，就很好地解决了这个问题，在这些方面中国软件是走在世界前列的，这也是中国对世界的贡献。"

中国科学院知识创新工程重大项目"油气勘探二次创业的前导研究"验收报告也指出：在大庆实施中，我们"学习冯康先生的哈密尔顿系统辛几何算法及保结构计算思想，提出地震波传播的辛几何算法和波场延拓的李群算法，经课题组自己组装的并行机集群完成计算，与国际同步，皆于 2000 年公布三维波动方程叠前深度偏移研制成功。处理 82 测线时，'凹中隆'内部结构和断裂特征及地层接触关系得到清晰反映，从而促成大庆徐深 1 井的重大发现"。

徐深 1 井是我国东部最大气田——庆深气田的发现井。该井 2001 年 6 月 26 日开钻，2002 年 5 月 7 日完钻，井深 4548 米，日产气量 21 万立方米左右。徐深 1 井"一气冲天"，揭开了火山岩储层的神秘面纱，标志着大庆油田松辽盆地北部深层天然气勘探获得重大突破性进展，从此拉开全面开发庆深气田的历史序幕。

[33] 国家奖

"哈密尔顿系统的辛几何算法"于1990年获得中国科学院自然科学奖一等奖。1997年,冯康去世4年后,这一成果又获得国家自然科学奖一等奖,也是当年所有自然科学项目中唯一的一等奖。

国家自然科学奖一等奖是一个极高的荣誉。在中国,自然科学领域的国家最高奖,当属于国家自然科学奖的一等奖。能获得此奖的研究必须满足一系列苛刻的评选规则,简单地说,一等奖的获奖项目需要满足:研究超级厉害,同行高度认可,影响力极大,还须获得三分之二的专家投票通过。

1956年1月24日,中华人民共和国成立后第一次颁发"中国科学院科学奖"。当年的一等奖获得者有三位,分别是数学家华罗庚、数学家吴文俊和空气动力学家钱学森。这三位众望所归的大师获奖后,中国科学院科学奖停办,这一停就是20多年——直到1982年才再度颁发,而那时,奖项名称也被改成我们今天所熟知的"国家自然科学奖"。在冯康之前,获得国家自然科学奖一等奖的数学成果有陈景润等的"哥德巴赫猜想研究"(1982)、廖山涛的"微分动力系统稳定性研究"(1987)。

顺便提及的是,冯康的姐夫叶笃正的"东亚大气环流"获得过1987年的国家自然科学奖一等奖,弟弟冯端的科研成果在1982年、2003年和2004年先后获国家自然科学奖二等奖。加上冯康1982年的二等奖、1997年的一等奖,一家人在国家科技奖上的辉煌成就确实令人叹为观止。

"哈密尔顿系统的辛几何算法"这个国家自然科学奖一等奖,已经是冯康去世后的殊荣。冯康很在意一些学术奖项的评审,因为在他看来,那是

"哈密尔顿系统的辛几何算法"获国家自然科学奖一等奖

对他学术的肯定与认可。他也曾经极力地争取过，但令他声名鹊起的有限元报奖却是一个深深的伤痛。

"文化大革命"结束后，国家恢复评选国家自然科学奖。中国科学院的领导要求各部门积极参与。因为国家自然科学奖主要奖励基础学科的研究与突破，有无在期刊文献上发表的原创性文章是参与报奖的关键性指标。对于计算中心来说，"文化大革命"前的三室，特别是第七研究组的一些关于有限元的原创性文章成为报奖的首选。当时报奖最多可以选用四篇文章。经过反复酝酿，冯康的《基于变分原理的差分格式》，黄鸿慈的《关于椭圆型方程 Neumann 问题的数值方法》《关于重调和方程最小特征值的数值计算及界的估计》，以及黄鸿慈、王荩贤、崔俊芝等人的《按位移解平面弹性问题的差分方法》组成了一个报奖项目。

尽管上述四篇文章中冯康仅有一篇，但那篇文章包含了深奥的数学理论框架，所以分量也最重。黄鸿慈回忆说："冯康曾有过一个人去报奖的想法，在和我隐晦地探讨时，我以沉默表达了不赞成的态度。"之后，冯康又提出了四人报奖的计划，再次询问黄鸿慈的看法时，黄依旧沉默不语。其实在黄鸿慈心目中，报奖只应该是冯康和他两个人。因此，他对冯康的两次提议都不置可否。他更没有想到，此次报奖使得他与冯康多年的亲密关系产生了裂缝。

近 40 年后，黄鸿慈忆及此事，很是后悔："当年太年轻气盛，看问题不够全面。"

国家自然科学奖是针对在数学、物理、化学、天文学、地球科学、生命科学等基础学科的研究中，以及在信息、材料、工程技术等应用领域的基础研究中，做出重大科学贡献人士的一种奖励，一般一等奖、二等奖单项授奖人数不超过5人。由于"文化大革命"十年中断了评奖，因此恢复评奖后的第一年报奖人数特别多，竞争也非常激烈。

1982年，许多著名的老一辈科学家，如钱令希、钱伟长等，都在报奖之列。

冯康原本以为，按照他的设计和构想，有限元方法获得国家自然科学奖一等奖是顺理成章的事情。谁知在最后一轮的评比中，有限元方法引起了一些评审专家、学者的争议。1981年，当最终的评审结果传出时，有限元方法仅仅获得了国家自然科学奖二等奖。

崔俊芝第一时间听到这个消息，他深知冯康对这个奖项非常重视，于是赶快找冯康商量。

当时冯康正在安徽合肥的稻香楼宾馆参加由中国科技大学主办的一个有限元国际会议，许多国际知名的学者如英国的钦科维奇和钱伟长等人都在主席台上就座，冯康也在主席台上。

崔俊芝悄悄传给主席台上的冯康一张纸条，就见冯康匆匆忙忙从台上走下来，走出会场。很多与会人士对冯康的这一举动感到十分惊讶。

崔俊芝把评奖的结果告诉冯康，并征求冯康的意见："要不要撤奖？"按照规定，在最后决定公布前的特定时间内，报奖人可以申请撤销报奖申请。问题是什么时间撤？是否还来得及？如果撤了，根据相关规定连续两届都不能再参评报奖。

对于这个结果，冯康感到非常意外，也十分恼火。本来是胸有成竹的，谁知却在最后的阶段遭遇了"滑铁卢"。冯康反复追问崔俊芝失利的原因，崔俊芝只是含糊地说有些大学还有其他学界的专家有投诉，有反对的声音，结果就把一等奖给拿掉了。为了平息冯康的怒气，他只能安慰说："算了，论资排辈嘛，许多大人物还都是二等奖，怎么能让你得一等奖呢？"关键是接不接受、撤不撤奖，这个需要冯康马上决定。

一段沉默过后，冯康同意接受二等奖这个结果。显然，这是冯康在无奈之下不得不做出的选择。

1982年，国家自然科学奖颁奖大会在人民大会堂隆重举行。这么隆重的场合，冯康没有去参加，黄鸿慈代表有限元获奖人上台领奖，并领取了5000元的奖励，这在当时大概是一个教授5年以上的工资了。在获奖者的名单中，黄鸿慈排在冯康之后，是第二完成人。

回到计算中心后，这部分奖金被中心提成了2000元，剩下的3000元由冯康、黄鸿慈、崔俊芝、王荩贤等按贡献多少再进行分配。据说冯康并没有领这笔奖金。

获得国家自然科学奖二等奖，即使40多年后的今天看起来也是很高的学术荣誉了，但冯康心里明白，他的有限元贡献太大了，是可以载入史册的，评不上一等奖，不只是个人的损失，也是国家奖项的损失！

2008年，由菲尔兹奖得主高尔斯主编的《普林斯顿数学指南》[①]由普林

[①] GOWERS T. The Princeton companion to mathematics [M]. New Jersey: Princeton University Press, 2008. 中译本由齐民友翻译，于2014年由科学出版社出版。本书提到的英国皇家学会院士特列菲森撰写的"数值分析"词条参见中文版第二卷的471-491页。

斯顿大学出版社出版，133位著名数学家共同参与撰写，全书由288篇长篇论文和短篇条目构成，目的是对20世纪最后一二十年的数学发展给出一个概览，以帮助青年数学家学习和研究其最活跃的部分。其中由世界著名数学家专门编写的有200多个词条，介绍了基本的数学工具和词汇，解释了关键性术语和概念。

此书获得了美国数学学会"欧拉数学书籍奖"，此奖是一项表彰"杰出数学书籍"的奖项。

"数值分析"词条由牛津大学教授、英国皇家学会院士特列菲森撰写，他在书的第615页列出了从263年到1991年人类历史上的29个重大算法（此处我们去掉了31项中的两个软件项——1976年的"EISPACK，LINPACK，LAPACK"和1977年的"MATLAB"，严格来说，它们不属于"算法发明"的范畴），其中第一项是求解线性方程组的高斯消元法（刘徽、拉格朗日、高斯、雅可比），第二项是近似求解方程的牛顿迭代法，……第九项是有限元方法（柯朗、冯康、阿吉里斯、克劳夫）。

1955年出生的特列菲森院士，已经是计算数学的第三代传人了，他毕业于斯坦福大学，在麻省理工学院、康奈尔大学、牛津大学做过教授，是一个笔杆子厉害的学者。他前几年刚卸任美国工业与应用数学学会（SIAM）主席的职位，是一个很有国际影响的应用数学家。他在《普林斯顿数学指南》这本极有影响的书里面，给了冯康的有限元在算法发展史上重要的历史地位，是一种载入史册的肯定！

在横跨1000多年、上百名主要数值算法的发明者中，只出现了刘徽、冯康两个东方人的名字。而西方人的名字除了上面列的高斯、拉格朗日、雅可比、牛顿等，还有冯·诺依曼、拉克斯、图灵、切比雪夫、哈代等伟大数学家的名字。这些人类历史上伟大算法的贡献者，按出生时间顺序，第一位是刘徽，大约出生于225年（提出算法是263年）；第二位就要走到1400多年后的牛顿，1643年出生；第三位是1707年出生的欧拉。原创算法思想最突出的是高斯，他一人参与了四个算法的发明，分别是"求解线性方程组的消元法"（此法通常以他的名字冠名）、"最小二乘法"、"高斯数值积分"、"快速傅立叶变换"，排第二名的包括雅可比和冯·诺依曼，前者参与了"线性方程组求解"和"高斯数值积分"，后者参与了"有限差分方法"和"蒙特卡罗算法"。

刘徽是西方人认识比较深刻的中国古代数学家。这要归功于中国数学史专家的宣传，其中一位重要的领军人物是著名数学家吴文俊。吴文俊是一位兴趣广泛的研究者，他在拓扑学、数学机械化、博弈论、中国数学史领域都做出了杰出贡献。他28岁完成了一项重要的拓扑学研究，证明了惠特尼乘积公式和对偶定理；30岁完成重要论文《论球丛空间结构的示性类》；31岁发表了关于流形上施蒂费尔—惠特尼示性类的论文，即著名的吴示性类与吴公式；34岁提出引入嵌入理论的吴示嵌类。这些工作已经成为拓扑学的经典结果，半个世纪以来，在拓扑等学科的研究中一直发挥着重要作用，被称为"对纤维丛示性类研究的划时代贡献"。吴文俊37岁获得首届国家科学奖（当时为中国科学院科学奖）一等奖，2000年获得首届国家最高科学技术奖。

1974年前后,恰逢"批林批孔",仍不能做学术研究。时任中国科学院数学所副所长的关肇直,适时出了个主意:研究中国古代数学。原本吴文俊对古代数学并无多大兴趣,在关肇直的鼓动下,也借阅了几本书,首先是《九章算术》,感觉语言像天书。之后他读李俨、钱宝琮的书,特别是钱氏的《中国数学史》。后来他在旧书店里淘到元代数学家朱世杰的《四元玉鉴》,还有两位数学史家——内蒙古师大的李迪和西北大学的李继闵对他的帮助也很大,尤其是李继闵对《九章算术》的系列解读和阐释,让吴文俊真正领会到中国古代数学的妙处。

1975年,国内基础理论研究处在整顿复苏的前夕,《数学学报》上发表了一篇署名"顾今用"的文章《中国古代数学对世界文化的伟大贡献》。该文通过对中西数学发展的深入比较与科学分析,独到而精辟地论述了中国古代数学的世界意义,当时在数学界引起了不小的震动。"利爪见雄狮",人们很快就弄清了"顾今用"就是著名数学家吴文俊的笔名。之后,吴文俊又发表了一系列数学史论文,他在这方面的工作和影响,事实上在20世纪80年代开辟了中国数学史研究的一个新阶段。1986年,在加州大学伯克利分校举办的国际数学家大会上,吴文俊应邀做了题为《中国数学史的新研究》的45分钟报告,在国际舞台上宣传中国古代数学家的贡献。而刘徽就是吴文俊最推崇的中国古代数学家,吴文俊对他的割圆术、体积理论等给予了高度评价。吴文俊曾说:"从对数学贡献的角度衡量,刘徽应该与欧几里得、阿基米德相提并论。"为此,他还专门出了一本专著《〈九章算术〉与刘徽》(北京师范大学出版社,1982)。吴文俊还影响了国际数学史学会前主席、美国数学家道本周等西方数学史学家对刘徽注《九章算术》的研究。

《九章算术》是现存最早的中国古代数学著作之一，"算经十书"中最重要的一种。其作者已不可考。一般认为它是经历代各家的增补修订，而逐渐成为现今定本的。《九章算术》内容丰富，题材广泛，共9章，分为246题202术，作为中国古代数学的系统总结，对中国传统数学的发展具有深远的影响。由于《九章算术》中只列出例子及一般的算法，却很少有解释和说明，所以有很多中国古代数学家曾为《九章算术》作注，提出了简洁的证明。最为著名的是在三国时期魏元帝景元四年（263）刘徽为《九章算术》的作注，他加上自己的心得体会，使其便于理解，可以流传下来。通过数学史学家对刘徽的《九章算术》注解的研究，人们才认识到现在大学"线性代数"和"数值分析"课本里所学的"高斯消元法"，其实中国古代数学家早就研究过了。它至迟在263年刘徽就已完成，远早于德国杰出数学家高斯生活的年代。这也是特列菲森院士将求解线性方程组起始年定为263年的原因。

相比于刘徽被国际同行的高度认可，冯康的算法贡献被认可就艰难多了，冯康的算法得到认可主要靠的是"自我宣传"。当然，首先冯康有硬货，他1965年的论文水平高，经得起时间的考验。另一方面，冯康有高度的自信心，充分相信自己工作的历史价值。所以他在改革开放之后，在国际舞台上大力宣传自己的研究成果，并且直接到那个时代最有威望的数学家拉克斯、利翁斯那里宣传自己的成就，在法国、美国、意大利等有限元的重要基地登台演讲。敢于宣传自己,适合西方科学家的普遍做法;演讲成果的精妙,也赢得了骄傲的西方学者的尊敬。十年的宣传,让西方科学家们把他的名字永远和"有限元"这一20世纪最伟大的数值算法自然地联系在了一起。

在特列菲森列出的29个重大算法中,有一些是"大"算法,包括1895年的"常微分方程的龙格—库塔法"、1946年的"样条函数"、1947年的"蒙特卡罗算法"、1947年的"单纯形方法"、1959年的"拟牛顿法"、1965年的"快速傅立叶变换"、1971年的"谱方法"、1973年的"多重网格方法"、1982年的"小波方法"、1984年的"内点法"、1987年的"快速多极法"。

1987年的"快速多极法"通过引入核函数的多极子展开,将源点与场点之间的直接联系替换为间接联系,用集合单元间的作用代替粒子间的作用,加速了矩阵与矢量的乘积运算,从而使得计算量和内存占用量都减少为最优。发明这个方法的是师徒二人,老师是洛克林,学生是格林加德。发明"快速多极法"时,师徒二人一个35岁,一个不到30岁,两人现在都是美国国家科学院和工程院两院院士。这师徒二人属于学术界的"名二代"。洛克林的父亲是前文提到的做过德军战俘、被庞特里亚金营救赏识的那个传奇人物。洛克林1952年出生在苏联,在立陶宛的维尔纽斯大学读的本科,1983年取得美国莱斯大学博士学位,1985年成为耶鲁大学教授。格林加德应该是洛克林最早的博士生。1987年,格林加德同时在耶鲁医学院拿到了医学博士,在耶鲁计算机系拿到了哲学博士,"顺便"和导师发明了传世的"快速多极法",他之后长期在纽约大学工作,曾担任柯朗数学科学研究所所长。格林加德的父亲保罗·格林加德因研究神经系统信号传导获得了2000年诺贝尔生理学或医学奖,母亲乌苏拉·冯·雷丁斯加德为著名雕塑家。

而有限元方法属于"超大"算法,是29个算法里面最有分量的算法之一(另一个是快速傅立叶变换)。

第一,有限元有丰富的内涵,有漂亮的数学支撑,半个多世纪以来,在网格自适应、区域分解、多重网格等方面不断有新的研究推进。正如特列菲森院士在《普林斯顿数学指南》中指出的,"有关有限元方法的图书和文章已经超过了10000项"[1]。第二,有限元方法用处极广,已经在科研及工程应用中成为不可替代的数值工具,随着计算机技术和计算方法的发展,有限元方法已经成为解决复杂工程问题的有效途径,从汽车、火车到航天飞机,几乎所有的设计制造都离不开有限元计算,它在材料、土木、电子、海洋、铁道、石化、能源等各个领域的广泛应用,使得设计水平发生了质的飞跃。第三,随着计算机技术的飞速发展,基于有限元方法原理的软件大量出现,软件很多,有商业的、开源的、多物理场的,并在实际工程中发挥了越来越重要的作用;目前,专业的有限元分析软件公司有几十家,比如大型通用有限元软件ANSYS可以对数十个学科的问题发挥作用,已经成为教学、科研的重要工具。

---

[1] 高尔斯. 普林斯顿数学指南:第2卷[M]. 齐民友,译. 北京:科学出版社,2014:485.

举个有名的例子说明高质量的有限元计算在设计中的重要性。1991年8月23日,挪威北海 Sleipner A 石油钻井平台最后建造期间,发生了一次灾难性的故障。原始船体坍塌,造成7亿美元的损失和里氏3.0级地震事件。这个钻井平台设计高度是82米,有24个格室,底座建筑面积有16 000平方米。斯堪的纳维亚独立研究机构 SINTEF 主持的调查结论显示,基础结构24个格室中的一个格室壁破裂,导致泄漏量超出泵机的处理能力。根据 SINTEF 的结论,基于线性弹性模型的有限元计算不够准确,导致剪切应力被低估47%。也就是说,不够认真的有限元计算是这次灾难的罪魁祸首。事故发生之后,更仔细的有限元分析显示,原始设计将会在62米深度发生故障,与实际发生故障的65米深度基本匹配。也就是说,如果有限元计算质量足够高,这一灾难将会避免。

和有限元这样一个伟大的发明联系在一起,是冯康本人的骄傲,也是中国人的骄傲。

但有限元在中国的认可,在国家科学奖上的认可,却走了很艰辛的路程,也是冯康生前的重大遗憾。

刘徽是运气好的,那个时代他和谁合作的,是否独立完成,不得而知。近千年后,有吴文俊的大力宣传,刘徽以一个更完整的高大形象步入了世界科学舞台。而冯康工作的重要性较长时间没有得到国内的高度认可,并且至今还有些人不服气。是靠他自己的努力,才在国际舞台上找到了他应有的位置。

有意思的是，中国第一个自然科学方面的诺贝尔奖获得者屠呦呦，也是长期得不到部分国内同行的认可。在参选院士上，她没有冯康幸运，曾几次被提名却没有成功。但在成果的国际认可上，她是运气好的，不用去宣传自己。据《南方周末》报道[1]，2006年，美国国立卫生研究院（NIH）的传染病专家路易斯·米勒到上海参加一个关于疟疾的学术会议。其间，米勒向与会的科学家打听，是谁发现了青蒿素，然而没有一个人回答得上来。于是，从2007年开始，米勒与同事开始调查青蒿素的发现者是谁。2009年，中国中医科学院研究员廖福龙在化学领域的期刊《分子》（*Molecules*）上发表了一篇评论，明确指出青蒿素的发现归功于屠呦呦。2011年，米勒与同事在生命科学领域最有影响力的期刊《细胞》（*Cell*）上发表了他们的调查结论："我们的发现毫无疑问地显示最大的功劳应该归于屠呦呦。"基本上在同一时期，屠呦呦的名字在中国国内也开始被广泛知晓。北京大学学者黎润红、饶毅、张大庆发表多篇研究文章，梳理屠呦呦的贡献，这些文章在互联网上产生了很大反响。著名生物学家饶毅兼有科学史家的慧眼，在一篇题为《中药的科学研究丰碑》的文章中，他和合作者写道："屠呦呦在青蒿素的发现过程中起了关键作用。"2011年，屠呦呦终于获得了医学科学领域最重要的奖项——拉斯克奖。这个奖项也一直被认为是诺贝尔奖的风向标。

即使屠呦呦获得了诺贝尔奖，在国内还是有质疑的声音："青蒿素的发

---

[1] 黄永明.屠呦呦是如何被国际科学界发现的？[N].南方周末，2015-10-06.

现并不能归功于屠呦呦一人，有好几个人起到了重要作用。"但诺贝尔化学奖委员会主席斯文·利丁曾对《南方周末》记者这样解释他们的评判标准："即便当我们去看有大量人员参与的领域，通常情况下你都能追溯到一个起始点，那时只有有限的几个人，……是他们点燃了火种。"

利丁的评论，应该也适用于有限元方法。"点燃"火种的几个人就是特列菲森院士笔下的柯朗、冯康、阿吉里斯、克劳夫！柯朗最早提出有限元方法的基本思想，冯康建立了有限元方法的理论框架，阿吉里斯、克劳夫最早给出了有限元方法的工程应用。

虽然冯康的有限元工作没有获得国家自然科学奖一等奖，但1997年，他的另一个研究工作辛算法获得了一等奖。这个去世后获得的殊荣，足以告慰冯康的在天之灵！但非常可能的是：冯康本人更想见到的是有限元工作获得国家自然科学奖一等奖，因为他知道这个工作的贡献将会随着历史走得更远、更久。

(34) 变迁

回顾历史，1956年中国科学院计算技术研究所成立，其中三室研究计算数学，冯康1957年进入三室后，曾任副研究员、研究员，是三室的学术负责人；1978年至1986年两次担任中国科学院计算中心主任，1987年后任该中心名誉主任。政治上，他也曾得到重视，1959年被评为全国先进工作者，1964年当选为第三届全国人大代表，1979年被评为全国劳动模范，1980年起担任第一届和第二届国务院学位委员会委员。

1985年，冯康已经65岁，那时候已经开始有领导岗位退休年龄制。担任中国科学院计算中心主任已有7年时间的冯康，需要找一个接自己班的人。实际上，在这之前，冯康已经在琢磨此事。黄鸿慈应该是人选之一，他是最早跟随冯康的年轻人，除了有限元研究的辉煌岁月，还有最早欧洲之行的美好时光，再加上教学、管理研究生的成绩，他应该是进入过冯康视野的。加上黄鸿慈为人热情正直，有大局观，也是一个理所当然的候选人。

可是最早从冯康名单里滑出的可能也是黄鸿慈。

第一件事发生在1981年，当时冯康开始重视发展数学软件，与黄鸿慈商量成立软件室，黄鸿慈表示非常同意和支持。可是当冯康建议他担任室主任时，他又坚决反对。因为当时黄鸿慈刚从计算机设计重返计算数学理论研究，通过给研究生讲课补习了近十年的文献，雄心勃勃地想开展新的研究。于是，黄鸿慈建议崔俊芝担任室主任，因为崔俊芝一直从事软件研发。这个建议虽然最后被冯康接受了，但这事可能造成了很大的芥蒂，冯康认为黄鸿慈出尔反尔，"不听话"。

第二件事就是前面提到的黄鸿慈不支持冯康给"有限元"报奖项的一些做法，应该是让冯康很不开心的。黄鸿慈的意见是冯、黄二人报奖，冯康开始想自己一个人报，后来又建议报四个人。但黄鸿慈一直没松口，这是一次较大的冲突。

第三件事的发生，让二人的关系出现了更大的裂痕。计算中心成立后，张克明已经退休了，新的负责人似乎不是和冯康那么"合作无间"，反倒和黄鸿慈互动更频繁。1983年，相关领导建议把计算中心分成三个部：计算数学部、软件部和计算机服务部。黄鸿慈很支持，并提供了一些具体建议，后来他才知道冯康对这个建议非常反对。

接下来出现了1984年国庆大阅兵的事。黄鸿慈被邀请上天安门观礼，是计算中心党委安排的，而德高望重的冯康没有被邀请。

1984年10月1日，天安门广场举行了"文化大革命"后首次国庆大阅兵。这次阅兵给那个时代的人们留下了很深的印象。当时受检阅的部队军服更加笔挺、帅气、国际化。正是在这次阅兵的游行队伍中，北京大学学生在行进中突然展开一条"小平您好"的横幅，画面瞬间传遍全世界，并被新闻摄影记者牢牢地定格，成为共和国历史上珍贵的记忆。

从天安门归来后，黄鸿慈慢慢感觉到他和冯康之间真的有了芥蒂。"'文化大革命'后至 1984 年是我和冯先生的蜜月期。可惜的是，随着时间的推移，这种信赖并没有坚持太久。"

此后很快，黄鸿慈负责研究生招生一事被别的同事接管了，包括 JCM 在内的三个期刊由以前黄鸿慈一人常务负责改为由三个执行小组分别负责。冯康逐渐不与黄鸿慈商讨计算中心内部工作，也不邀请他参与会见外宾。黄鸿慈感到被彻底边缘化了。

另外还有件事黄鸿慈印象很深。1986 年他参加在成都召开的全国有限元会议，冯康有事没能参会。会议开幕式的时候，突然加了个项目，宣读冯康写来的贺信。要是以前，冯康的代言人肯定是黄鸿慈，而这次带来冯康贺信并上台宣读的是刚刚从美国学成归来的桂文庄。特别是，冯康写贺信一事黄鸿慈压根就不知道。此事无疑向大家公开了两人的矛盾，并宣示黄鸿慈不再是冯康信赖的人。

除了黄鸿慈之外，当时在计算中心比较有影响的还有张关泉、朱幼兰、孙继广等。孙继广 1962 年从北京大学毕业，1966 年从中国科学院数学研究所研究生毕业后到中国科大任教，1974 年后调到冯康手下工作。他是华罗庚之前培养的研究生。华罗庚在 20 世纪 60 年代共招了 11 名研究生，他任中国科大副校长之后，把很大的精力放在帮助中国科大培养学生。1962

年研究生为钟家庆、孙继广、曾宪立和陆洪文，1963年为林秀鼎，1964年有徐伟宣、那吉生、贺祖琪、陈文德、裴定一和冯克勤。他们分别学习华罗庚从事的三个研究方向：多复变函数论、代数学和数论。

这时，冯康的目光扫向北京、上海等地的高校。这显然经过了仔细慎重的思考。在众多候选人中，他看好身在安徽合肥、时任中国科大数学系主任的石钟慈。

冯康和石钟慈相识于20世纪50年代，当时两人都在中国科学院数学研究所工作。1955年石钟慈到数学研究所后，发现俄语很重要，业余时间（比如晚上或下班后）经常向冯康请教俄语。"在数学所时，我去过冯康先生的家里，发现他家里有很多唱片，进而得知他很喜欢音乐……冯先生虽然驼背，但乒乓球打得很好。当时数学所的食堂有乒乓球台，不吃饭时数学所的研究人员会在那里打乒乓球。"

1956年石钟慈赴苏留学，1960年回国后到计算所三室二组工作，对丹江口等水坝进行了计算，但未参与冯康的有限元研究工作。石钟慈回国之际，正值中国科大应用数学系1958级基础课将要结束的时候。从1958级到1960级，中国科大应用数学系采用了一条龙的教学方法，分别由华罗庚、关肇直与吴文俊负责主讲3年的基础课程，简称华龙、关龙与吴龙。从1961年开始，这些学生陆续选择专门化课程（两年），其中计算数学专门化是一个重要的方向，每年都要开设，招生人数大约有30人。应用数学系特别成立了计算数学教研室，由冯康担任主任。中国科大计算数学专业的教学大纲、教学计划由冯康制订，石钟慈负责执行。冯康还在三室专门成立了中国科大计算数学教材编写组,当时在教材编写组的有黄鸿慈、李家楷、张关泉、秦孟兆等人。

当时的中国科大坐落在北京西边的玉泉路校区,中国科学院计算技术研究所当时有到中国科大的班车。由于急需师资,冯康询问石钟慈是否愿意到中国科大工作。石钟慈留苏期间对苏联科学院的数学家(柯尔莫哥洛夫、盖尔范德等)在莫斯科大学教课的印象非常深刻,表示愿意到中国科大去任教。因此,冯康于1964年下半年将石钟慈调入中国科大。

1969年10月26日,中共中央下发《关于高等学校下放问题的通知》,国务院科教组组长、国务院驻中国科学院联络员刘西尧经与安徽省负责人李德生协商,指令中国科大"战备疏散"到安徽,先是在安庆市委党校落脚,后迁到原合肥师范学院校址办学。中国科大自1969年12月开始迁入安徽,至1970年10月基本完成搬迁。

由于这次大搬迁,石钟慈也就远离北京,来到了合肥。到合肥后,他与冯康的接触开始减少,直到改革开放后可以出国,石钟慈想去德国留学,请华罗庚、吴文俊和冯康写了推荐信。

在华罗庚、冯康和吴文俊的推荐下,石钟慈申请到了德国的洪堡基金,师从法兰克福大学著名学者施图默,在那里开展了非协调有限元的研究。

石钟慈对去德国留学这段经历印象深刻:"虽然当时已年近50岁,超过了申请洪堡基金的年龄,但是因为'文化大革命'的原因,当时对中国人放宽了年龄限制。我当时比其他同学大10岁,刚去的时候,一点把握也没有,非常紧张,因为完全是新的东西,基础不够,还要从头学习德语,心理上、生理上承受着巨大压力。然而，德国人一丝不苟、诚实守信的民族品格，以及他们在科学、哲学、法律、音乐、文化和艺术领域的先进水平给予了我极大触动。正所谓置之死地而后生，凭借青年时代在浙大、复旦和苏联留学期间打下的坚实基础，加之深受德国精神的影响，通过大半年的拼死一搏，我终于赢得了施图默的信任。"

后来施图默还给冯康写信，称石钟慈是非常突出的优秀科学家，应多给他机会专门做研究。在非协调有限元这一领域，施图默认为石钟慈是他最主要的继承者之一。在德国的这两年多时间成为石钟慈科研工作重要的历程。"我后来计算数学的工作都是从这里开始的，没有这次出去，我的科研工作就会停留在 80 年代初那个时期的水平上。"从中可以看出，洪堡的学习对于石钟慈进一步取得成就有莫大的帮助。

1986 年，冯康打算将石钟慈调回北京，做自己的接班人。和石钟慈进行沟通并得到同意后，冯康通过中国科学院干部局把石钟慈调回北京，用冯康的话说："是我把你调出去的，所以在我退休之前，要把你调回来，都是为了计算数学。"

从 1986 年起，石钟慈成为冯康的行政接班人，成为计算中心第二任主任。

由于种种原因，石钟慈的上任遭到了计算流体力学研究组部分人员的激烈反对。计算流体力学研究组是计算中心最大也最重要的一个组，有一支实力雄厚的科研队伍，承担着国防工程和尖端武器研制当中的重要计算任务，研究和应用领域包括：粘性与无粘性高速绕流、内外流场、爆炸波与低速流等。

由于历史原因,中国科学院编年史关于1973年的大事寥寥无几,但很醒目的一项是"提出初边值差分方法与绕流计算的数学基础":"1960年起,计算所计算数学研究室开始承担导弹和卫星的气动力及气动热数值方法研究,先后为委托部门提供了大量数据。到60年代中期,朱幼兰等提出基于分离奇性和特征理论的一套系统化、高精度计算方法——初边值问题差分方法与无粘绕流,并于本年给出了方法的数学基础。这套方法的精确度很高。在当时,因设备禁运,不能进口大容量、超高速计算机的情况下,利用中国自行研制的计算机就可以较好地对飞行器气动力与流场进行计算。不仅可精确计算钝锥体外形,而且可精确计算钝锥—柱—裙组合体的外形和绕流流场。曾为中国第一颗返回式卫星提供了流场数据结果,为卫星安全、准确地返回地面做出了贡献。用户称赞该方法给出了一整套双曲型方程的初边值问题的数值方法,达到了较高精度,与国外同类工作相比,都更完善、更仔细、更有独特之处。1982年,该项成果获国家自然科学奖三等奖。"[①]

1982年,计算中心三个项目获得国家自然科学奖。除了冯康、黄鸿慈等人的有限元项目,另两项都来自计算流体组,一个是李荫藩的"流体弹性模型及其在核爆与穿甲方面应用",另一个是朱幼兰、陈炳木的"初边值问题差分方法及绕流",可见这个研究组的实力。

---

① 樊洪业主编.中国科学院编年史:1949~1999[M].上海:上海科技教育出版社,1999:224.

到中心任职后，石钟慈知道了冯康和党委部分领导之间的矛盾。石钟慈说："这可能也是我被选中接班的原因，冯先生认为他自己不是党员，感觉沟通起来渠道不畅通，所以接班人最好是党员，而黄鸿慈等人不是党员，我是党员，可以在党委会上发挥沟通的作用。"

除了对计算中心的发展、人事进行把关外，中心主任在国际交流方面也有很大的话语权，当时国门刚敞开不久，国际交流非常受重视。石钟慈认为他被选中接班的另外一个原因在于他有留苏、留德的经历，有助于国际交往。

石钟慈认为做中心主任痛苦的地方在于计算中心过于庞大，人数最多时四五百人，人事复杂，评价标准不一，因此也很难管理，所以做完一届后，他不再连任。1991 年，崔俊芝接任成为计算中心第三任主任，也是最后一届主任。

冯康也意识到计算中心过于庞大，很不利于计算数学的发展。石钟慈说："冯康一直有办个小而精的研究所的想法。"1994 年 10 月 15 日，30 出头的袁亚湘执笔起草了《关于建议成立"计算数学研究所"的报告》，参加签名的有石钟慈、张关泉等近 20 人。当时冯康已经去世一年多了。这个写给中国科学院领导的报告分"科学计算的重要性""我院在计算数学上的优势""成立计算数学研究所之必要性""新所的模式"四部分。

这个报告希望把人数大幅压缩，建成一个小而精的研究单位："新所应当是小而精，总人数在 60 人左右，其中固定研究人员 30 人左右，固定研究人员中正研究员 15 人左右，其余为副研究员。固定研究人员应当是经过严格挑选而聘任，应当是国内知名学者。正研究员应当是在其研究方向的国内学术带头人，所长应当是国际上知名学者、国内计算数学学科带头人。研究所流动研究人员约为30人，由访问教授、博士后、研究生等组成。所长由公开招聘产生，招聘工作由'所长评选委员会'进行。'所长评选委员会'由7至9名国内著名计算数学专家组成。"

这一报告很快得到中国科学院的批准。1995年，中国科学院计算数学与科学工程计算研究所（简称计算数学所）成立，袁亚湘担任常务副所长，余德浩任副所长，所长暂时空缺。两年后，袁亚湘被任命为所长。1998年计算数学与科学工程计算研究所纳入中国科学院数学与系统科学研究院，成为这个研究院的四个研究所之一。

1956年至1978年，三室团队在著名的"北楼"经历了22年的激情燃烧的岁月，之后来到了中关村南四街4号，经历了中国改革开放的潮起潮落。又经过了20年，1998年计算中心经历了重组、合并，成为中国科学院数学与系统科学研究院的一部分，搬到了中国科学院基础园区那幢被称为"蓝白楼"的综合科技楼。

从1956年到2025年，半个多世纪的沧桑，当时的年轻人现在有的已经不在人世，很多已经步入老年，鬓发花白。他们是中国计算数学发展的参与者、历史的见证人，他们有值得我们尊敬、值得我们歌颂的"芳华"。

今日的计算数学所，有很多年轻的面孔加入这支具有光荣历史的团队。他们朝气蓬勃，意气风发，面向科学与工程中的重大应用问题，进行着基础性和关键性的计算方法的理论创新和技术创新，以科技创新助力中国式现代化建设，为"两个一百年"奋斗目标的实现贡献科技力量。

第八章 学派与传承

(35) 第一个博士

冯康的一生不仅自己成就卓著，还培养了一大批人才，带出了一支响当当的队伍。冯康直接或间接培养的学生遍及国内外科学和工程计算领域，他创立的计算数学"冯康学派"享誉国际。

早在20世纪50年代，冯康就组建并培养了中国第一支计算数学研究队伍；到六七十年代他创建并推广有限元方法，又为许多应用部门培养了大量科学计算人才。70年代后期改革开放刚刚拉开序幕，百废待兴，百业待举，多数研究人员不清楚哪些是重要的研究方向，研究工作应从哪里入手。冯康以其渊博的学识和敏锐的眼光，以其对国家需求和学科发展的深刻洞察力，高屋建瓴，深入浅出地做了一系列的报告。他展望计算数学和科学计算的发展前景，指出重要的研究方向。国内科学计算界的石钟慈、黄鸿慈、林群、崔俊芝、张关泉、周天孝、邬华谟、朱幼兰、孙继广、秦孟兆、王烈衡等知名专家，都以作为冯康的学生而自豪。

在去世前的十余年间，冯康带出的嫡传博士并不多，不超过 10 个。其中，尚在久、唐贻发为中国科学院数学与系统科学研究院研究员；汪道柳等出国后在公司里从事和数学相关的研究开发工作。余德浩是冯康的第一个博士生，学术上颇有建树。

余德浩读中学时参加了上海市举行的中学生数学竞赛，并两次得奖。1962 年，余德浩考入中国科大，知道中国科大数学系有华罗庚、关肇直、吴文俊、冯康等知名专家学者。余德浩大学 3 年的专业基础课，数学是关肇直上的，物理是副校长严济慈上的。1965 年秋，余德浩下乡搞社会主义教育运动，接着就是"文化大革命"，就此脱离专业蹉跎了十几年。他先被分配到部队农场种地，1970 年又被分配到北京密云县当工人，整整干了 8 年。8 年当中，余德浩念念不忘数学，关肇直一直很关心他，经常给他寄数学所讨论班的资料，鼓励他不要忘了数学。

1978 年国家恢复研究生招生，余德浩决定报考研究生。鉴于这些年调动工作失败的教训，担心不能被关肇直的"绝密专业"录取，余德浩就委婉地向关肇直说出了自己的顾虑。在当时的情况下，关肇直也把握不准，就建议余德浩报考冯康的研究生，并且说："冯先生水平也很高，你跟我学的东西，到他那儿全部都用得上。"

彼时，冯康已从中国科学院计算技术研究所调到计算中心当主任，计算中心在中关村南四街 4 号。余德浩找到那里，忐忑不安地报了名。虽然报了名，但余德浩心里一点底也没有，回到密云县厂里后，他给冯康写了一封信，介绍自己的情况。没想到冯康很快就回信了。信寄到密云县化肥厂，余德浩至今还记得信封很小，是一个旧信封翻个面改的，等于重复使用。可以想象冯康将一个旧信封拆开再粘好的情景。那时候旧信封翻用倒也常见，但大数学家冯康也如此还是让余德浩没想到。里面的信纸也很小，是中国科学院计算中心的一种便笺。内容三言两语，大体是这样："余德浩同志，我们严格按成绩择优录取。"冯康这样说似乎有两个意思：一是你提到关肇直推荐也没用；二是不会有任何事影响录取，我们只看你的考试成绩。

初试、复试，一关又一关，尽管心里紧张，但也很坦然，因为一切都很顺利。复试最后成绩余德浩是第一，以第一名被录取了。收到录取通知书，他心里的一块石头彻底落了地，那股高兴劲就别提了。十几年的蹉跎岁月终于要结束了，绕了一个大弯终于可以走上数学研究之路了，中学时代的梦想实现了。

1978年9月底，接到研究生录取通知书没几天，余德浩又接到一个通知，原来是推荐他出国，让他去考英语。那时国家要派一批人出国留学，余德浩虽在志愿一栏里填了愿意出国，但没想到真有此事。通知让余德浩先别去研究生院报到，先去北京大学考英语。余德浩毫无思想准备，而且只有10天时间复习准备，英语怎么个考法也根本不知道，什么选择题、听力考试都不知道。当时他在计算中心见到了冯康，得知是冯康推荐他出国的。因为余德浩对国外完全没概念，便问去哪个国家，报哪所大学。冯康向余德浩介绍了美国加州理工学院，说有许多名人是从加州理工学院毕业的，像钱学森、周培源等。

余德浩从中学到大学学的都是俄语，英语只是"二外"，尽管在大学学过一年，但大学毕业已经十多年了，多年不用，早已忘得差不多了。英语考得不好，也就没出成国，但余德浩一点也不觉得遗憾，觉得自己能成为冯康的研究生已是心满意足。

1978 年，33 岁的余德浩成了冯康的研究生，3 年后硕士毕业，又考取了冯康的博士生，再过 3 年后，他取得博士学位。那一年，他已近不惑之年。"我 22 岁大学毕业，39 岁取得博士学位，外国人会怎么想，不也会认为我是白痴吗？"余德浩回忆起了当年和冯康的一段对话。

"1990 年恰逢冯先生 70 岁寿辰，《计算数学》与 JCM 等期刊为庆贺冯先生生辰，委托我和邬华谟研究员起草贺词。当我们拿着初稿征求他意见时，冯先生对我们提到他的履历中关于'1979 年晋升研究员'的文字提出了强烈的异议。他说：'快要 60 岁才当上研究员，再翻译成英文，国际同行怎么想？他们会觉得我是白痴！'尽管我们都知道冯先生向来直言不讳，但当时也没想到他的反应会那么大，于是我就说了前面那番话并举了自己迟来的博士学位作为例子。不过，最终我们在定稿中还是尊重冯先生的意见略去了这一说法。"

余德浩跟随冯康攻读硕士和博士学位，主要是通过讨论班的形式。每周都有讨论班。冯康做学术报告，让弟子跟着听。还有开会，包括去外地开会，像去厦门、桂林等全国许多地方开会都带着他的硕士生、博士生去。此外，冯康经常接待外国同行，或来访或学术交流，冯康也总是让弟子跟着，把弟子介绍给外宾认识。这为弟子将来出国深造、交流、访学等打下

冯康院士70岁寿辰做报告

了非常好的基础。

"可是,当时我确实英语不是很好,而且最早只有我一个研究生,因此见到外国教授总是会拘谨一些,所以冯先生老是批评我。批评我不主动,说'你要跟国际上的学者多交往交往,以后会有很多交流的好机会'。我说我英语不好,还得好好学,意思是英语好了才会主动,会多说话。冯先生就说我'你不是英语不好,你是耳朵聋'。这确实也是实情,我的听力确实不太灵敏,当然还没有到'聋'的程度。冯先生有时恨铁不成钢会训人,我们这些学生辈的都怕他。我表决心要好好学英语,冯先生却说:'英语还用学呀?英语不用学!'他外语好自然就觉得学外语很容易,他也就是50年代去苏联待过一年多,可他竟然会英语、俄语、法语、德语、日语、意大利语等多国语言,没人能跟他比。"

冯康带研究生的另一方式是推介文献。1978年刚刚改革开放,国内的文献资料比较少,一般学者、科学家跟国外的交流也比较少。但是冯康的地位与国际威望使他跟外国人交往的机会多一些,那时他经常出国访问,或者外宾来访也找他,双向交流自然越来越密切,当年像美国数学家代表团来访、法国数学家代表团来访都是冯康接待,而且他外语很好,可以直接交流。

余德浩回忆说:"冯先生三言两语三五分钟就能让外宾对他佩服得不得了,别看他瘦小、驼背,但他的魅力与气度往往给外国同行留下深刻的印象。中国的数学,当年就是靠像华先生、冯先生这样的大家支撑门面。比如,改革开放前美国数学家代表团访华就感觉到尽管经历了'文化大革命',但中国数学水平还是不错的。美国数学家代表团特别提到了有限元方法,提到中国在与其他国家隔绝的情况下独立创造了有限元方法。而法国数学家代表团的大数学家利翁斯院士跟冯先生一见如故,对冯先生的评价相当高。这除了学术水平,语言表达能力也起了至关重要的作用。"

余德浩自1978年起在冯康指导下系统地发展了自然边界归化理论和自然边界元方法。为了克服积分核超奇异性带来的困难,他于1983年提出了求解超奇异积分方程的积分核级数展开法,简单而有效地解决了自然边界元方法的数值计算问题,这是国际上最早研究超奇异积分方程数值求解的工作之一。为了克服自然归化对区域的限制,他还提出了有限元与边界元的自然耦合法(或被称为"准确的人工边界条件法"),作为处理无界区域问题的主要方法得到广泛的应用。其研究成果"正则边界元方法与自适应边界元方法"获得了1989年中国科学院自然科学奖一等奖,"人工边界方法与偏微分方程数值解"获得了2008年国家自然科学奖二等奖。

在冯康的学生中，不知道余德浩是不是最受冯康赏识的，但在余德浩的心中，冯康对他来说却是"师恩大过天"。余德浩深情地回忆说："我在计算中心走过的每一段路，都有着冯先生的关怀与帮助。"

"1989年我申报中国科学院自然科学奖时，报奖材料初稿中曾有一篇与他合作的论文。我征求他的意见，希望与他联合申报，但被他拒绝了。他说，他早已不做边界元，研究方向已转向辛几何方法研究多年，'自然边界元方法与自适应边界元方法是你做的，你应该独立申报'。他还说：'若挂上我的名字，几乎肯定能得奖，而且是一等奖；但若你能独立获奖，不管是几等奖，才是你的真水平。'他不希望我借他的名搭车报奖，要求我以自己独立的工作报奖。于是我删除了原报奖材料中那篇与他联名的论文，独立申报了中国科学院自然科学奖，幸运地获得了一等奖。"

"冯先生对我的职称晋升也非常关心。我在国外进修期间，我的职称已经晋升为副研究员。1989年我获得了中国科学院自然科学奖一等奖后，并未申报晋升研究员，而同年获得二等奖及三等奖的在当年都评上了研究员。当时已经卸任的冯先生对我很生气，他说：'你怎么那么傻，难道还要有人请你不成？'责备我没有申请提职。在他的鞭策下，1990年我主动申报，随后也顺利获得了研究员的晋升。"

如今回忆起冯康，音容笑貌，仿佛就在眼前。在冯康的学生中，余德浩不算灵性舞动，却是勤奋认真，更重要的是他钟情写作，于是有了那首《思源楼杂感》，一首糅合了对老一辈数学家华罗庚、关肇直、吴文俊、冯康以及中国科大深情厚谊的诗：

> 罗庚有数论方圆,肇直无形析泛函。
>
> 文俊匠心推拓扑,冯康妙计算单元。
>
> 追思母校龙腾日,喜见繁花锦绣园。
>
> 盛世中华迎盛会,思源楼里更思源。

此情可待成追忆,涓涓细流更思源。时至今日,我们已无从考量在冯康的心中,这个被他称为"老余"的学生究竟有几多分量,但至少我们知道,在"老余"的心中,恩师冯康一直厚重如山。

[36] 小概率事件

1984年余德浩取得博士学位后,冯康建议他出国,开阔一下国际学术视野,余德浩自己还没想到出国,冯康已替弟子想好了。冯康还为余德浩在英文打字机上打了两封推荐信:一封给美国的一位教授,这位教授参加过中法有限元讨论会,是美国的有限元专家,国际上的权威;一封写给德国洪堡基金会。

洪堡基金是国际上著名的研究基金,为纪念德国伟大的自然科学家和探险家亚历山大·冯·洪堡于1860年在柏林设立,在其创立后的很长时间内仅资助德国学者到外国进行科学考察,1925年后这项基金转为支持外国科学家和博士研究生在德国学习。洪堡基金每年向500名左右具有博士学位、年龄不超过40岁的优秀外国学者提供研究基金,使其有一段较长的时间(半年至一年,可申请加延一年)在德国进行科学研究工作。选拔委员会由近百名各学科的德国科学家组成,在德意志研究联合会主席的主持下负责对申请者进行选拔,选拔的唯一标准是学术水平，不分国别，也没有专业限制。20世纪80年代初给中国的名额还不多，一年所有学科也就十来个人。

尽管有老师冯康的推荐，但是洪堡基金审核程序严格，所以余德浩递交申请后有一段不算短的等候时间，而同时冯康也给美国教授写了推荐信。美国的体制跟德国不一样，德国这些基金会机构大都是官方的或半官方的，尽管有企业赞助，但评审都是官方的；而美国是教授自己的科研经费，这些科研经费可以用来招博士后，招访问学者，冯康一封推荐信，那边教授只要一点头就可以了。所以余德浩经冯康一纸推荐很快就先去了美国，而那时候洪堡基金会还没有开会讨论呢。

到了美国之后，余德浩想既然申请了洪堡基金，应该跟德方打声招呼，于是告诉洪堡基金会准备撤销申请，结果让余德浩没想到的是，洪堡基金会给他来信说："不要撤销申请，你不是到美国了吗？今年来不了明年来，我们给你保留资格。"在余德浩看来，这是冯康的国际声望所致，没有冯康的威望，"洪堡基金也不会让我推迟一年再去"。

1985年至1986年，余德浩在美国待了一年多，之后如愿来到了德国的斯图加特大学工作，合作的教授是温德兰教授。余德浩和妻子一起住进了斯图加特大学一套宽敞的两房公寓里。

1987年，冯康卸任计算中心主任后，只保留了学术委员会主任的职务。少了很多行政事务缠身，冯康有更多的时间出访进行学术交流。当年，他受到德国普朗克学会的邀请，应邀出访德国半年，其中3个月是访问斯图加特大学的温德兰教授。

普朗克学会全称是马克斯·普朗克科学促进学会（Max Planck Gesellschaft，简称 MPG），为纪念德国著名物理学家、量子力学重要创始人之一的马克斯·普朗克而冠名。普朗克学会拥有 80 多个分支研究机构，主要分布在德国，涵盖所有基础科学研究领域，拥有两万多名研究人员，每年都有数千名访问学者到访。

冯康到访德国，使得他们师徒第一次在国外有了空间上的交集。

冯康的德国之旅条件相当优越，对方提供每月 4000 马克的津贴，同时还为他安排了差不多月租 1300 马克的住房，相比当时一般公派留学每月只有 600 马克的津贴，这对冯康来说的确是个不小的数字。正如余德浩所说："冯先生在德国的半年差不多是他一辈子赚钱最多的半年。"由于工作调动及办理手续等复杂事宜，原计划与冯康一起访问德国的新婚妻子石玉明这次并没能跟随冯康一起出行。

冯康到德国后发现对方为他安排的公寓太大，觉得一个人住太浪费，就希望换个住处，在找到合适的小公寓之前，冯康暂时住在余德浩的家里。余德浩自然欢喜莫及，他和妻子乐滋滋地照顾起冯康的饮食起居。

余德浩回忆说："冯先生烟瘾很大，但因为我们不抽烟，他在我家就没有抽过一支烟。他的心情很好，我们在一起也很融洽，相谈甚欢。他谈到计算中心领导班子换届，谈到离京近 20 年才回到北京接他班的石钟慈，谈到他自己从计算中心主任岗位退下来后的一些细节。他还谈到将要建立科学与工程计算国家重点实验室。冯先生告诉我中心已晋升我为副教授，并在新建的住宅楼为我预留了一套两室一厅的房子。他希望我尽快回国工作并发挥作用。"

没有了师生相处时的严厉，没有了上下级交流时的严肃，相识多年，余德浩第一次感觉到冯康与他毫无顾忌地敞开心扉、轻松交谈，如朋友一般。他惊喜地发现，这个坚强倔强的老人也有细腻柔软的一面，与此同时，他的心头也掠过一丝学者迟暮的心酸。

冯康在德国期间参加了当地中国留学生学者联谊会组织的一些活动，包括春节联欢会，还兴致勃勃地和余德浩一起去瑞士游览。

"我们从日内瓦、洛桑到伯尔尼，准备经苏黎世回德国。在伯尔尼我们只能停留几个小时。正当我们在一个小公园的小山包上观景照相时，冯先生突然眼前一亮，不可思议的超小概率事件发生了：他在异国他乡的瑞士和他的姐姐不期而遇了。可以想象，姐弟二人都惊喜万分，谁也想不到会有这样的巧遇。他们快步走到一起，兴奋异常，热烈地问候交谈。我赶紧用相机拍下了这珍贵的一幕。他们也就短暂相聚了 20 分钟，因为双方都已安排好紧凑的行程。冯先生只知道姐姐去美国看望儿子即将回国，姐姐也只知道弟弟在德国访问讲学。没想到的是冯先生会忙里偷闲到瑞士游览；而姐夫叶笃正恰好在日内瓦参加会议，所以姐姐就拐道瑞士在这里和丈夫相聚。"

看到姐姐的冯康，思绪一下子跳到了难忘的 1980 年，那年冯康、冯端与姐夫叶笃正同时当选中国科学院学部委员。在中国现代自然科学史上，这或许是一段空前的佳话，也是冯家至高无上的荣耀。

叶笃正 1916 年出生于天津，祖籍安徽安庆。少时就读于南开中学，在风雨飘摇、社会剧变的岁月里，曾在兄长的影响下，积极参与学生抗日救亡运动。1940 年叶笃正从西南联大地质地理气象系毕业，开始在浙江大学史地研究所进行研究生学习，于 1943 年取得硕士学位，毕业后在中央研究院气象研究所任助理研究员。1945 年赴美国芝加哥大学深造，师从著名气象学家罗斯贝，并于 1948 年取得博士学位。中华人民共和国成立后，叶笃正于 1950 年 10 月毅然回国投身于新中国的气象事业。曾担任中国科学院大气物理研究所所长、中国科学院副院长。叶笃正是中国现代气象学主要奠基人之一、中国大气物理学创始人、全球气候变化研究的开拓者。2005 年，叶笃正获得国家最高科学技术奖。

冯端曾任中国物理学会理事长、国家科学技术委员会"攀登计划"项目"纳米材料科学"首席科学家。从 20 世纪 50 年代末选择金属材料的缺陷问题作为主要研究对象，到改革开放以后，将研究目光放在凝聚态物理学与材料科学的汇合处，再到 20 世纪 90 年代，把精力投入微观世界的纳米材料课题上。冯端的学术研究之路始终将国家现实需要与科学内在发展密切结合，背后是挥之不去的家国情怀。

余德浩后来把洗印的照片给了冯康，照片背面写了那天的日期：1987 年 11 月 15 日。冯康非常喜欢那张照片。后来他多次在一些国际学术会议招待会等场合，拿着那张照片眉开眼笑地向身旁的中外朋友讲述那天发生的小概率事件，欣喜之情溢于言表。

苏州之后、重庆之后，历经 40 年的生活变迁，冯氏四兄妹在各自的人生道路上早已渐行渐远。尽管他们天各一方，聚少离多，但在他们心底，深厚的手足之情却从未减淡。无论何时何地，只要见面或者聊天，那种挡不住的亲情就会自然地流露出来……

[37] 隔代亲

我叫袁亚湘,"亚"是因为排行老二,"湘"是由于来自湖南。

我曾是农民,而且从心里一直自认为永远是农民。我5岁上学,11岁休学一年,在家放牛。15岁高中毕业后回村当农民3年。我很想当个诗人,可惜没有天赋。

18岁考上湘潭大学,4年后考上中国科学院计算中心研究生,师从冯康教授。在北京只待了9个月就去英国留学。1982年11月起在剑桥大学应用数学与理论物理系攻读博士学位,师从鲍威尔教授。1986年获博士学位。1985年10月至1988年9月在剑桥大学菲茨威廉学院工作,1988年回到祖国,在中国科学院计算中心工作。

我研究非线性最优化,工作还算努力。我爱读书,买书也是我的爱好之一。我爱打桥牌,现在有时也打。我曾经爱中距离跑步,但现在既没时间又太老,只好放弃,改成爬山。

我喜欢和朋友聊天。

我曾管理过一个所（中国科学院计算数学与科学工程计算研究所，1995—2006）和一个实验室（科学与工程计算国家重点实验室，1996—2005)，也在数学与系统科学研究院当了8年的副院长，主管教育和国际交流。现在，带带学生，想想数学，写写文章，游游世界，不亦乐乎！

以上是袁亚湘的自我介绍。

某百科中关于袁亚湘的介绍是这样的：

袁亚湘，数学家，中国科学院数学与系统科学研究院研究员。中国科学院院士，发展中国家科学院院士，巴西科学院通讯院士，美国工业与应用数学学会会士，美国数学学会首届会士。袁亚湘于1960年1月出生于湖南资兴。1982年毕业于湘潭大学数学系，同年进入中国科学院计算中心就读研究生，师从冯康。1986年获英国剑桥大学博士学位，1988年回国后进入中国科学院计算中心工作，成为当时中国科学院最年轻的正研究员。曾任中国科学院计算数学与科学工程计算研究所所长（1995—2006）、科学与工程计算国家重点实验室主任（1996—2005）、中国科学院数学与系统科学研究院副院长（1999—2007）等。袁亚湘长期从事计算数学、应用数学、运筹学等领域研究工作，在信赖域法、拟牛顿法、非线性共轭梯度法等方面做出了重要贡献。他在非线性规划方面的研究成果被国际上命名为"袁氏引理"。

两份介绍的风格颇为不同。后者中规中矩；前者则有趣得多，有一种举重若轻、云淡风轻、无拘无束的胸襟。殊不知这是2011年评选中国科学院院士的自我简介，所有的简介都颇为严肃，唯袁亚湘这个简介特立独行。当然那一年他光荣当选，这是正常的，所以云淡。但即使选不上也正常，他看得开，因此也风轻。

有人拿袁亚湘与冯康作比，但没有一个人说得准确，因为除了有时批评人直截了当，袁亚湘看上去与冯康完全不同。冯康霸气执着，具有"非人"特点，基本不知事业之外的乐趣，整个人是工作的人，数学的人，巍巍然可谓一代大师；袁亚湘则清俊飘逸，一手拂尘一手扑克，亦成为大家。两人看起来不同，但背后的东西又是相同的，那就是两人心性上都走得很远，不能说一骑绝尘，但内心的世界旁人实在是难以跟进，只不过表现不同而已。

冯康那个年代需要冯康那样的性格，举重若重，直接面对，孜孜以求；袁亚湘的时代更加多元化，更需要举重若轻，放眼全球。所以袁亚湘能说放下就放下，在别人看来那么重的东西，比如职务，说放下也就放下了，飘然而去。如果说冯康是金庸笔下的英雄，袁亚湘便是古龙笔端的侠士，至少是有那么一点点神似。

当然，二人是师徒关系，这便又是不同，只是这二人的师徒关系和别人又有所不同。当袁亚湘还是一个放牛娃时，冯康已是中国"两弹一星"神秘的幕后推手，张劲夫笔下的幕后英雄，而独立创建有限元理论更使冯康跻身世界级的数学家行列。同一时空，一个放牛娃，一个数学家，这是两人的前史，一如一个牧童与一个武功盖世的老人遥远地并置。但时间却让两人越走越近，时间安排着一切，到这个乡村少年18岁考上大学，4年后毕业，冯康已矗立在这个玉树临风青年的视野当中。

袁亚湘大学毕业要考研究生，但学校不让，希望这个品学兼优的学生留校任教。按理，对一个放牛娃、一个农民的孩子来说，留校当大学老师曾经是连做梦都不敢想的事，但是闯入数学王国的袁亚湘已与放牛娃无关，与农民无关，在这个王国里不论身份，不论出身，只论视野。学校最高领导建议不让考，但数学系主任认为湘潭大学毕竟是比较小的学校，留校或许把袁亚湘的前程耽误了。两派意见最后合成一种意见，袁亚湘可以考，但要考就考中国最厉害的导师，读计算数学就考中国科学院冯康的研究生，否则就别考。学校虽说别提多喜欢这个出类拔萃的青年，但并不真正知道袁亚湘的深浅，不了解袁亚湘内心的星空。学校的小算盘是：冯康全国就一个，是最高的，最难考的，在湘潭大学或者说在湖南袁亚湘是最好的，但要是放在全国那可就难说了，湘潭大学怎么能和清华、北大相比？不要说和清华、北大，就是湖南大学也比不了，那么你考不上，不就又回来了？这是学校的考量，并且似乎稳操胜券。谁也没想到那一年袁亚湘考了第一名，被冯康录取了。

袁亚湘在湘潭，在湖南，在全国脱颖而出，到了北京，到了中国科学院，到了中国最高科学殿堂。师徒二人见面，等待袁亚湘的话是这样的："亚湘，你出国吧。"

袁亚湘那时没想过出国，牛津、剑桥对袁亚湘来说是遥不可及的，但是老师却让他到剑桥去。袁亚湘一下蒙了，在报考研究生填表时，其中有一项是"愿不愿出国"，袁亚湘填的是不愿出国。"你为什么不愿出国？"冯康问他。袁亚湘略一沉吟，便问："您觉得我该不该出国？"尽管袁亚湘蒙，但这个反问是相当聪明的。冯康点头："你当然应该出国。国家闭关多年，需要人才到国外长见识、学习。不过亚湘，你要出国，就别学有限元；要学有限元，就别出国。"

1982年，这话是多么豪迈，这是国际视野，既看清中国的需要、问题，也不妄自菲薄，那时中国有几个高手、科学家敢说这话？多年后回忆起来袁亚湘仍然感到折服。袁亚湘当然听懂了，老师的意思是你要学我这个行当，就用不着出国，我这儿就行了。

那时候公派出国留学名额分配在教育部，中国科学院的自主权很大，拿出自己的钱，于1982年选了30多个研究生，出国做不同方向的研究。这30多个研究生组成了一个班，叫作出国预备生班，预备期（10个月）主要是补习外语，袁亚湘是其中之一。尽管袁亚湘并没跟冯康学有限元，但冯康仍视袁亚湘为自己的学生，袁亚湘也视冯康为恩师。预备期间华罗庚与冯康共同邀请了剑桥大学的数学教授鲍威尔访华，冯康抓住机会把袁亚湘引荐给鲍威尔，为日后袁亚湘赴英留学埋下了伏笔。果然鲍威尔后来就成了袁亚湘的老师。

高手找高手，大师找大师，冯康把国际上最牛的人请来，把自己最出色的学生推荐给他，如此"高举高打"焉能不出人才？虽然专业上不带袁亚湘，但冯康以其国际视野为袁亚湘确定了未来研究方向，冯康对袁亚湘

1987年冯康与袁亚湘合影于剑桥大学三一学院"苹果树"前

说:"现在我们国内数学领域的'优化'研究相对来说比较弱,但它将来发展会很有前途,所以你要学这个方向。"

这是40多年前冯康说的话,现在看来,冯康有着怎样的战略眼光?!

所谓"优化"就是这几年非常热门的"大数据"的核心解决方法之一。通俗地说,大数据就是把所有信息整合处理,然后以最优化的方式服务人类。进入21世纪以来特别是2012年以来,"大数据"一词越来越多地被提及,人们用它来描述和定义信息爆炸时代产生的海量数据。数据决定着未来的发展,大数据时代对人类的数据驾驭能力提出了新的挑战,也为人们培养更为深刻、全面的洞察力提供了前所未有的空间。在商业、经济等领域中,决策将日益基于数据和分析来做出,而并非基于经验和直觉做出。这将是一场革命,庞大的数据资源使得各个领域开始了量化进程,无论学术界、商界还是政府，所有领域都将开始这种进程。当下数据已经渗透到每一个行业和业务职能领域，成为重要的生产因素。大数据已在物理、生物学、环境生态学等领域以及军事、金融、通信等行业存有时日，并在互联网大环境下如虎添翼，推动一场革命，这是人们始料不及的。

优化，英文叫 optimization，是应用数学的一个分支，主要研究以下形式的问题：构造一个适当的目标函数，寻找一个元素满足一定的约束，使得目标函数取得最小值或者最大值。优化是一门应用相当广泛的学科，讨论决策问题的最佳选择，构造寻求最佳解的计算方法，研究这些计算方法的理论性质及实际计算表现。这类研究有时还被称为"数学规划"。数学规划是运筹学的一个重要分支，也是现代数学的一门重要学科。数学规划的研究对象是数值最优化问题，这是一类古老的数学问题。古典的微分法可以用来解决某些简单的非线性最优化问题。直到20世纪40年代以后，由于大量实际问题的需要和电子计算机的高速发展，数学规划得以迅速发展起来，并成为一门十分活跃的新兴学科。在大数据时代，数学规划的应用极为普遍，它的理论和方法已经渗透到自然科学、社会科学和工程技术中。

袁亚湘曾用"从瞎子爬山到最优化方法"的类比来普及优化的概念："瞎子爬山和最优化方法有什么关系？事实上，爬山的目标是登上山顶，也就是要找海拔最高的点；而最优化是在一定约束条件下寻求某个目标函数的最大值或最小值。所以爬山本身就是一个优化问题。给定一个点，计算机可以计算目标函数在该点的信息（如函数值、梯度值），但不知道其他点的信息。这正如一个瞎子在山坡上能感觉到脚下的坡度（这是海拔函数在当前点的梯度值），但不知道山上的其他点的任何情况。从这个角度［看］计算机的能力和瞎子是差不多的。正因为如此，我们说，用计算机求解最优化问题和瞎子爬山有惊人的相似之处。"①

优化与当年华罗庚的优选法有相似之处，用普通人能听懂的语言来说，就是任何事情都存在决策，存在不同的决策，你要挑一个好的决策，就是优化。田忌赛马就是一个典型的例子，也是最基础的例子。华罗庚也举过一个例子，讲的是北京一个四合院，早上起来，大家都排队打水，院子里只有一个水龙头，如果刷牙的人排在最前面，时间上最划算，一小茶缸接满就走了，打洗脸水的人排在第二位，提着桶的人排在最后面：这是时间上最合理也就是最优化的安排。但如果次序倒过来排：提着桶的排在最前面，拿着脸盆的排在第二位，拿着茶缸的排在最后面，这样下来一个比一个着急，三个人都累，大家都要等着那个桶接满水。所谓优化，就是任何一个选择情境，有很多种可能性，从中挑选最好的。

再有，飞机的机翼设计成什么形状，也是优化问题，不能拍拍脑袋就定下飞机机翼的形状。现在世界上常见的飞机机翼已经被科学家优化过很多次了。通常在马路上开着车会有颠簸感，但坐着飞机飞到天上，却几乎感觉不到，跟没动似的。为什么？就是科学在不断进步，不断优化。伴随着计算机的高速发展、大数据时代的到来和优化计算方法的进步，大规模优化问题更加重要。

① 袁亚湘. 从瞎子爬山到最优化方法 [J]. 数学文化, 2016, 7（2）: 33-40.

"大数据最核心的两个方法，一个是统计，另一个就是优化。"袁亚湘感慨道，"几十年前，冯先生就预见到优化在人类社会发展中的重要性，预测到信息时代的到来，预测到信息处理（即优化）的不可避免性。另外，冯先生是有大胸襟的，能站在国家的角度，而不是自己的角度来看待自己的学生，国家与他是一体的。他不让我学有限元而建议我去国外学优化，认为这个方向很重要，这只有大科学家才能做到。我们大部分人都做不到。现在一般来说，招研究生，招来一个最好的，人们总是愿意放在自己手下，学自己这个行当，将来这个学生做得好，自己脸上也有光。但是冯先生不这么考虑，冯先生把我招进来了，不让我学他的方向。我是第一名，他却把我推了出去，他心里装的是国家，是科学布局，他站在大科学家的高度。现在我们这代科学家中很少有人能从整个学科发展考虑，从国家考虑，很少再有冯先生那样的视野与胸襟。"

从袁亚湘个人角度，虽然在经历上他是冯康的学生，但是在年龄上应是孙子辈了。袁亚湘生于1960年，冯康生于1920年，袁亚湘跟冯康相差了40岁，差了两辈。"这就有点像一个家庭中的爷爷跟孙子。"袁亚湘说，"按道理林群老师、石钟慈老师跟冯先生他们接触得更多，是另一辈，但是类似于中国的传统，儿子辈怕老子辈，隔代亲。"

林群、石钟慈他们怕冯康，但袁亚湘不怕，跟冯康反倒很亲。冯康跟袁亚湘也很亲，什么都聊，很像与孙子辈聊天。

"我1988年回国工作，28岁就是正教授，在那个年代是非常少见的，当时教授平均年龄五六十岁。那个时候，干部搞第三梯队，当时组织上找我谈话，问我要不要加入第三梯队。我就去找冯先生商量，冯先生说，行政职务最好先不要有，学术上的那些'官位'可以，比如说学术委员会、编委等。冯先生跟我太交心了，所以在学术上他很早就给我提拔了，让我当了数学会的副理事长，英文杂志 *JCM* 的编委。很多人要当编委，熬了很久，有资历了才能当上。冯先生搞重点实验室，让我当副主任，这些学术上的位置他很早就提拔了我，但是行政职务没让我当。所以我在冯先生去世之前，没有行政上的职务。"

"1984 年我回来结婚，科学院给了我一个房子，冯先生还参加了我的婚礼。当时就在计算中心会议室办的婚礼，会议室内放点喜糖，放点茶水，放点烟，参加婚礼的大多是单位里的人。冯先生做主持人和证婚人，对我们讲了鼓励的话。我父母都不在，他就相当于我的父母。据我了解，这是冯先生参加的唯一一个婚礼，所里面别的老师或者同事都很羡慕地说：'冯先生对你真好。'"

[38] 国家重点实验室

1982年11月,袁亚湘成为英国剑桥大学应用数学与理论物理系的博士生,他的导师也正是曾在计算中心小房间里听过他学术报告的鲍威尔教授。在袁亚湘面前即将展开的是一段美好的前程,而这一切也都得益于冯康的启发与指点。

在剑桥读书的几年间,袁亚湘与冯康一直保持着密切的书信往来。冯康很少亲笔给学生写信,大部分的信件都是由他的秘书邵毓华代笔回复。信中,袁亚湘经常把自己的想法、工作的情况、毕业后的打算等和冯康商量,冯康也愿意为袁亚湘出谋划策,并不时叮嘱他好好学习,注意休息。

袁亚湘没有辜负冯康的期望。他在剑桥的学习成绩优异,在非线性优化计算方法及其理论方面,取得了一系列的重要成果。非线性规划是20世纪50年代才开始形成的一门新兴学科。1951年,库恩和塔克发表的关于最优性条件(后来称为库恩—塔克条件)的论文,是非线性规划正式诞生的一个重要标志。在 20 世纪 50 年代还得出了可分离规划和二次规划的 n 种解法，它们大都是以线性规划之父丹齐克提出的解线性规划的单纯形法[①]为基础的。单纯形法是求解线性规划的一种有效方法，该方法被誉为 20 世纪十大算法之一，还有资料说，它是 20 世纪创造经济效益最多的算法。这是可以理解的，因为在社会生产系统中会大量遇到这种决策问题。比如，中国石化在全国有成千上万个加油站，那么如何布局这些加油站才能使运行成本最低呢？油料运输中，走何种路线、在何处中转可以最节约成本呢？要回答这些问题，并不是拍拍脑袋就可以解决的。单纯形法就可以回答这种问题，帮助人们找到最优的解决方案，从而大幅度降低运行成本。

20 世纪 50 年代末到 60 年代末出现了许多求解非线性规划问题的有效算法，70 年代又得到了进一步的发展。非线性规划在工程、管理、经济、科研、军事等方面都有广泛的应用，为最优化设计提供了有力的工具。

袁亚湘的导师鲍威尔是非线性优化中拟牛顿法的开创性人物，从剑桥大学毕业后没有直接攻读博士学位，但凭着在算法方面的卓越贡献成为剑桥大学著名教授、80 年代至 90 年代英国数值分析或计算数学方面唯一的皇家学会院士。

袁亚湘的贡献主要集中在信赖域法、拟牛顿法和共轭梯度法三个方面。

[①] 关于单纯形法的发现，丹齐克讲过一个故事。他在做研究生时，一天上课迟到了，看到黑板上有几道题目，以为是作业就急忙抄下来，因问题太难，作业晚交了。几天后，老师兴奋地告诉他那根本不是作业，而是本领域尚未解决的几个问题。丹齐克给出的解法正是享誉世界的单纯形法。

在信赖域法算法设计和收敛性分析方面所做的工作是开创性的,特别是对于非光滑优化信赖域方法的研究得出了一系列重要的收敛性定理,给出了超线性收敛的充分必要条件。

1986年,袁亚湘获得剑桥大学博士学位。他想继续留在英国工作一段时间,并就此征询冯康的意见。冯康觉得他的想法很好,并亲笔为他写了推荐信。后来,袁亚湘留在剑桥大学的菲茨威廉学院工作了3年。这样做,一方面可以更深入地了解英国计算数学领域的研究,将国外最前沿的方法带回国内,另一方面也可将所学付诸实践。

袁亚湘留在剑桥工作是经过中国科学院批准的,现在袁亚湘还保留着当时的一个红头文件,上面盖了中国科学院带国徽的公章。当时,相关部门(包括中国驻英国大使馆)对袁亚湘的学习、工作都非常关心,把他看作是未来国家需要的栋梁之材。袁亚湘太年轻了,那么早就拿到了博士学位,在国外学术做得不错,在当时都是比较少见的。袁亚湘在菲茨威廉学院工作期间,每年也会回中国科学院工作几个月,在冯康的指导下从事博士后研究,并熟悉和参与中国科学院的数学研究。这时,他和冯康的关系已经相当密切了。

袁亚湘在剑桥工作期间,冯康到英国访问,顺便去剑桥看望了袁亚湘,袁亚湘陪他游览了剑桥三一学院与圣约翰学院。剑桥本身是一个拥有大约10万居民的英格兰小镇。这个小镇有一条河流穿过,称为"剑河"(River Cam,又译作"康河")。剑河是一条南北走向、曲折前行的小河。剑河两岸风景秀丽、芳草青青,河上架设着许多设计精巧、造型美观的桥梁,其中以数学桥、格蕾桥和叹息桥最为著名，剑桥之名由此而来。剑桥大学没有固定的校园，没有围墙，也没有校牌。绝大多数的学院、研究所、图书馆和实验室都建在剑桥镇的剑河两岸，以及镇内的不同地点。在中世纪，剑桥大学是欧洲宗教神学和政治精英们的精神堡垒。当始于意大利的文艺复兴运动席卷英国的时候，剑桥则成为英国文艺和科学复兴的重要阵地。18世纪的工业革命和自然科学风暴又激发了她生命中潜藏的能量，使她在推动英国乃至人类社会前进的过程中贡献了自己的力量。

剑桥扑面而来的融于自然的历史人文气息让师徒二人不免时时发出感慨。他们谈到超越——超越自身，超越时代，超越身处的现实去追求一种卓越的东西。师徒二人再次切磋武艺，交流心法。对，超越，这是毫无疑问的，尽管方式并不相同，但超越是一样的……

几年以后回想起来，让袁亚湘感到遗憾的是："当时忘了安排冯先生在剑桥大学做场报告。如果告诉老师鲍威尔，冯先生要来剑桥，鲍威尔肯定会安排，鲍威尔很尊敬冯先生，如此冯先生会在剑桥留下更多痕迹，也会是美谈。唉，当时我怎么就没想到呢？我光顾着高兴，想来还是年轻，太年轻了。当然，时间也是太紧了，冯先生来剑桥只有一天时间，我太想多陪陪先生，再讨教一些真谛。"

在剑桥散步的时候，冯康与袁亚湘谈到了筹建国家重点实验室的事。一年以后，1988年，袁亚湘一回国，便投入筹建中国计算数学的国家重点实验室的工作当中，成为冯康的接班人石钟慈的主要助手之一。

国家重点实验室作为国家科技创新体系的重要组成部分，是国家组织高水平基础研究和应用基础研究、聚集和培养优秀科技人才、开展高水平学术交流、科研装备先进的重要基地。国家重点实验室是依托大学和科研院所建设的科研实体，实行人财物相对独立的管理机制和"开放、流动、联合、竞争"的运行机制，主要任务是针对学科发展前沿和国民经济、社会发展及国家安全的重要科技领域和方向，开展创新性研究。

国家重点实验室拥有先进适用的仪器设备和完善的配套设施，仪器设备统一管理、高效运转和开放共享。国家重点实验室由固定人员和流动人员组成，固定人员包括优秀的学术带头人、高素质研究骨干、高水平技术人员和精干的管理人员；流动人员包括访问学者、博士后研究人员。国家重点实验室主任通常是本领域高水平的学术带头人，具有较强的组织管理和协调能力，有足够的时间和精力在实验室工作，在实验室的建设和发展中起主导作用。国家重点实验室是本领域国内研究中心，通常按研究方向和研究内容设置研究单元，能够培养具有较好科学素质和科研能力的科研后备人才，对学科领域的发展具有较强的辐射带动作用。国家重点实验室还要承担开展高水平和实质性的国内外学术交流与合作，积极参与国际重大科学研究计划的任务。

物理方面的国家重点实验室很多，化学方面也不少，数学类的只有一个，就是冯康申请的。没有冯康的战略眼光、威望，建立数学类国家重点实验室是很难想象的，在这个意义上说，冯康是这个至今在国际上颇有影响的数学类国家重点实验室的缔造者。作为主要助手之一的袁亚湘也堪称创建者之一，许多文件都是他起草的，他还记得在20世纪80年代末期90

年代初期，实验室光采购设备就花了 100 多万美元，在当时是个天文数字。

"那时候成立这种国家重点实验室，基本上都是哪个老先生申请下来，这个老先生自己便当国家重点实验室主任。但是冯先生站在更高的高度，自己没当，而是把这个首任主任给石钟慈老师当了，我是两个副主任之一，他就是这样一个布局。"

1991 年，中国科学院科学与工程计算国家重点实验室（简称 LSEC）正式建立，首任主任是石钟慈，第二任主任是袁亚湘。1993 年 10 月经中国科学院验收后正式投入运行。

实验室主要开展科学与工程计算中具有重要意义的基础理论研究，解决科学与工程领域中的重大计算问题，着重研究计算方法的构造、理论分析及实现。袁亚湘曾形象地比喻说："我们这个国家重点实验室就是搞科学计算，用各种各样的高效算法，针对不同的问题，找到人们关注的直观的解。冯先生有句口头语，就是计算的功效等于计算机的速度乘算法的速度。你要搞计算，首先比的就是算法快不快。比如，同样一台计算机，你计算机速度提高一倍，采用同样一个方法，你效率提高一倍；保持老计算机不动，把算法提高一倍，也可以提高一倍效率。如果拥有很先进的计算机，但是你的方法很老，也不行。我们是搞计算方法的，提高方法有的时候还来得更快。我们也不用掏很多钱，不断买新机器。想一个妙招，就提高效率了。我们这个实验室，主要是研究计算方法的，基本上是在'想妙招'。"

"我们分很多组，不同的计算方法在不同的组。冯先生在两个领域都做出很大的贡献，一个是有限元方法。有限元用数学语言简单来说，就是一个解微分方程的有效方法。但是要老百姓来了解的话，你可以举什么例子呢？比如修水坝，修水坝一定要算，地震来了不能倒，水位高了压力大了不能倒。还有修高楼，修房子，也都要算。现在普通的计算是不行的，要算抗应力，这是有限元可以做的。冯先生后来的第二块做了个辛几何算法，针对哈密尔顿系统。简单来说，比如算天体运行轨道，这是年年月月在运转的，要保证算很长时间轨道还是精准的，辛几何算法就可以实现这一点。总的来说，我们所要研究的，是不同方向的计算方法，都是针对一些有应用背景的问题，要提出方法。但是我们这个实验室，又不是完全做应用的，因为我们毕竟还要做基础研究，所以我们还是做得比较前端，有点超前，要做这些方法的理论研究。"

"我回来以后，到实验室，优化这一块冯先生也非常重视。冯先生是很有远见的，是个'飞鸟'级的战略家。他虽然有自己的研究方向，但是对整个数学，他专业之外的东西，都非常敏感。我们有些人过去很厉害，后来就停滞不前了。冯先生按道理说已功成名就，可你看他到80年代末90年代初，已经快70岁的人了，还不断学习，不断追求新东西。一到周末他就挎着个书包去图书馆，那种帆布的书包，深蓝色的，就像买菜用的那种。"

[39] 草原上来的年轻人

冯康晚年，老骥伏枥，致力于哈密尔顿系统的辛几何算法的开创性研究，再创晚年人生辉煌，不要说在中国，就是在世界数学史上也不多见。冯康开辟的这一领域的诸多传人中，尚在久无疑是代表之一，是冯康学派的中坚。代表性成果有"辛算法的 KAM 理论"和"保体积算法"。

1987 年，24 岁的尚在久从内蒙古大学数学系研究生毕业，原准备读博士学位，但系主任不让考，想把他留在数学系教书。系主任的理由也不能说没有道理："我们培养你几年，你怎么也得留在系里做几年贡献再考吧？"那时考博士研究生要系里出证明，系主任特别指示办公室不给尚在久开报考证明。这有点像 1982 年袁亚湘本科毕业考硕士研究生，学校开始也不让考，但没有尚在久遇到的这么严厉。

工作了一年，尚在久的系主任高升当了副校长，系领导换届，新的系主任来了。他跟新到任的系领导试探性地提出考博士的想法，没想到系主任竟然欣然同意。系主任问尚在久想考哪儿，尚在久说想考中国科学院。系主任一听更高兴了："要考就考最棒的，我支持你。"便立刻开了证明。尚在久也没辜负系主任的开明和信任，第二年便考上了中国科学院冯康的博士生。当时他报考的导师是其他人，结果被录取到冯康名下，成为冯康的博士生。这中间研究生部主任李荫藩与尚在久有过交流，能被冯康接收为学生，尚在久当然喜出望外。

尚在久还清晰地记得入学的第一天，李荫藩研究员带他去冯康家里拜访的情景。那是个晴朗的午后，阳光洒在中关村的单元楼群中，虽然不是老北京的胡同，但依然有鸽子飞翔，哨音掠过，十分嘹亮。他们从当时的计算中心走到冯康的家。

冯康的家在海淀黄庄，步行 20 分钟即到。冯康住在黄庄小区的 809 楼 4 层，四室一厅。这是院士所长楼，新落成不久，算是中国科学院最好的房子了，吴文俊先生住在二楼。尚在久以前没见过冯康，但在硕士研究生期间，看到过吴文俊主编的《21 世纪中国数学展望》，其中列了好几个重点方向，计算数学方向就是冯康主持的。冯康大名鼎鼎，中国计算数学的学科带头人，考上冯康的博士生现在又去先生家里，尚在久既激动又紧张，待见到冯康后，紧张与激动完全消失了，因为很快便被冯康本身的精气神吸引，忘记了紧张。

冯康个子很小，是个小老头，但精神很好，坐在那儿两眼炯炯有神，说话声音洪亮，抑扬顿挫，又自然大气，气场很足，几句话便有感染力、感召力，初次见面就会被他感染。

一个多小时的谈话，尚在久感觉像做梦一样。这是大师的家，也是尚在久第一次见到四居室的房子，宽敞的厅。尚在久觉得，搞数学就该要这样的环境，人与环境是一体的。冯康问尚在久都念过一些什么书，大学的老师是谁。冯康竟然知道给尚在久上过拓扑学课程的陈杰教授。陈教授原是北大的教师，中华人民共和国成立前从四川大学毕业后，到中央研究院工作，跟随陈省身做研究。1957年北大支援内蒙古大学建校，陈杰是内蒙古大学的建校元老，1988年从内蒙古大学副校长位置退下来。陈杰还曾经给研究生做过报告，介绍数学各个方向的情况，曾说到计算数学里有些人的数学基础很牢固，是真正的数学家，说到冯康以及他的有限元方法是很系统严密的数学理论，是一项了不起的成果。冯康提到陈杰教授，尚在久也愉快地讲到这些。

冯康给学生介绍了将来跟他读博士生要做什么，特别讲到辛几何算法。接着冯康又问弟子读过的书，有些书冯康知道，有些不知道，不知道的冯康让弟子下次带来。尚在久惭愧地说，好些书还没来得及念呢。在呼和浩特，尚在久常去一家外文书店，那儿有很多影印的英文版的数学专业图书。那时的书很便宜，几毛钱一本，尚在久买了很多，有的只是翻了翻，多数连动都没动。后来尚在久给冯康拿来了一些书，实际上冯康是想了解学生的兴趣、知识背景、基础，作为导师这是非常必要的。

冯康在博士生报考材料里注意到，尚在久读硕士研究生期间在美国的《微分方程杂志》(*Journal of Differential Equations*)上发表过一篇文章。谈话中冯康提到了这篇文章。那时中国人在国外顶尖专业杂志发表文章的很少，学生就更少了，不像现在除了最顶尖的那几个数学大刊，最好的专业杂志都有大量中国学者的文章。冯康在 1984 年招过汪道柳和葛忠（1988 年他们已经毕业）后，已经连续几年没有带博士生了，再加上他主持的讨论班需要年轻人参加，因此对尚在久颇有期许。

这期间当然也遇到过种种困难，但尚在久很少找冯康，除非是实在解决不了的难题。

"我现在常跟我的学生讲当年跟着冯先生怎么克服困难、解决难点，遇到真正的难题我才找冯先生，一般的问题我自己去找相关的资料，确实找不着了我才找他。"

尚在久一般是先打电话约导师，然后再去冯康的家。老师总是很有兴趣、很有耐心地听学生讲难点，听的过程中有时候会突然说"你等等"，然后就跑到书房，找到一本书来，说他以前念过这本，现在记得不大清楚了，"你看看这本书的这部分内容，也许能对你有帮助"。冯康一般不直接给学生解决问题，而是指引学生自己解决问题，找到可能的路径。往往是尚在久拿回书去看，总是发现书上做了密密麻麻的笔记，写得也仔仔细细，都是先生的笔迹。尚在久注意到一本书有些重要的地方作者没有仔细推导，先生经常给补齐，且补得很细致。这对尚在久的帮助很大，几乎所有的困难都是这样克服的，冯康或者给尚在久一本书，或者直接给一篇文章，而且都是冯康曾经仔细看过的。没有这些冯康多年前咀嚼过的书或文章，尚在久不可能这么快这么顺利地完成论文。冯康对弟子的指导可以说既宏观（确定方向）又具体（细节启示）。当然，你必须得明确你的问题是什么，指导才可能很具体。

在尚在久开始证明辛算法 KAM 定理的时候，原来想用柯尔莫哥洛夫的先固定角频率的思想，结果做了一段时间发现行不通，便改用阿诺德的方法。但是阿诺德的文章不怎么好读，而且阿氏的一些估计不严密，太粗糙，尚在久用不了，他必须自己给出更严格更精细的估计。虽然不能否认阿氏的方法还是有用的，但是推导过程晦涩，虽包含了原始的思想，但却并不体现在这部分。

尚在久有一次跟冯康聊起这个困难，冯康说就是这样，作者常常是在思考的过程中体现他的思想，过程的复杂体现思想的复杂，过程的晦暗也会给思想罩上一层阴影。冯康后来给了弟子一本"秘籍"，那是 1967 年阿诺德和法国数学家阿韦合著的《经典力学的遍历问题》，最初版是法文，后来被翻译成英文。冯康的指导很具体，他没有把整本书都给尚在久，只给了与弟子的问题有关的那部分——那本书里面 30 多个附录中的两三个。附录里面有很多批注，对于书上证明不详细的部分，冯康做了很多补证，到现在尚在久还保留着这份材料。

"就是这样的指导过程，"尚在久说，"非常具体，不是让你自己从头去摸索，这些都是他念过的，他走过的路，留下许多宝贵的经验，可以拿来就用，所以我非常佩服他。你想，这些东西他真正念过，但是他号称他还没念懂。他没懂的意思是什么？就是他没做这方面的研究，实际上他懂得很。这非常重要，后来我自己带博士生也是学这种方法，有的还行，但大部分不成功，因为我的水平比冯先生差得太远，读的东西也没有冯先生那么多。冯先生本来是做计算的，有些书不是他的专业方向，但他还是念得那么细。现在我们做研究的很多人，一般跟自己的研究课题离得远的就不仔细念了，需要的时候往往直接引用。冯康不是，他思考得非常广，而且还细。"

尚在久的博士论文就是这么写出来的，论文证明了哈密尔顿系统辛算法的 KAM 定理，冯康非常高兴，多年心愿被弟子完成了。冯康推荐弟子带着论文去意大利国际理论物理中心参加一个研讨班，因为文章太长，冯康就让尚在久写个摘要，要求用英文写。尚在久花了很多工夫写，非常重视，修改了很多遍，自己觉得比较满意了，才拿给老师看。冯康第一遍从头读到尾，读完，说还不错，坐在旁边的尚在久也有点小得意。之后冯康便提起笔开始修改，一会儿说这里用这个词更恰当，一会儿说那个句子应该那么改。改完词以后改句子，改完句子又调整段落，最后改下来就"面目全非"了。尚在久的小得意消失了，但他对冯康越发敬重，更是从骨子里敬重。

1991 年元旦过后，尚在久开始考虑毕业后的去向，其中连带着结婚成家，他准备博士一毕业就结婚，女朋友在内蒙古工作，结婚后便想把妻子调到自己身边。那时不像现在，调动工作很难，但做博士后，家属就容易调动。那时候博士后制度在中国刚兴起，每个单位的博士后名额都很少。有一天尚在久跑到冯康家里讲这个事，准备进博士后工作站。但冯康的消息让他很意外，原来老师已经把他上报，留他在计算中心工作。这时，冯康立刻给计算中心人事处处长邵毓华打电话，问博士生毕业留下工作家属能不能调动。邵处长电话里说按规定可以调动，但要排队，至少要两年多才能排到。冯康实在想让尚在久留下，问能不能加快，但被告知前面排了好几个人。

冯康没办法，问尚在久能不能等两年。尚在久说还是想做博士后，做博士后家属马上就可以过来了。冯康说，让我想想吧，没马上同意。但是，过了一段时间，冯康亲自写信，帮助尚在久把博士后问题解决了。

"我1991年9月在内蒙古结婚，10月份回到北京，那时我已经到数学所博士后流动站报到了。数学所分配给我一间15平方米的小房子，算是安家了。那时每个星期有一个讨论班，讨论班就在冯先生家里。有一天去讨论班，我给冯先生买了几盒烟，一包糖果，正好讨论班大家都在，冯先生就把烟留下了，糖果给大家分，就算宣布我结婚了。大家向我表示祝贺，冯先生也祝贺我。"

尚在久记得，当时师兄汪道柳与妻子从德国回来，冯康说，正好请你们两家吃饭。"吃饭的地点，"尚在久说，"就在现在中关村十字路口，现在是北京银行，当时是一个酒楼。冯先生开始说师母也来，但是不知为什么最后没来，是他自己来的。点菜时他让我们每人点一个菜，最后他也点了一个。他正式祝贺我们夫妻婚姻幸福，欢迎汪道柳夫妇回国。平时在生活上他不会问我们太多，除了给我博士后进站申请写推荐信，平时交流最多的还是工作，这次破例，我和师兄既意外又感动。这是冯先生去世两年前的事。"

尚在久记得冯康曾到过一次他那个15平方米的小屋。小屋附近有个地方,现在是中国科学院图书情报中心,当时是一片空地,空地上有一排小平房,其中有一间房子是新华书店。尚在久的小屋子就在书店的北面,尚在久有时出来会顺便到书店翻书看看,结果有一天在书店碰到了冯康。冯康正在那儿翻书,是一本很厚的大开本的书,硬皮精装书,不是数学方面的——在这个小书店没那么大部头的数学书,在尚在久的印象中应是《资治通鉴》这一类的书。尚在久与先生热情打招呼,两人在书店聊了起来。冯康对弟子住在这儿有些惊讶,甚至有些好奇,主动提出来要去弟子家看一看。

那是一个下午,尚在久妻子去上班了,师徒二人穿过空地,来到尚在久的15平方米小屋,尚在久给老师沏了杯茶,两人聊起来。那是秋天,但是天气还不冷,阳光和煦,十分安静。尚在久倒的一杯茶冯康喝光了,第二杯又喝了,再续,冯康说不用了,够了,把那杯水喝得干干净净的。一般人喝茶不会喝得那么干净,但冯康喝得一点不剩,把茶叶留在底下,不知道这是一种怎样的习惯,是临时这样还是长久的习惯。

冯康一点也不像住四居室的人,总是中山装,有时戴一顶蓝帽子,那时已流行西装、夹克、猎装,女性更是多样化,裙子(甚至吊带太阳裙)、健美裤,大波浪头发,但冯康却一成不变,装束还停留在70年代。

时代变了,他不变。

但他的房子变了,变了却又好像和他无关。尚在久记得冯先生四居室一进门是一个大厅,大厅实际上隔成两部分,南边是冯康的书房,北边基本上就是个饭厅,从饭厅穿过去是卧室、洗澡间。讨论班一般在南边书房里，书房和饭厅中间有一个推拉门，可以关上，不上讨论班、没人的时候就开着。整个房子南北向，冯康的书房则东南方向，靠南的窗户和书房中间围了一圈沙发。沙发一侧有一个办公桌，上面有电脑和打印机，讨论班上可随时打印文章出来给大家看。沙发另一侧是讨论班上课的地方，靠东北一个角摆着一个小黑板，随时在上面写东西。挨着小黑板那边又有一个小门，里面有一个小屋子，是冯康的一个小书房，从没有任何学生进去过。东北角还有一个很小的储藏间，尚在久做论文时有时候去冯康家求教，冯康或者跑到他那间小书房里去找，或者在那个小储藏间里翻，往往会找出一本书或者一篇文章之类的给弟子。

尚在久见过冯康不常露面的夫人，夫人一看年轻时候肯定很漂亮，个头也比较高，是那种挺精干的样子，很有气质。平时上讨论班时一般都是夫人开门，开了门点个头就回到她房间去了。话不多，或几乎没话，但是挺客气。尚在久隐约听说先生与夫人交往多年，结婚是1987年。

"冯先生穿上西服完全是另外一个样子，好像穿越了时空，大家、大师风范溢于言表，越是国际场合冯先生的内在气场表现得越强。"

尚在久清楚地记得1992年冯康主持了一次比较大的国际会议，来了很多外宾，都是国际有名的数学家、教授、基金会官员，个个都气度不凡。冯康如鱼得水，神采奕奕，仅几句话，下面便鸦雀无声。他不要翻译，直接用英语讲，声音富有磁性、干净，并且幽默，肃穆的场面像突然化了一样引起笑声。"那是一次欢迎晚宴，在颐和园古色古香、颇具中国气派的听鹂馆举办，冯先生的话语庄重，又轻松，又是全世界都熟悉的语言，控制了整个雅致高端的场面。这个时候的冯先生，从里到外都充满了个人魅力，也是这个国家真正的魅力。"

"他给我最大的感受是，以前我对科学家，或者成为科学家这个概念是模糊的，"尚在久说，"跟了冯先生之后我才切切实实感知到什么叫科学家。"

(40) 窄门

众所周知，地球和其他行星绕着太阳转。如果不受其他外力作用，把这些天体看作质点，完全受万有引力作用，那么这些天体之间的相对运动状态，是不是能永远这么维持下去？这是一个典型的动力学问题。实际上太阳系各天体的运动轨道本身也可能是一种相对平衡态，在时间意义下，它也是静态的。虽然地球本身是不断转动的，但都在它自己的轨道上转，整个轨道本身相对来说是静态的。

能不能通过计算预测这个轨道在多长时间以内能维持平衡态？会不会发生变化？这正是辛算法要做的事情。辛算法对这种问题特别有效，它可以算的时间很长很长，可以预测的时间更长！

前面提到过，辛算法是冯康除了有限元方法以外的又一项重要研究，其研究成果在1997年获得了国家自然科学奖一等奖，尚在久参与了这一研究。时至今日，哈密尔顿系统的辛算法以及在这个基础上发展出来的更广泛的动力系统几何算法，在国际上，在数值积分领域，都是一个主要的研究方向。

但是，回想起来，事情的发展并非一帆风顺。尚在久记得，攻读博士学位时冯康并没有对他细说为什么选择哈密尔顿系统的辛几何算法这样的研究方向，只是随着时间推移，前景才越来越清晰，就如同走了一段山路之后，风景开始出现，路径开始出现——虽有许许多多的路径，但是你已看清属于自己的那一条，冯康前行，后面或左右是"冯康学派"的弟子，每个人都从复杂的路径中看到了自己的路径。哈密尔顿系统中，其数值轨道是不是也长久维持周而复始、不断往复的状态？尚在久证明了这样的结果。这是一条路径。无源系统成功构造了保体积算法——有段时间冯康在讨论班上不断提到这个问题，这又是一条无人走过的路。尚在久踏上这条路，在数学所做博士后的头一年的冬天解决了这个问题。

这条路径是这样的：辛算法保持的是哈密尔顿系统的辛结构，而保体积算法保持的是无源系统的体积结构，二者在数学上是不同的——因为辛算法联系的背景问题是天体力学，而保体积算法联系的背景问题是流体力学。二者在物理上也是不一样的。比如说水和油，它们都是流体，有一个共同的特点叫作不可压。不可压在物理上具体就是，你以某种方法在流动的海里围了一块体积，所围体积允许流体自由进出，很显然因为不是固体，这块体积在流动过程中会发生形变，形变程度也可能会非常大，但是不管怎么形变，形变程度多大，总的体积是不变的，这就是保体积的性质。不可压流体就具有这个性质。比如有个塑料罩放在水里，随着流体流动，在流动过程当中它会变形，可能变得很复杂，或者是拉长了，拉窄了，或者说混合了，混合成不成形状的东西了。但是有个共同的特点，就是罩子里的总体积不变。很多液体有这种性质。那么计算流体运动的时候，就要保证数值算法也保持体积不变性。

讨论班上，冯康好长时间不断地提保体积这个问题，隔一段时间就提一提，从多个方面论述这种性质的算法多么难以构造。

冯康一直在思考这个问题，他自己也在不停地构造，在不断地研究。许多次冯康在讨论班上说：辛算法有一套生成函数的构造方法，但对保体积系统，找不到合适的生成函数，这是一个难点。第二个难点可从辛几何方面来论述，认识这个难度。保体积映射可以把一块东西任意形变，但是辛映射不行，它不能把一块东西任意变形，这是著名的格洛莫夫刚性定理。这就相当于一头骆驼，你要是只保证体积不变，那么这头骆驼可以穿过任何一个细的管道，而只要管道足够长，把骆驼拉长了压细了就能穿过。或者你在墙上画一个不管多小的眼，骆驼都能穿过去。但是，如果还要让你满足辛结构，那就不一定能穿得过去了。就有一个最小半径，如果眼的半径小于这个半径，则骆驼就穿不过去了，这是辛结构的刚性。第三个难点是，有无穷多个有理函数可以生成辛算法，但是没有有理函数可以生成保体积算法。

冯康提得多了，尚在久自然就琢磨这个问题。跟冯先生一起搞研究尚在久非常踏实，不用怀疑，先生说的问题都是重要问题。事实上，大家也都是这样，只要是冯康认为重要的问题，大都不怀疑，因为已经看得很清楚：这些问题在当时的世界上也都是很前沿的，国外的数学家也在做，但没有冯康这个级别的带头人。换句话说，冯康的讨论班实际上已是国际最前沿了。

新西兰的马克拉赫兰教授是国际上这个领域的一位重要学者，2007年获得了美国工业与应用数学学会颁发的达尔奎斯特奖。1993年，加拿大的菲尔兹数学研究所举办了一个会议，是由著名数学家马斯顿组织的。马克拉赫兰在会上做了一个综述报告，列举了一些问题，其中一个问题就是构造保体积算法。这个报告于1996年发表，但是冯康团队1992年就已经做出了结果。

"1991年我到数学所做博士后，冯康就不断提构造保体积算法，他提一次把你拽一拽，让你不停地思考这个问题。"

结果有一天，冯康把尚在久叫到家中，他坐在靠南窗的那个沙发上。冯康拿着笔记本，本子上写了很多东西，他拿着这个笔记本给弟子讲，可以说是耳提面命。这个本子现在保存在数学院的展览馆里面，代表着永恒的冯康。

冯康当时给弟子讲构造保体积算法问题的背景、来源、数学理论和已有的结果，他的思路，以及他遇到的难点。特别举了一些例子，讲的都是三维的。讲完以后问弟子是否听懂了，"你回去想想这个问题"。

那天尚在久回去之后，憋在家里一个星期没出门，感到此事重大，是先生殚精竭虑考虑的课题，先生已讲得非常清楚，三维的例子更是印象深刻。尚在久把这个三维的例子摆在那儿看，好几天一点思路都没有，但还是不停地琢磨这个问题。有时候即使看看电视，眼睛虽盯着电视，但脑子里却想着问题,他的夫人有时说:"你这是做研究呢,还是在看电视呢?"

其实这是"通病",数学家都有这个特点。陈景润撞电线杆的故事虽然夸张,但不是没有生活基础。因为人不能老盯在那儿算,总得想,想的时候需要调节调节,比如看看电视,而眼睛盯着电视,脑袋里面却在想别的事情。此外,眼睛看到的东西,有时候能使你产生意外的联想。

著名的例子是在"孪生素数猜想"研究上做出杰出成就的华人数学家张益唐。大数学家希尔伯特在1900年的国际数学家大会上提出了著名的23个重要数学难题和猜想,孪生素数问题位列其中,它可以这样描述:存在无穷多个素数p,使得p与$p+2$同为素数;而素数对(p,$p+2$)称为孪生素数。数学家们相信这个猜想是成立的,然而没有人能给出证明。张益唐做到的是,用一套技术方法,证明了存在无数个素数对(p,q),其中每一对中的两个素数之差,即p和q的距离,不超过7 000万。尽管7 000万离2还差很远,然而张益唐的贡献,在于他发明了一套证明工具,用这套方法,这个距离还可以缩小很多,只是因为证明过程太复杂,张益唐只将这个"距离"推进到7 000万。此后不断有学者将两个素数的距缩到了更小——最小至246。最新的结果是,有数学家证明了孪生素数猜想在有限域中是成立的。

在试图攻克孪生素数猜想的过程中,张益唐尝试了很多种办法,都没有成功,差着"一根头发丝"的距离。时间渐渐过去。到2012年7月3日,故事发生了!张益唐去好友指挥家齐光家做客,等待欣赏一场演出的排练,朋友家后院里经常有梅花鹿来做客,排练还没开始,张益唐想去看看有没有梅花鹿，虽然鹿一直没有出现，但就在某一瞬间，灵感出现了！接下来，孪生素数猜想这个百年猜想的证明出现了曙光，张益唐因此一夜成名，《自然》《纽约时报》《卫报》等主流媒体很快报道了张益唐的事迹。[①]接下来荣誉和奖项接踵而来。

结果有一天正是这样，尚在久又盯着电视，盯着盯着突然闪现一个想法，把那个三维的无源向量场拆成几项，每一项其实就相当于一个哈密尔顿向量场。这样就可以把无源系统写成两个哈密尔顿系统的叠加，这两个哈密尔顿系统不是耦合的，不是在同一个辛空间上的，但是每一个哈密尔顿系统在自己的辛空间上都可以构造辛算法，每一个辛算法都是三维空间的保体积算法。想要的结果就这样出来了，似乎是"踏破铁鞋无觅处，得来全不费工夫"。

尚在久非常兴奋，立即开始计算，算了一个三维的，从头到尾算出来了。

三维出来了，任意维数的就很自然了，n 个自由度就比三维更多，有 $n-1$ 个两两不耦合的哈密尔顿系统，每一个哈密尔顿向量场都能由给定的无源向量场算出来，问题就解决了！

尚在久异常兴奋，当即跑到计算中心，就是现在坐落在软件园区网络中心的那座大楼，去找老师汇报！那天正好开中日计算数学会议，尚在久去的时候会议还没结束，就等在外面。等会议一结束，人们都出来了，冯

[①] 汤涛. 张益唐和北大数学 78 级 [J]. 数学文化，2013，4（2）：3-30.

康在后面，尚在久三步并作两步跑过去："保体积算法构造出来了。"

冯康当时有点不太相信，但眼睛一下又亮了，相信了。没有不相信弟子的道理，从弟子眼睛里他已看到了结果。

尚在久当时就把他算的那个笔记拿给冯康看，现场看，冯康看得也很兴奋，不住点头。尚在久讲了主要思路，一下就清楚了。其实很多事情就是一层窗户纸，科学也一样，数学也一样，甚至文学也一样，就像通常人们所说的"窄门"。冯康一下看懂了，这个问题他自己也研究了很长时间，就差关键的一点提示，故而非常激动，对弟子说："你回去仔仔细细把整个推导和最后的格式写出来！"

构造过程已经有了，只不过尚在久还没把最后的公式写出来，因此冯康说："你把最后的公式写出来！"

是的，尚在久还没把最后的算法格式与公式写出来就急急忙忙跑来了，或许"隔代亲"就是这样，无礼无碍，高兴了就不管不顾。冯康还要接待客人，来了许多外宾，师徒俩仅有的时间也就几分钟，但这几分钟说的却是如此重大的问题、尖端的问题、前沿的问题。尽管几年前，尚在久证出来辛算法稳定性定理时冯康已经很高兴，但也没这次这么高兴。

尚在久写好了整个推导与格式及最后的公式交给了先生。那周的讨论班冯康在小黑板上写满了字和公式，宣布尚在久的结果，并做了详细介绍。

"我博士生3年，博士后2年，跟了冯先生5年。5年当中，冯先生的讨论班我一次不落地参加。他在世时也没感觉到什么特别的，只是心里很踏实，他说什么重要，我就往什么方向去做，在我心里，他就是国际前沿，他思考过后讲出来的东西都是重要的。而我自己很少想，只管做。他去世得很突然，我心里一下子没着没落，感觉没了支撑。那么多年，我非常孤独，回忆他的时候很多，跟他在一起的点点滴滴到现在还非常清晰，经常还梦见他。"

尚在久说失去了才感到之前是多么地宝贵，自己忽略了太多的东西。是的，这时的回忆往往是绵绵不绝的，尚在久时常感到自己的眼睛里多了一层东西，挥之不去。

[41] 关门弟子

在冯康的诸多弟子中,还有一个重要的叫唐贻发,目前在中国科学院数学与系统科学研究院任研究员。唐贻发1987年复旦大学毕业,师从冯康院士,先后获得硕士、博士学位。

和许多数学家一样,唐贻发从小就热爱数学,上中学时就在全国数学联赛中获过奖,并确立了从事数学研究的志向,高中提前一年毕业考到了复旦大学数学系。他上大学时就见到过冯康。那是1985年冬天的时候,唐贻发上大三,教过他"线性代数"习题课的柏兆俊向学生们透露了冯康要来复旦讲学的消息,柏兆俊当时还是复旦大学计算数学学科的博士研究生,对大学生很有号召力。学生们纷纷去听课。

唐贻发还记得40年前冯康先生给他的最初印象:一位瘦小的老人,但眼睛很有神,讲话声音洪亮,底气很足。那时候冯康在复旦大学数学系老办公楼的一间报告厅里,讲的是"哈密尔顿系统的辛几何算法"。等冯康讲完了，柏兆俊和他的导师蒋尔雄分别向冯康提了问题，对那些问题与回答，唐贻发和同学们大都听不懂，最后只记得蒋尔雄老师总结冯康报告的时候有"观点高，给我们全新的感觉"之类的话。唐贻发还有一个印象是冯康讲着讲着，就把手伸进了自己衣服的口袋，好像要找什么东西，柏兆俊看到后便问冯先生是不是想抽烟，冯康回答是的。后来唐贻发得知，柏兆俊和冯康已经很熟，当时他的科研已经做得很前沿很深刻了，冯康邀请他毕业后到中国科学院计算中心工作。

1986年底，唐贻发决定报考中国科学院计算中心的研究生，并参加了1987年初的全国研究生入学考试。当时冯康已经退居二线，不再担任计算中心的主任，因而有更多的时间投入科研中去。唐贻发还记得，1987年4月冯康再次应邀去复旦大学讲学，那个时候研究生考分正好出来了，他也得知自己已经被计算中心录取，但导师未定。当时年轻的班主任鼓励唐贻发去见见冯康，争取跟冯康读研究生。那年唐贻发考了计算中心研究生的第一名，尽管如此，他还是有点不敢去。唐贻发对班主任说："我没想过跟他，他是高人，做的东西太难了，我恐怕跟不上。"唐贻发眼前又浮现出上次冯康来复旦讲学时自己听不懂的情景。不轻言放弃的班主任再次打气道："你一定要去找他，即使他不选择你，也许会给你建议，那也是好事啊。如果你不敢，我陪你去。"

唐贻发稍事犹豫，决定去见冯康，并很"豪气"地跟班主任说："不用陪！"他觉得要勇敢自信，冯先生应该会喜欢勇敢的人，不会喜欢优柔寡断、畏缩不前的人。

那天下午，阳光灿烂，在复旦大学招待所，唐贻发壮着胆子去见了这位已67岁的数学权威。出乎唐贻发意料的是，他此前的紧张完全是多余的。唐贻发对冯康多少进行了一些研究，一开始问起"有限元方法"，冯康笑了笑对唐贻发说，尽管招生介绍上研究方向依然写着"有限元方法"，但他现在的主要精力已经放在"哈密尔顿系统的辛几何算法"上了，他在该年度有可能招一两名这方面的硕士生。唐贻发当即表示愿师从冯康，他记得听到了很干脆的回答："可以。"冯康接着又说："你们复旦数学很强，计算数学也很强。你们的学生素质挺不错的，很欢迎你们来中国科学院读研。"

接着冯康问唐贻发："你想跟我做这个新的方向，那么你的物理力学背景如何？有没有流体力学、弹性力学这些方面的基础？"唐贻发回答说，这方面基础很薄弱，只在大一、大二修过普通物理，刚刚才又修了一点理论力学。但冯康并没有失望，那时的确很少学数学的没事再学一门物理课，所以也不意外。冯康兴致未减，接着对眼前这个略显稚嫩的学生说："我向你推荐一本书，就是阿诺德的《经典力学的数学方法》，这实际上是一本研究生教材，挺好的，我就认真读过。"

那次见面过程只有二十来分钟，尽管唐贻发感到将来要学的东西会挺多，会很难，但冯康热情的富于感染力的话语给了他很大的鼓舞。唐贻发注意到，冯康自始至终根本就没关心自己考研考了第几名。至于数学大师阿诺德的那本《经典力学的数学方法》，限于当时自身的条件，唐贻发在上海没有弄到，几个月后他来北京入学，正式成为冯康的研究生，冯康送了一本留有自己签名的书，他才拥有了这本书。

时至今日，30多年过去了，唐贻发对这本《经典力学的数学方法》感情仍很深，他认真研读了全书，书上面的习题几乎全做过。这么长时间过去了，书每读一遍就有一些磨损，尤其是书的外层，但一旦裂开，唐贻发就拿质地好的白纸和胶水细致地贴上。

唐贻发成为冯康的研究生时21岁，二人年龄差距为46岁，冯康的年龄比唐贻发的父亲还要大4岁，但这并未妨碍师徒二人的沟通与交流，很多情况下比父子之间的交流还要畅通。唐贻发跟了冯康6年，一些生活细节至今还历历在目。

"他平时生活极其简单，"唐贻发说，"冯先生年纪大了、身有残疾，有些事情不是很方便。我往他家跑得比较多，除了很多情况下在他家里举行讨论班，有时也帮忙拿信件之类。我多次碰到他用餐，他家里保姆常常给他做的就是鸡蛋、油菜加上一小碗饭，仅此而已。他以前对于钱是没什么概念的，但有一次居然问我：'小唐，这个月的工资发了没有？'那个时候我明白了，他家里要开销。1987年前后，他有了一位后老伴。尽管家里还有这位老伴和带来的两个孩子，我记得有一年中秋节，他还是把单位分的一袋月饼拿来让我们几个研究生当场吃了。偶尔我们也在北京过春节，去给他拜年他是欢迎的，但带去的一点水果他是坚决要退回的。他的学生从国外回来给他带点礼物，都被他退回。他曾经还要把自己一台70年代的电视机给我，并告诉我'别看是70年代产的，质量不错'。后来这台电视机给了同课题组一个比我年轻的研究生。"

"跟他在一起，一些很简单的事情也会让人悟出做人的深刻道理。记得有一次，西班牙马德里大学的学者巴斯克斯教授来访，冯先生请客，在北海附近某个小餐厅吃饭，除了冯先生、外宾，还有我们课题组的秦孟兆老师和我。当时我是一个年轻的学生，是第一次和冯先生也是第一次和外宾一起用餐，当餐厅的招待问我想点什么菜的时候，毫无感觉的我就说随便，要不就和前面的老师一样吧。这个时候冯先生有点严肃地对我说：'你想要什么就要什么，不要把自己交给别人！'这句话给我的印象太深了。有意思的是，后来我两度赴马德里大学和这位西班牙教授合作。"

"冯先生经常工作到深夜，到凌晨，他喜欢抽烟，也许这有利于他思考吧，熬夜的时候，可能一杯咖啡了事。有时找他有事，早晨打电话过去，从电话里的声音听得出来他在睡觉，他是被我吵醒的。冯先生每天最重要的事情是工作，他养成了独立思考、独立推导的习惯，一有新的结果他就会把我们叫到他家里去分享和讨论。同时他也很重视和学生们交流，讨论班就在他家里举行，每周一次。一般是我们先讲，他可能会随时提问，也会到前面黑板上去讲，把他的想法及时告诉我们。他对学生要求很严格，不喜欢学生去做些修修补补没有深度和难度的东西，鼓励学生自己主动探索。"

"冯先生很有个性和脾气，这个我听多位年长的同事提起过。我跟冯先生6年，的确也有这种感觉，但更有另一种印象，他是非常宽容大度的，至少对年轻人和学生是这样的，而且总是给予爱护和鼓励。那时候我有点年轻气盛、少不更事，有时候也会在讨论班上跟冯先生争论。有一次，冯先生讲一种特殊哈密尔顿系统的辛算法构造，里面用到一个条件，他足足讲了一节课，推出一个引理来，尽管很漂亮，但我觉得针对那个具体问题有点烦琐了，不用那么多步骤，在他讲的过程中我就说，这个可能几步就够了。他当时没有在意我的发言，直到他讲完了，才自信地跟我说，'你几步是不行的'。我就跟他争了，我说我有个简单办法，只需三步就能解决问题，他便让我上前在黑板上演示。当时坐在后面的一位师兄弟很快对我的简单推导表示认可。当然，这个时候冯先生已经意识到了，也多少有一点点尴尬。事后有人提醒我：'你不应该这个时候跟他争，你等他下来，私下里跟他说这个事情更妥。'那天冯先生听我讲完只说以后要鼓励这样，也没再说什么了，但是过了一两天我因编辑、打印论文不大熟练挨了他老人家的训，又过了一两天他给了我一份很有深度和难度的材料，对我说：'你年轻，这个东西值得好好读读。'从那以后他对我的指导更细心了，对我的期望更高了，也给了我更多的鼓励。事实上，在几年后正式出版的《冯康文集》中那篇有关上述特殊系统辛算法构造的论文里，能看到我的那几步简单推导。这说明冯先生在他当时的笔记里已经放弃他自己推出的那个漂亮引理，而采用了我的证明方法。"

这是真正的师徒关系，有性情，有争论，但事后感情更深了。在冯康的建议下，1988年秋季学期，唐贻发仔细研读了阿诺德有关可积哈密尔顿系统稳定性的KAM定理的完整证明，随后唐贻发的硕士论文将可积哈密尔顿系统的刘维尔定理应用于三轴椭球面上的测地流。

在对拟周期运动情况进行的数值模拟中，唐贻发发现：同样是二阶精度，与单步的中点格式（1984 年冯康发现它对哈密尔顿系统是一个辛格式）不同，两步的蛙跳格式非常失败。当唐贻发把这个情况报告给冯康和秦孟兆的时候，他们都感到很意外，因为 1988 年葛忠和冯康证明了：在维数扩大一倍的空间意义下，两步的蛙跳格式保持一个辛结构，因而它仍是一个辛格式。而 1992 年西班牙著名学者桑兹舍尔纳得出了更一般的结论：所有对称的单腿方法保持了高维空间中的一个辛结构。但冯康很快接受了唐贻发的结果，并在一周一次的讨论班上说："现在看来，我和葛忠那样解释蛙跳格式是辛格式是不对的。"

就是在那次讨论班上，唐贻发问老师："您觉得应该如何去定义蛙跳格式甚至线性多步格式的辛性？"冯康当即在黑板上写出了他给出的定义："用步推算子来定义。把多步法看成是步步推进的同一个算子，多步法是不是辛的就看该算子是不是一个辛变换。"这就是"冯康的定义"。

在冯康的一再激励之下，唐贻发一鼓作气证明了在"冯康的定义"之下，不仅蛙跳格式，而且所有线性多步格式都不是辛格式。30 多年后，唐贻发还记得那天他从下午 5 点多晚餐后，在宿舍一直忙到凌晨 1 点多钟，才彻底解决了问题。第二天早上唐贻发准备向冯康口头报告，冯康让他下午去讨论班上讲。这次唐贻发讲的时候，他发现老师在认真记笔记，这是唐贻发跟随冯康读研究生 6 年期间，在讨论班上第一次发现老师记笔记，也是唯一的一次。

这也是在冯康的指导下，唐贻发完成的第一个研究工作，相关论文《多步法的辛性》在 1991 年初完成初稿，1993 年正式在国际刊物上发表，并引起欧美同行的注意。有段时间在辛算法圈子里，人们在不同的学术交流场合总会谈论起"冯康的定义"和"唐贻发的定理"。

这之后不久，冯康完成了《常微分方程多步法的步推算子》和《形式幂级数与动力系统的数值方法》两篇重要文稿，先后在《杭州科学计算国际会议论文集》《冯康文集》和 JCM 上正式发表。这些都是当今国际上流行的"常微分方程数值方法向后误差分析"的理论基础。

《多步法的辛性》也成为 1995 年唐贻发获得去美国洛斯阿拉莫斯国家实验室工作机会的引线。1991 年，有人把尚未发表的《多步法的辛性》的论文初稿带到瑞士日内瓦大学，并交给了著名数值分析专家万勒。万勒的学生海雷尔在这个专题上花了相当长的时间和精力，直到 2008 年才实质性地推广了冯康、唐贻发的结果，并把结果发表在冯康创办的国际刊物 JCM 上。有趣的是，这位研究计算数学的海雷尔先生的儿子马丁·海雷尔更加有名，马丁 2014 年获得了菲尔兹奖。

"我之所以能在辛算法上取得一些成果，完全是在冯先生指导和鼓励下取得的，冯先生前行，带着我们探路，这个过程现在想起来还是那么美妙。"唐贻发感叹冯先生的去世，使他失去了一盏指路的明灯。

冯康当时已经 70 多岁了，还孜孜以求，在科学探索道路上前行不辍。有一次，冯康对唐贻发说："我正在考虑把有限元和辛算法结合起来。"有限元和辛算法是冯康开创的两大研究领域。唐贻发感叹老师去世得过早，因为正是 5 年后的 1998 年，著名数学家马斯顿等人建立了"哈密尔顿偏微分方程的多辛算法理论"，这一新领域正是通过变分原理来构造保持系统多辛结构的算法，恰恰应了冯康的想法——"把有限元和辛算法结合起来"。

多年后为了解决冯康生前提及、困扰人们许久的"辛算法形式能量收敛性问题"，唐贻发的博士生张瑞丽借助了一个欧洲人1999年给出的有关B-级数系数的计算公式，没想到当她打开《冯康文集》才发现，由冯康于1992年发表的《形式幂级数与动力系统的数值方法》一文中给出的有关log函数的公式轻易就能导出这个有用的计算公式。冯康先生著名的观点"在理论上等价，在计算上未必等效""让离散系统尽可能多地保持原连续系统的内在性质"，已成为科学与工程计算领域的指南针。

[42] 陨落

尚在久的回忆拉回到那个难忘的夏日。

1993年,西安交大有一个研究生暑期班,是国家基金委支持的,每年办一次,每次都有个主题,那年的主题是计算数学。冯康、北京市计算中心的吴文达、南京大学的沈祖和、吉林大学的冯果忱,他们四位是前期课程的主讲教师,讲座为期一个月。活动往往提前几个月就开始组织,因此冯康几个月前就跟尚在久说了这件事,要尚在久当助教,一起去西安。

那是尚在久跟随冯康近5年来第一次跟老师出差,冯康让他把家属小刘带上。路上冯康问尚在久有没有去过西安,尚在久说没有,冯康就给他介绍西安的历史,说到了许多历史名人。"先生的知识广博程度简直让人望洋兴叹,不明白先生怎么还读了许多数学之外的书。"尚在久多年后感叹说。

尚在久记得,那年6月中旬到7月中旬的一个月暑期班里,冯康讲了前三周的课,提前一周回北京开会了,剩下的一周课由尚在久来完成。之后，尚在久还要出题、考试、判卷，完成扫尾工作。

在西安的三周，冯康每天都非常忙，这个要见他，那个要拜访他，尚在久想见冯康都困难。于是有天晚上，冯康专门安排时间让尚在久夫妇去他的房间聊天。他们从晚上8点钟一直聊到半夜12点，和以前不一样，这次老师似乎聊兴很高，海阔天空。尚在久记得以前冯康从来没聊过自己的生平事迹，在讨论班也从不讲这些，但那天冯康聊了很多，仿佛冥冥中知道自己不久将辞世。

但当时的尚在久毫无感觉，只觉得先生少有地兴致勃勃地讲自己。

那个晚上，与不久之后冯康突然辞世已不可分割地联系起来，每每回忆起那一晚，尚在久都感觉像上天的安排一样。

漫长的谈话之后，冯康最后说出自己的想法："你博士后出站还是到计算中心工作，你家属可以正式安排在数学所图书馆工作。"这些都是非常重要的安排，于事业意义深远，于家庭无后顾之忧。这是那天晚上的全部故事，非同寻常，真像交代后事一样。

尚在久从西安回到北京，第二天晚上便去冯康家。那个晚上，尚在久在老师家待到很晚，除了汇报西安交大暑期班学生的考试情况，还谈到与冯康的一个合作研究项目，已经完成了，要撰写成文，讨论具体怎么写，离开的时候已经凌晨1点。临走时，冯康又谈到了著名数学家拉克斯推荐他当美国国家科学院外籍院士的事，以及国际有限元大会邀请他做大会报告，这是两件令人高兴的事，也是大事。

这个晚上是师徒两人在一起的最后一个晚上，但尚在久一点都没意识到。

1993年8月10日晚。林群回忆说："那晚冯先生到我家待了一些时间，他非常兴奋，他的有限元工作，当今最活跃的有限元大家巴布斯卡特别佩服，巴布斯卡要写一本叫《有限元方法50年》的书，里面要写到他的独立贡献。巴布斯卡让我告诉冯先生，冯先生的开创性工作是中国独立于西方做起来的，这点将会载入史册。还有一件更重要的事是，著名数学家拉克斯要推荐他当美国国家科学院外籍院士，已经基本做成了。第三件事就是他将受邀在国际有限元大会做1小时报告。三件喜事令他充满喜悦。那天他跟我讲了巴布斯卡的研究，我说我一个学生在美国把他的文章翻译成英文，经过我转给巴布斯卡了，讲到把他的东西怎么翻译的，翻译得怎么样，他听了很高兴。"

当天晚上，从林群家回来的冯康按照老习惯，准备先洗个澡，然后泡杯咖啡，再挑灯夜战。

可是，不幸的事情发生了，他洗澡时摔倒了，导致后脑蛛网膜破裂，颅内出血。一两个小时后才被发现，失去了宝贵的黄金抢救时间。

得知老师昏迷的消息后，尚在久马上赶到了北医三院，他和余德浩、汪道柳一直待到天亮也没见老师醒来。冯康在医院躺了一个星期，一直在抢救，中间醒来过一两次，但是都很短暂，尚在久一次也没见到冯康醒来，他再也听不到老师的教诲了。

"冯先生的突然去世，让我们很茫然，群龙无首。"尚在久说，"我们那时还很年轻,还自立不起来,先生去世后没有了核心,讨论班缺了顶梁柱,缺了战略方向的指引者。虽然在他去世后的几年内讨论班一直在办,名义上一直没散,但已经式微。我也曾主持过一段时间讨论班,主持到大概2003年,那时讨论班人很多。但是2003年后,这种大的讨论班就真正散了,大家各办各的。"

"我在数学所招生也比较少,慢慢地这个领域整体上散了,这是我感到最可惜的。从我自身来讲,作为冯先生的弟子,没有能力把他的事业继承下去,发扬光大,感到惭愧。年轻时有心无力,年长了又没有了机会,我自己也感到很悲哀。这么多年,实际上耽误了很多正经事。现在我们做科学研究,尤其是我们做数学基础理论研究,讨论班是核心,讨论班散了就很难再集中起来,只能各做各的方向,多发几篇文章,研究些小问题,没有一个核心人物经常提一些重要的影响学科发展的问题,大家就真的散了。先生那么早去世,对中国数学特别是他开创的动力系统几何算法这个新的方向真是巨大的损失。"

冯康短暂清醒的时候,询问了身边的人将于8月份在香山举行的世界青年华人计算数学家大会的准备情况。

青年人才是事业的接班人。在冯康的心中,这占有极其重要的位置。

尚在久深情地回忆道:"冯先生出事前的一个月非常忙,主要忙8月份在香山举行的世界青年华人计算数学家大会。他很重视那个会议,会议收到很多投稿,他每一篇都亲自看,从里面挑选大会报告人。我印象比较深的是他对杨振宁先生的一个合作者非常看重,那个合作者叫邓越凡,当时在美国纽约州立大学石溪分校已经是长聘教授了。冯先生说邓越凡的文章很好，很有未来。又说到计算数学优秀的年轻人大都集中在这次世界青年华人计算数学家大会了——现在看来确实如此，现在华人计算数学家里，50岁左右做得出色的人绝大多数都参加了那次会议，那是一次真正的盛会，恐怕多少年没有过那样的盛况了，那个会议我也参加了。"

袁亚湘说："冯先生对我们一代年轻人都非常关心。1993年冯先生突然离世前，由他发起搞了一个世界青年华人计算数学家大会，我是大会主席，还有一个主席是海外的，叫许进超。冯先生是筹备人，实际上冯先生才是大会学术委员会主席，他来决定哪些人做报告，包括让哪些年轻人来，都是冯先生定，因为没人比他对海内外华人青年数学家更了解，他也有这个权威。现在看来，那时参会的年轻人现在很多都是院士了，所以他看人看得非常准，他提前20多年看到了一个人可能的成就。比如陈十一，后来是北大工学院院长、南方科技大学校长，湍流专家。还包括加州理工学院应用数学系主任侯一钊、布朗大学应用数学系主任舒其望，都在这个名单里面，他看得很准。你可以看到，现在国际上那些活跃的数学家都在名单上。那时国际有限元大会邀请他去做报告。另有一个内部消息，有人已经推荐冯先生做美国国家科学院外籍院士。那年他的好消息很多，他关注的这个世界青年华人计算数学家大会就要开幕，一切筹备就绪。不幸的是，他突然辞世，大家都认为他太累了，是累死的。"

冯康的去世，令一代中国计算数学人遗憾。冯康兄妹四人，长寿基因还是很明显的：大哥冯焕91岁去世，大姐冯慧活到百岁，弟弟冯端享年

98岁，都过了鲐背之年。

有个相似的计算数学的"飞鸟"级人物，叫吉恩·戈卢布，其学术声望、感情生活、在世时间都和冯康很像。戈卢布生前是斯坦福大学的教授，是近代数值代数研究的开创人之一，美国国家科学院和工程院两院院士。

他在剑桥做博士后期间，和一位好友同时喜欢上了一位英国姑娘。结果那位姑娘喜欢上了自己的好友，并且和他结婚了。戈卢布非常痴情，一直单身，等到好友去世了，他60多岁时才迎娶了年轻时的梦中情人。可是，长期单身生活养成的独来独往，加上妻子总是惦记、照顾自己在英国的第二代、第三代，使得他们的"浪漫"婚姻只维系了短短几年。戈卢布又恢复了自由身，又在全世界学术单位和学术会议上奔走。他去世前两周参加了厦门大学举行的一个数学会议，前一周还在香港浸会大学访问，他之前的一个学生在那里担任副校长。2007年11月6日，他离开香港回到美国，正准备启程去欧洲做学术访问时，发现身体异常，去医院诊断得了血癌，于11月16日去世。

冯康的一生中也有几段短暂的婚姻，一次是50年代末，一次是80年代后期，其中也有"浪漫"的因素，但都不太成功。他绝大部分时间是单身的，到处跑来跑去。和戈卢布一样，他们是世界级的数学家，到处演讲，到处开会，生活很不规律。两人发病前都是精力充沛至极，发病后在医院仅一周左右，便与世长辞了。两人去世时都是70多岁。

冯康多次跟袁亚湘说自己家庭的"不幸"，生活的不美满，但他是从乐观的角度看这个问题。"冯先生的意思是他在学术上面能取得这些成绩，有不幸的好处，如果很幸运的话，有老婆、孩子就不会那么专一，做不了那么多事情。冯先生身有残疾，生活非常坎坷，但他不管生活多不幸，都能辩证地看问题。有些人生活不幸，对工作是一个负作用，比如碰到挫折时变得消沉，影响学术研究，冯先生至少在这一点上，从来没有把自己生活上的不如意变成影响他攀登科学高峰的一个负面的东西，反而更加刻苦，总是背着书包去图书馆，总留给他人一个踽踽独行的背影。冯先生的衣服蓝色的比较多，中山装。抽烟厉害……"

作息习惯不好，不能劳逸结合，烟抽得厉害，缺少生活照顾，也许是冯康过早离世的原因吧。

在八宝山革命公墓，冯康长眠在这里。在不远的地方，还静静地躺着他并肩战斗过的战友张克明。

冯康年表

1920 年	9 月 9 日出生于江苏无锡。
1926 年	进入省立苏州中学附设实验小学。
1938 年 8 月	为避日寇迁居福建永安,自学大学课程。
1939 年	2 月考入福建协和大学数理系。
	9 月考入重庆国立中央大学电机系。
1941 年	转入国立中央大学物理系。
	半工半读任交通部报话费核算员。
	染上脊椎结核病。
1943 年	读完大学课程。
	先后任重庆市私立广益中学校数理教员、重庆兵工学校物理实验室助教。
1944 年 4 月	重病卧床,自学数学著作。
	同年大学毕业。
1945 年 9 月	任复旦大学物理系助教,次年随学校迁上海。

冯康年表

1946年9月	到北京任清华大学物理系助教。一年半后转任数学系助教,受教于陈省身和华罗庚。
1948年12月	开始基础数学研究。
1951年3月	被选调到中国科学院数学研究所,任助理研究员。被选为留苏研究生,赴莫斯科斯捷克洛夫数学研究所,师从著名数学家庞特里亚金。
1952年	脊椎结核病复发,入住莫斯科第一结核病院。
1953年底	病体渐愈,提前回国。继续在数学研究所从事基础数学研究。
1957年初	听从华罗庚建议,研究计算数学。调计算技术研究所三室,筹组培训计算数学研究队伍。
1958年起	带领三室完成国家有关部门的大量计算任务。
1959年	被评为全国先进工作者。
1961年	建议大力开展计算数学理论研究,成立第七研究组。

1964 年	当选为第三届全国人大代表。
1965 年	发表《基于变分原理的差分格式》，奠定有限元方法的数学理论基础。
1968 年	蒙冤受到"隔离审查"，终因查无实据，逐渐恢复工作。
1972 年	举办 300 人讲习班，到全国各地大力推广有限元方法。
1976 年	"有限元方法"获得访华的美国数学代表团的高度评价。
1978 年	"有限元方法"获得全国科学大会重大成果奖。同年，任中国科学院计算中心主任。创办《计算数学》杂志并任主编。
1978 年	招收首批学位研究生，成为首批研究生导师。任全国计算机学会副主任委员。
1979 年	被评为全国劳动模范。同年任全国计算数学学会首届副理事长。
1980 年	当选中国科学院数学物理学部委员（院士）。同年起两任国务院学位委员会委员，三任学科评议组成员直至去世。
1981 年	成为首批博士生导师，余德浩成为他的首位博士生。

1982年　"有限元方法"获得国家自然科学奖二等奖。

成为国际数学家大会45分钟报告受邀报告人。

招收刚从湘潭大学本科毕业的袁亚湘为硕士生,并推荐他出国学习。

1983年　创办英文版计算数学杂志 *JCM*。

1984年　转向哈密尔顿系统的辛几何算法研究,发表自己在该领域的首篇论文。

1985年　任全国计算数学学会第二届理事长。

1986年　连任中国科学院计算中心主任。

4月向国务院领导提交发展大规模科学计算的"紧急建议",此后应约向李鹏面陈建议。

1987年　任中国科学院计算中心名誉主任,推荐石钟慈任计算中心主任。

1990年　中国科学院计算中心设立"冯康计算数学奖",面向本中心青年博士授奖。

"哈密尔顿系统的辛几何算法"获得中国科学院自然科学奖一等奖。

1991年　成立科学与工程计算国家重点实验室,任学术委员会主任。

	任国家"攀登计划"首批项目"大规模科学计算的方法和理论"首席科学家。
	"哈密尔顿系统的辛几何算法"首次申报国家自然科学奖，获悉一等奖空缺，仅被评为二等奖而撤回申报。
1993年8月	10日深夜入住北医三院。
	17日因后脑蛛网膜大面积出血，医治无效逝世。
1993年	美国 *SIAM News* 发表著名数学家拉克斯院士的文章《悼念冯康》。
1994年	"冯康计算数学奖"被提升为"冯康科学计算奖"，面向全球从事科学计算的华人青年学者授奖。
1995年	"冯康科学计算奖"首次颁奖，舒其望、袁亚湘、许进超获奖。
1997年	"哈密尔顿系统的辛几何算法"获得国家自然科学奖一等奖。
2002年	江泽民主席在两院院士大会上高度评价"有限元方法和辛几何算法"。
2008年	牛津大学特列菲森院士在《普林斯顿数学指南》里列出了人类千年史上的29项

重大算法,第九项有限元方法发明人是柯朗、冯康、阿吉里斯、克劳夫。中国人刘徽、冯康名列算法发明人名单。

○ 胡锦涛主席在中国科协成立50周年大会上高度评价"有限元方法"。

人名索引[①]

A

阿贝尔 / 序章

阿基米德 / 序章，21，33

阿吉里斯 / 序，1，20，33

阿诺德 / 4，12，31，32，39，41

阿韦 / 39

艾里 / 24

艾思奇 / 14

爱丁顿 / 7

爱斯斯尔曼 / 24

爱因斯坦 / 序章

安德森 / 6

安建勋 / 序章

安其春 / 序章

敖超 / 17

奥登 / 20

奥加涅相 / 1

奥列尼克 / 26，31

奥斯特洛夫斯基 / 4

B

巴布斯卡 / 1，42

巴赫瓦洛夫 / 31

巴斯克斯 / 41

柏兆俊 / 41

包刚 / 2

包维柱 / 2

鲍威尔 / 26，37，38

贝尔 / 2

贝利亚 / 18

彼得罗夫斯基 / 17

毕达哥拉斯 / 序

冰心 / 7

波波夫 / 22

波利亚 / 19

伯努利 / 序章

柏拉图 / 序章，20

博内 / 13

布尔巴基 / 10，25

[①] 人名后的数字，表示人名在本书中所出现的节数，"[注]"表示人名出现在脚注中。

布赫斯塔勃 /24

布拉施克 /13

布雷齐 /1, 27

布里奇思 /32

布隆伯根 /6

布鲁诺 /21

C

蔡天新 /20

蔡元培 /6

蔡中熊 /19

曹西申 / 序章

查尼 / 序章

车尔尼雪夫斯基 /5

陈安 /1

陈炳木 /34

陈建功 /6, 15

陈杰 /39

陈景润 / 序, 1, 24, 30, 33, 40

陈堃銶 /17

陈立夫 / 序章

陈廉方 / 序, 27

陈旻 /26

陈仁庆 / 序章

陈十一 /42

陈文德 /34

陈晓非 /2

陈省身 / 序, 1, 13, 26, 31, 39

陈永和 /14

陈志明 /2

迟学斌 /26

楚科夫斯基 /18

褚遂良 /7

崔俊芝 / 序, 15, 19, 20, 22, 23, 26, 33, 34, 35

崔琦 /14

崔蕴中 / 序章

D

达布 /32

达尔文 /25

大禹 /6

戴康尼斯 /12

戴森 /25

戴彧虹 /2

丹齐克 /38

道本周 /33

德弗里斯 /24

邓稼先 /6, 17, 26

邓明德 / 序章

邓友梅 / 序

邓越凡 /42

狄拉克 /4

狄利克雷 / 序章, 6

迪因 /31

笛卡儿 /25

丁夏畦 / 序章

董铁宝 /2, 15, 21

杜强 /2

杜润生 / 序章

多罗德尼增 /31

E

鄂维南 /2, 15[注], 26

F

法拉第 /25

范长江 /7

范恩 /7

范文澜 /6

范新弼 / 序章, 14

范仲淹 /6

方毅 /27

房龙 /82

菲尔兹 / 序, 序章, 4, 14, 23, 27, 31, 33, 40, 41

费勒 /12

费马 /6, 18

费米 /24

冯炳根 /22

冯端 / 序章, 6, 7, 8, 10, 11, 12, 18, 21, 23, 27, 33, 36, 42

冯果忱 /42

冯焕 /6, 7, 8, 9, 11, 13, 18, 21, 42

冯慧 / 序, 6, 7, 8, 11, 21, 42

冯克勤 /15, 34

冯梦龙 /6

冯少彤 / 序

冯祖培 /6, 8

弗里德里希斯 / 序章, 1, 17

福克纳 /20

福赛思 /15, 19, 20

付昊桓 /2

傅汉思 /6

傅立叶 / 序章, 14, 20, 23, 33

G

高尔斯 / 序, 33

高斯 / 序, 序章, 6, 13, 14, 20, 33

盖尔范德 /4, 13, 34

戈卢布 /42

哥白尼 /21, 27

哥德巴赫 / 序, 1, 6, 24, 33

哥伦布 /31

歌德 /20

格林 /15, 20

格林加德 /33

格洛莫夫 /40

葛忠 /26, 31, 32, 39, 41

耿立大 /14

勾践 /6

谷超豪 /1

古德诺夫 /17

顾传玠 /6

顾明 /26

顾炎武 /6

关肇直 / 序, 序章, 14, 17, 23, 33, 34, 35

桂文庄 /26, 34

郭本瑜 /26

郭沫若 /15, 24

郭永怀 /14, 16, 17, 19

郭玉钗 /22

H

哈代 / 序章, 12, 25[注], 33

哈密尔顿 /1, 2, 25, 30, 31, 32, 33, 38, 39, 40, 41

海雷尔 /41

海森堡 /23

韩国钧 /9

韩厚德 /26, 30

韩渭敏 /26

杭海槎 /6

豪斯多夫 /12

何桂莲 /26

何津 / 序章

何绍宗 / 序章

何祚庥 /24

贺知章 /6

贺祖琪 /34

洪堡 /34, 36

洪佳林 /32

侯一钊 /2, 42

胡焕庸 /6

胡锦涛 /1

胡绳 /6

胡世华 / 序章, 14

胡适 /7

胡祖炽 /14, 15

华罗庚 / 序, 序章, 1, 4, 12, 13, 14, 15, 23, 28, 30, 33, 34, 35, 37

怀尔斯 /18

黄敦 /15

黄鸿慈 / 序, 14, 15, 17, 19, 20, 22, 26, 27, 33, 34, 35

黄兰洁 /15

黄启晋 / 序章

黄玉珩 / 序章

黄祖洽 /26

惠更斯 /31

惠特尼 /12, 33

J

伽利略 / 序，23，27

伽辽金 /20

嘉当 /13

江谦 /9

江泽涵 /13

江泽民 /1，27

江泽培 /26

姜伯驹 /17

姜礼尚 /26

蒋尔雄 /41

蒋立新 /26

蒋士骦 / 序章

金石 /2

金斯 /7

居里 /6，25

K

卡尔维诺 /7

卡拉扬 /19

卡门 /16

卡耐基 / 序章

卡西 / 序章

凯莱 /25

康普顿 /6

柯察金 /4

柯尔莫哥洛夫 /4，12，13，18，31，32，34，39

柯朗 / 序，序章，1，15，17，19，20，33

柯琳娟 /6

柯西 /14，18

科罗廖夫 /31

科特韦格 /24

科伊伦 / 序章

科兹洛夫 /31

克莱因 / 序章，6

克劳夫 / 序，20，33

克鲁斯克尔 /24

库恩 /38

L

拉德马哈尔 /24

拉格朗日 / 序，序章，31，33

拉克斯 / 序章，1，17，20，24，29，32，33，42

拉普拉斯 / 序章，20，25

莱布尼茨 / 序章

赖可 /32

老舍 / 序

勒雷 /22

勒维 /17

雷丁斯加德 /33

黎曼 / 序章，4，6，13，31

人名索引

黎润红 /33

索菲斯·李 /22

李昌 /27

李春旺 /31

李德生 /34

李迪 /33

李惠堂 /7

李继闵 /33

李家楷 /15, 34

李龙 / 序章

李佩 /16

李鹏 /29

李瑞清 /9

李三立 /15

李旺尧 /15, 19

李雅普诺夫 /32

李俨 /33

李冶 / 序章

李荫藩 /34, 39

李政道 /6

李兹 /20

李子才 /15

里尔克 /27

里根 /29

理查森 / 序章

利丁 /33

利翁斯 /20, 27, 30, 33, 35

梁吟藻 / 序章

廖承志 /14

廖福龙 /33

廖山涛 /1, 33

列宁 /4, 5, 13, 17

林芳华 / 序章

林鸿荪 / 序章

林家翘 /19

林建祥 /14

林群 / 序，1, 23, 24, 25, 26, 35, 37, 42

林秀鼎 /34

林子丰 /14

林宗楷 /19, 20

刘光鼎 /32

刘徽 / 序，序章，33

刘建亚 / 序

刘坤一 /9

刘慎权 /15, 17

刘维尔 /41

刘西尧 /34

卢比希 /32

卢瑟福 /25

鲁金 /31

鲁迅 /6

陆洪文 /34

陆机 /6

367

陆英 /6

陆游 /6

罗巴切夫斯基 /4

罗宾 / 序章

罗家伦 /10

罗时钧 /15

罗斯贝 /36

罗素 /24

罗振玉 /6

洛克林 /18, 33

洛伦兹 /28

吕思勉 /6

吕叔湘 /6

M

马尔古利斯 /31

马尔丘克 /31

马克拉赫兰 /40

马宁 /31

马斯顿 /32, 40, 41

马延文 /15

马寅初 /6

马在田 /28

麦克斯韦 /2, 22

梅林 /13, 30

梅镇安 /15, 21

米哈林 /14

米勒 /33

密格拉蒙 / 序章

密立根 /6

缪荃孙 /9

闵乃大 / 序章, 14

莫根生 / 序章

莫拉韦茨 /19

莫泽 /31, 32

穆默 /26

穆申科 /31

N

那吉生 /34

拿破仑 /23

纳什 / 序

纳维 / 序章

宁肯 / 序

牛顿 / 序章, 21, 23, 25, 27, 31, 33, 37, 38

诺贝尔 / 序章, 2, 4, 6, 14, 20, 22, 23, 24, 33

诺依曼 / 序章, 14, 17, 20, 33

O

欧几里得 / 序章, 33

欧拉 / 序章, 14, 24, 33

欧阳顺湘 / 序

P

帕里斯 /1

帕斯卡 /25

帕斯塔 /24

潘承洞 /24

庞加莱 /4, 21, 25, 28, 31

庞皮艾黎 /24

庞特里亚金 /3, 4, 12, 18, 21, 31, 33

泡利 /12

培根 /25

裴定一 /34

佩雷尔曼 /4

彭桓武 /16, 26

皮叶克尼斯 / 序章

普拉格 /19

普朗克 /36

普里高津 /23

Q

齐光 /40

钱宝琮 /33

钱令希 /33

钱穆 /6

钱三强 / 序章, 6, 16

钱伟长 /6, 19, 33

钱学森 /14, 15, 16, 33, 35

乔丹 /32

切比雪夫 /33

钦科维奇 /33

秦九韶 / 序章

秦孟兆 /15, 31, 32, 34, 35, 41

秦元勋 / 序章, 26

丘成桐 / 序, 1, 14

邱佩璋 / 序章

秋瑾 /6

秋西金 /31

R

饶毅 /33

S

萨本栋 /8

塞万提斯 / 序

桑兹舍尔纳 /32, 41

沙频之 /6

莎士比亚 /12, 27

山本一清 /7

尚在久 /26, 31, 32, 35, 39, 40, 42

邵力子 /6

邵毓华 /38, 39

沈从文 /6, 7

沈祖和 /42

施蒂费尔 /33

施士元 /6

施图默 /34

什梅格列夫斯基 /14

石青云 /17

石玉明 /36

石钟慈 / 序，序章，1，2［注］，15，26，29，34，35，36，37，38

舒海滨 /26

舒其望 /1，2，42

司各德 /7

斯捷克洛夫 /4，18

斯密格莱夫斯基 /31

斯托尔 /32

斯托克斯 / 序章，24

苏步青 / 序，13，28

苏维宜 / 序

孙光远 /13

孙家昶 /2，15，28

孙继广 /34，35

孙越崎 /6

孙润五 / 序章

孙肃 / 序章

孙以丰 / 序章

索伯列夫 /1，20

索末菲 /12

T

塔克 /38

汤涛 / 序，序章［注］，2，15［注］，40［注］

汤显祖 / 序

唐凯 /16

唐贻发 /26，31，32，35，41

唐寅 /6

唐裕亮 /15

陶成章 /6

陶普 /20

特列菲森 / 序，33

滕振寰 /26

田方增 / 序章

田刚 /1

图灵 /33

屠规彰 /26

屠呦呦 / 序，33

托尔斯泰 /5，25

托勒密 /27

托姆 / 序章，23

W

瓦尔登 /12

外尔 /12

万勒 /41

万哲先 / 序章

汪道柳 /26，31，32，35，39，42

汪懋祖 /6

汪明德 /15

王淦昌 /16, 17

王光寅 / 序章

王国维 /6

王荩贤 /19, 20, 33

王烈衡 /2, 15, 26, 35

王汝权 /15, 17

王寿仁 / 序章

王树林 / 序章

王朔 / 序

王涛 / 序, 序章[注], 14[注], 20[注],

王庭梁 / 序章

王维 / 序

王维克 /12

王羲之 /6

王兴华 /26

王阳明 /6

王选 /14, 17

王选民 /15

王元 / 序章, 24

王正 / 序章

维布伦 /13

维纳 / 序章, 12

维诺格拉多夫 /4, 24

维宗 /14

卫振盛 / 序章

魏道政 / 序章, 19

魏学玲 /19

温德兰 /36

温德罗夫 / 序章, 17

沃尔夫 / 序章, 12, 13, 31

沃尔夫凯勒 /18

沃利斯 / 序章

沃索 /15, 19, 20

乌拉姆 / 序章, 24

邬华谟 /15, 17, 31, 35

吴方 / 序章

吴几康 / 序章, 14

吴家玮 /14

吴健雄 /6

吴梅 /6

吴文达 /14, 42

吴文俊 / 序章, 1, 6, 13, 14, 23, 25, 30, 33, 34, 35, 39

吴仙标 /14

吴新谋 / 序章, 26

吴有训 /6

吴裕华 /31

武际可 /21

X

西尔斯 /16

西奈 /4

西施 /6

希阿雷 /1, 20

希尔伯特 /序章, 1, 6, 15, 23, 25, 40

席瓦兹 /4

夏道行 /13

夏培肃 /序章, 14

萧荫堂 /14

谢尔巴柯夫 /14

谢干权 /26

辛格 /19

熊庆来 /序章, 12, 14

徐迟 /序, 24

徐翠微 /14

徐国荣 /序章

徐培南 /15

徐伟宣 /34

徐渭 /6

徐锡麟 /6

徐献瑜 /序章, 14, 15, 26

许宝騄 /序, 13

许进超 /1, 42

许孔时 /序章, 15

薛定谔 /12, 25

薛巍 /2

Y

雅可比 /序, 33

亚里士多德 /序章, 27

亚历山大 /序章

亚历山德罗夫 /4

严济慈 /15, 35

严素卿 /6, 18

阎沛霖 /序章

杨超 /2

杨芙清 /14

杨蕾 /序

杨武之 /12

杨真荣 /23

杨振宁 /12, 42

姚楠 /序

姚桐斌 /3

叶笃正 /6, 21, 27, 33, 36

叶圣陶 /6

叶向东 /31

应乐兴 /2

应隆安 /26, 29

英敛之 /7

于光远 /14

于敏 /17, 26

余德浩 /26, 30, 34, 35, 36, 42

俞大维 /序章

袁亚湘 /序, 序章, 2, 26, 34, 37, 38, 39, 42

越民义 /序章

恽子强 / 序章

Z

曾肯成 /15

曾宪立 /34

扎布斯基 /24

詹重禧 /19

张步龄 /6

张大庆 /33

张恭庆 /17

张关泉 / 序，15，28，34，35

张衡 /21

张季鸾 /7

张謇 /9

张劲夫 / 序，17，37

张克明 / 序章，14，15，20，34，42

张平文 /2

张瑞丽 /41

张素诚 / 序章

张婷婷 / 序

张武龄 /6

张效祥 /14

张益唐 /40

张玉生 / 序章

张允和 /6

张蕴钰 /16

赵访熊 /26，29

赵静芳 /20

赵九章 / 序章，6

赵默（金山）/6

赵爽 / 序章

赵铁桥 /6

赵文桐 /6

赵忠尧 /6，15

甄学礼 / 序章

钟家庆 /34

周恩来 /6，14，28

周光召 /26

周培源 /13，35

周天孝 /15，35

周有光 /6

周毓麟 /26，29，31[注]

周作人 /6

朱世杰 /33

朱言钧（公瑾）/6

朱幼兰 /15，17，26，34，35

朱昭钧 /19

诸葛亮 / 序章

竺可桢 /6

庄逢甘 / 序章

邹家华 /14

邹军 /26

邹韬奋 /7

祖冲之 / 序章，21

写在书后

我认为特别值得宣扬和表彰的就在于冯康一生所体现的"独立之精神,自由之思想"。现在大家都在谈论科学创新的问题。科学创新需要人才来实现,是唯唯诺诺、人云亦云之人呢?还是具有"独立之精神,自由之思想"之人呢?结论肯定是后者。科学创新要有浓厚的学术气氛,是"一言堂",还是"群言堂",能否容许"独立之精神,自由之思想"发扬光大又成为关键的问题。冯康的科学遗产为青年一代科学家所继承和发展,他的精神和思想仍然引起人们关注、思考和共鸣。他还活在人们的心中!

物理学家、教育家、中国科学院院士 冯 端

致　谢

联合组织创作

中国科学院　中国作家协会　中国科学技术协会

特别支持

中国科学院数学与系统科学研究院

特别鸣谢

敖　超　陈廉方　崔俊芝　冯　端　冯　慧　黄鸿慈　林　群
秦孟兆　尚在久　石钟慈　唐贻发　杨　蕾　姚　楠　余德浩
袁亚湘　张关泉